全球化背景下外商直接投資與中國產業結構優化研究

(第二版)

吳 凡 ■ 著

財經錢線

序

　　當今中國正以前所未有的廣度和深度融入世界經濟和國際社會。我們經歷了近代幾百年屈辱貧弱的歷史后，終於選擇了走出國門、吸納世界的具有中國特色的社會主義發展道路。三十年的改革開放歷程證明，這條道路注定會是中國走向民族復興的必由之路，儘管在今后還會遇到諸多困難和艱難險阻！

　　凡事都會有兩面性甚至是多面性。在中國走出國門、吸納世界的經濟發展過程中，我們各行各業的總量規模正在不斷擴大，我們的比較優勢得到了彰顯，我們的經濟結構、產業結構也正在發生劇烈的變動。與此同時，由於國際社會面對中國突如其來的發展與崛起，在方方面面出現不適甚至難以接受，再加上我們自身在體制上結構上調整的滯后，給我們帶來了許多「成長中的煩惱」。我們如何更順暢地走出國門，如何更有效地吸納世界，吸納更有利於成長進步的生產要素和管理體制；哪些困難和問題是我們必然面對的，哪些矛盾又是我們可以努力避免的；我們如何通過自身的主動調整——戰略的、結構的、

體制的調整，去迎接國際化、市場化的洗禮，去適應具有普適價值的游戲規則，去參與游戲規則的制訂。這些發展實踐中的課題亟待各個領域的學者和研究者去調查研究、去總結分析，以便我們能趨利避害，少走彎路，更好地融入世界，實現中華民族的偉大復興。

　　本書作者正是投身於對中國發展問題進行深層次研究分析、致力於促進中國更好地融入世界的建言獻策的千千萬萬經濟學者中的一員。作為一名從事經濟管理學科教育與科研的青年教師，在攻讀經濟學博士學位期間，通過多方面的學習、調查、研究，收集整理了大量的中國經濟發展問題和世界各國發展經驗的相關文獻，以一個經濟問題研究者的自覺，將自己的研究興趣聚焦於中國經濟發展與國際化關係領域。

　　進入 21 世紀，中國經過二十多年的改革開放和發展，各方面的影響力已越來越引起世人關注，研究世界離不開研究中國，研究世界經濟發展更離不開分析中國經濟的演進。同樣，研究中國問題，也必須分析世界經濟對中國帶來的深刻影響。甚至我認為，今天我們無論研究中國經濟任何領域的問題，都要加強以國際化思維來進行分析和思考，否則，我們做出的研究結論和觀點、對策和建議都會是片面的、不完整的。因此，我在與作者探討確定其博士學位論文選題時，非常明確地支持他選擇中國經濟發展與國際化關係領域的題目。作為應用經濟學科的產業經濟學專業的博士研究生，如何將國際經濟因素引入到對中國產業經濟問題的研究之中呢？作為博士論文的研究，我們須要既能反應實踐（有的只是現象的），更能體現或訓練博士生追根溯源、層層剖析見其根本的系統研究視角和方法。資本是各種生產要素中最活躍、最能影響經濟活動發生變化的源頭。顯然，研究資本、研究資本的運動規律、研究資本的投向及其結構變化，更能從本源上透析各種層面上經濟現象、經濟問題

产生的來龍去脈，也才能提出切中要害的應對措施。所以，在與作者深入磋商后，確定了外商直接投資（FDI）對中國產業結構的影響這一研究題目。

自改革開放以來，FDI極大地助推了中國經濟的快速發展，也改變了我們的經濟結構甚至我們許多人的經濟社會生活。隨著世界經濟一體化的不斷深入發展，隨著中國經濟規模的增長和經濟質量的提高，FDI將對中國的經濟社會帶來更為深刻的影響。其正面的影響是顯而易見的，在改革開放的初期，外資的大量進入大大緩解了經濟發展的資金缺口和外匯缺口，帶動了技術、管理水平的提高，以及其他稀缺資源的流入，進而促進了中國產業結構向合理化方向的調整。隨著中國經濟持續發展和鼓勵FDI政策的普遍推行，FDI對中國經濟和產業的演進已經產生了深刻的制度效應。比如：推進了產業資本的快速增長；產業技術與產業整體的轉移；各個行業逐漸全方位參與國際範圍的市場競爭，使中國的經濟比較優勢得以充分展現，同時也極大地促進了就業、經濟效益的提高、國際收支的平衡等。與此同時，FDI的大量進入，尤其是中國各級各地政府為了加快地方經濟發展競相出抬FDI優惠政策，使得在進入21世紀後FDI對中國經濟、產業發展帶來的負面影響也日益明顯。諸如外商對先進技術轉移的限制導致「市場換技術」戰略的落空，過度引資競爭帶來的產業同構化，損害國家公共利益的環境資源破壞，工人勞動環境惡化、福利水平低下，外資企業在技術、市場上的壟斷對國內企業的擠壓，以及不合理的FDI優惠政策致使內外資企業競爭條件的不平等，等等。

上述情況表明，我們必須全面正確分析FDI的作用，認真梳理引入FDI的政策和制度，理清其中的錯位和障礙，找準產生或放大其負面影響的癥結之所在。在此基礎上，呼籲政策決策層調整完善現行政策，健全改進現有制度設計，以實現引入

FDI趨其利、避其害的目的。為此，作者在本書的研究分析中，努力運用國際投資學、產業經濟學、發展經濟學、制度經濟學等多領域的理論方法，通過將實證分析與規範分析相結合、定性分析與定量分析相結合，以圖達到上述目標，並由此形成了本書的特點。

首先，作者將一國的經濟發展和產業結構演變優化過程置於當今經濟全球化的背景來考慮。過去我們在研究中國經濟問題，尤其是產業結構演進問題時，更多的是著眼於國內社會經濟要素的影響和制約作用，更多地強調地域區位特點和國內市場狀況的影響。而本書作者一開始就將中國的產業結構優化問題放在了國際大背景下來闡釋，直接將國際經濟活動中最活躍的FDI因素對一國產業結構帶來的重大影響確定為全書研究的主線，並圍繞這一主線梳理界定了與此相聯繫的概念、機理以及優化標準的評價體系，總結歸納了該領域過去發展的相關特徵，展望了今後演變的可能趨勢，以此確定了本書研究的理論基礎。

其次，作者重點運用實證分析和定量分析的方法，用具有說服力的材料，全景式地分析描述了FDI對東道國產業發展帶來的一般性、普遍性的影響，分析論證了FDI通過資本、技術、產業關聯等渠道，以促進產業資本形成、促進就業、技術溢出、產業轉移等效應，直接或間接對東道國產業結構優化調整帶來積極影響。同時，還深入地分析了FDI得以產生上述影響的各種制約條件，如東道國承接產業轉移的綜合能力、當地的市場結構與市場競爭狀況、當地政府對外經濟政策的選擇等。對這些普適性規律的總結分析，更有助於我們對中國特色的FDI問題的深入探討。

再次，作者在追溯了FDI的一般運行機理后，把焦點放在了對中國問題的分析研究上。從作者運用翔實數據所做的多角

度專業性歸納看，可以進一步證明：FDI在中國經濟發展這個大舞臺上演的大戲是與中國實施改革開放政策、堅定不移搞經濟建設這一戰略密不可分的。FDI在中國持續有效發揮推進中國社會經濟變革的作用（應該說FDI在中國發揮了比在其他發展中國家大得多的積極作用），令中外人士始料不及。改革與開放這兩個車輪的齊頭並進是不可缺少的制度條件，開放和引進外資，促進了我們經濟體制改革，經濟體制的不斷深化改革又進一步促進了開放和外資的引進……

從對港澳臺資的開放到對世界各國外資的開放，從對輕工業引資開放到對重工業引資開放，從製造業開放到服務業開放，從經濟特區開放到對幾乎所有行政區域的開放……外資一波一波進入中國，給長期封閉的中國帶來了技術、管理、競爭、新的觀念和意識，促使我們的社會經濟結構更加健康合理，推進我們的各種制度更加完善有效，而后者給國民帶來的好處應該說是難以用經濟增長的量來評估的。

當然，外資進入中國天生就不是為了給中國國民增加福利，而是為了自身的最大增值，為了追逐更大的收益。由於外資進入中國的速度之快、規模之大，讓剛剛學習與世界打交道的管理者們和原有體制難以有效應對，趨利政策不周，避害手段不多，更何況在不少情況下趨利與避害的目標和政策難以兩容。所以作者在本書中對FDI在中國出現的負面影響作了深入的多角度分析：外商投資方向與中國引資優化產業結構目標錯位；外商出於壟斷技術獲取超額利潤的目標限制其技術的轉移甚至溢出；由於與外資產業輔助配套產業的發展滯后導致產業結構轉換缺口（出現短板）；更有各地方競相引進外資，過度提供外資優惠政策，導致引進項目低水平重複、破壞環境資源、損害勞工和國民福利；等等。

產生這些問題，究其原因，既有快速發展轉型過程中的必

然，也有市場競爭游戲規則導致的結果，更有我們發展社會主義市場經濟與現實制度設計不協調的產物。對此，作者運用博弈論的分析方法，比較透澈地分析了這種制度設計層面的矛盾對 FDI 負面影響的放大作用。到目前為止，我們實行的是中央政府集權條件下的地方政府分權管理的社會主義市場經濟體制。這種體制有利於調動中央和地方兩個方面的積極性，尤其是對於調動各級地方政府發展經濟的積極性和主動性具有巨大的激勵作用，對推動中國經濟社會高速發展功不可沒。但同時，這種制度安排也使各級地方政府之間形成了經濟競爭關係：他們為了在短期內（或任期內）爭取到更多的經濟發展資源，除了向中央要政策、要項目之外，還將很大的精力用到了向外商爭取項目、爭取投資上；他們在其地方權限內的政策制定或在執行中央相關政策的具體過程中，均想方設法給予外商種種優惠，以圖得到 FDI 的青睞。這種以盡量多的外資優惠政策為主要特徵的政府間（中央政府與地方政府之間、地方政府與地方政府之間）的經濟競爭，最終演變為「競次」戰略——誰的門檻低，誰就能招徠更多的 FDI！產業結構的扭曲、環境資源的破壞、國民福利的流失便在所難免了。

當然，我們也不能苛求 FDI，畢竟 FDI 的本能是逐利的。正確的思路仍然是盡可能趨利避害，至少我們不應該去放大弊害。總結過去，對於 FDI，我們必須以更加完善有效的經濟政策、產業政策、招商引資政策去規範各級政府的經濟行為，更重要的是我們亟待改善制度、轉換觀念，讓我們的政府官員們主動地、有規可循、有規必循地執行科學發展觀，進而我們還必須讓政府更多地關心公共管理事務，減少乃至逐步退出微觀經濟管理。要將這些工作做好，根本是要轉換政府職能，真正實現政資分開、政企分開，改變現行的以 GDP 論英雄的幹部考核晉升標準，等等。總之，經過多年的改革開放，我們已經取得了巨大的發

展，一方面解決了大量的傳統體制產生的問題，另一方面又在新的條件下出現了許多新的問題（也有不少是傳統體制遺留下來仍未解決的問題）。我們應將過去的成績歸零，而將現實的問題置於新的發展起點，通過我們的艱苦努力，運用我們的政治智慧，邊實踐邊探索，調整政策，完善制度，邁上新的發展平臺。

　　值得一提的是，本書作者正是沿著上述思路，就 FDI 進入中國后的利弊得失，FDI 對我們政策體制的衝擊與促進，面對 FDI 我們自身應對措施的成功與誤區，用經濟學研究者的專業視角和方法進行了深入的分析、歸納，提出了判斷 FDI 得失的標準，針對引入 FDI 產生的問題以及因制度不健全引發的矛盾，提出了利用 FDI 促進產業結構優化政策的戰略性轉型和創新的政策建議。目前從產業經濟學的角度，運用博弈論的方法對 FDI 問題進行深度研究的還比較少見，所以作者所做的這一工作是十分有價值的，是對這類研究的一個推進，其建議也是對我們相關政府管理層和企業界的一個有益提醒，值得理論研究者和實際管理部門的幹部一讀。

趙振銳

教授、博士生導師

中文摘要

　　改革開放以來，中國經濟持續穩定增長，其間外商直接投資發揮了積極的推動作用。改革開放初期，外商直接投資極大地彌補了中國產業發展的資金缺口和外匯缺口，促進了中國輕紡工業的快速發展，在一定程度上扭轉了中國長期存在的重工業過重、輕工業過輕的畸形產業結構格局。外資的進入帶動了技術、管理、營銷、網絡等各個方面生產要素的流動，激發了國內企業的競爭意識，給中國經濟發展注入了活力。但 20 世紀 90 年代中後期以來，隨著中國經濟從整體性短缺經濟向結構性過剩經濟的轉變，雖然外商直接投資對中國經濟發展的推動作用依然強勁，但對中國產業結構的優化效應卻開始弱化，其負面效應正逐步顯現。尤其是近些年來，中國利用外資產業政策方面出現較大偏差，各地政府中普遍存在著引資博弈困境基礎上的引資行為扭曲，盲目追求引資規模，重數量輕質量、重引進輕管理的粗放型外資引進已給中國產業結構的優化調整，乃至於產業安全與可持續發展等帶來了嚴重的負面影響。

21世紀初，經濟全球化浪潮的影響日益顯現，中國與外部經濟的聯繫更加緊密，外資對中國經濟發展的影響力度正逐步增強，中國利用外資促進經濟發展、產業結構調整已到了一個關鍵時期。如何在全球化的浪潮中趨利避害，在發揮外資對中國經濟的積極推動作用的同時，盡量減少外資的負面影響，是我們當前所面臨的一個重大的現實問題。本書正是針對這個重大的現實問題，從產業結構優化效應的角度來具體研究全球化背景下外商直接投資對中國產業結構的影響問題，選題具有重大的現實意義和理論意義。

　　本書以經濟全球化為研究背景，強調將開放條件下產業結構優化的一般規律與中國特定的國情相結合，以外商直接投資對中國產業結構的優化效應為研究中心，沿著「研究背景——理論基礎——理論分析——實證研究——存在問題——原因剖析——政策建議」的邏輯結構來組織全書。

　　首先，本書從經濟全球化背景下產業結構優化內涵的新變化入手，在系統探討了一國產業結構的演變規律和決定因素的基礎上，構建了全球化開放條件下一國產業結構優化指標體系。然后，集中研究全球化背景下影響一國產業結構優化的一個重要國際因素：外商直接投資（FDI）。在探討了21世紀初外商直接投資的新發展和全球產業結構調整浪潮的新特點的基礎上，進一步縮小研究視角，集中研究外商直接投資對發展中東道國產業結構優化的影響問題，從理論層面上深入探討了外商直接投資對發展中東道國產業結構的優化效應、作用機理及制約因素等。

　　其次，在理論研究的基礎上，本書立足於中國的特定國情，重點研究中國利用外商直接投資促進產業結構優化的現實問題。本部分運用了大量國內外相關統計數據，從實證的角度來闡釋全球化背景下外商直接投資對中國產業結構優化調整的影響，

這包括外資對中國產業結構的優化效應的具體表現、影響程度以及存在問題等多個方面。之后，著重從制度建設的層面，運用數理模型和博弈分析等理論分析工具，深入剖析造成中國當前利用外資促進產業結構優化效應不佳的現實原因和制度性障礙。

　　最后，在以上分析的結論上，基於提高利用外資產業政策有效性的考慮，從如何提高全球化背景下中國利用外資促進產業結構優化效應的角度，提出以科學發展觀為指導，在利用外資的戰略選擇、制度建設和相關產業政策等方面進行戰略性轉變與創新。這些研究對指導中國當前科學利用外資、促進外資產業結構優化效應高效發揮有著重要的現實意義和理論價值。

關鍵詞：經濟全球化、FDI、中國產業結構優化、
　　　　　產業結構優化效應及機理、制約因素、制度創新

Abstract

  Along with the development of Chinese market economy and economic reforms, Chinese economy has grown continuously and quickly. Within all of promoted factors, Foreign Direct Investment (FDI) has played a very important role.

  At the initial stages of Chinese reform and open era, FDI had made up greatly the capital scarcity and foreign exchange scarcity of industries' development in China, which promoted Chinese light industries to develop quickly and turned round the abnormal industrial structure in some extent. FDI's enter aroused advance technologies, managerial skills, marketing methods and network and other production factors to enter Chinese market, stirred up the competition consciousness of local business enterprises, and infused new development factors into Chinese market. But, in the middle of 90's Chinese economy had transited to excessive economy from scarcity economy. Since that, although FDI's promotion function on Chinese economic development was still sturdy, FDI's optimal effects to Chinese industrial structure development has started weaken and its negative effects has presented gradually. Especially in the last few years, Chinese FDI policy has exerted bigger deviation, local governments lean to increase the scale of absorbed FDI and neglect the quality of absorbed FDI, which strengthen FDI's negative effects on Chinese industrial structure, industrial security and industrial sustainable development.

With the rapid development of globalization tide at the beginning of 21 century, external factors (such as: FDI) have played more important roles in Chinese economic development, and it is the key period for Chinese industrial structure development by using FDI in globalization tide. How to tend FDI's benefits and avoid its harms is a realistic and important problem that we have to face at present. Focused on this realistic and important problem, this dissertation expounds the mutual relationship of FDI and Chinese industrial structure development from the academic angle of FDI's effects to industrial structure, which is significant to practical field and academic field.

On the background of economic globalization tide, this dissertation emphasizes on combining the general rules of industrial structure development in open situation with Chinese particular situations. It focuses on FDI's effects to Chinese industrial structure development and organizes the full text followed as the logic structure: 「research background — theoretical foundation — theoretical analysis — substantial evidence analysis — existed problem analysis — reason analysis — resolve suggestion」.

Started with the new changes of industrial structure development in economic globalization tide, this dissertation first systematically expounds the evolution rules and decisive factors of a country's industrial structure, and constructs a total new index system of a country's industrial structure development in open situation. Then it focuses research on FDI, an important external factor that affects a country's industrial structure development.

After expounded the FDI's new development in the early of 21century and new characters of global industrial structure adjustment, this dissertation further contracts its study view on FDI's effects to industrial structure development of developing host countries. It researches detailedly several important views of FDI's effects to developing countries' industrial structure development, such as: FDI's effects expression, mechanism and restrictive factors, etc.

Based on the above theoretical research and combined with Chinese particular situations, this dissertation focuses on researching how Chinese government uses FDI to promote its industrial structure development. In this part it uses quantitative analysis model and a great deal of domestic and abroad statistics data, to expound deeply how FDI affects Chinese industrial structure development in globalization tide. The research view includes detailed FDI's optimal effects, influence channel and performance, current problems and others. Furthermore, from the angle of institution construction, it takes use of game models to analyze the realistic reasons and institution obstacles why FDI's effects on Chinese industrial structure development have low performance at present.

Finally, in order to improve Chinese FDI policy's validity, this dissertation gives some policy suggestions on how to improve FDI's optimal effects on Chinese industrial structure considering the influence of economic globalization and Chinese particular situations. They mainly include: led by scientific development view, Chinese FDI policy's strategic transformation and innovations on FDI selection, institution construction, related industry development policy, etc. These conclusions could play a significant role on guiding us how to use FDI efficiently and how to promote FDI's optimal effects on current Chinese industrial structure development.

Keyword: Economic globalization, FDI effects, Chinese industrial structure development, Restrictive factors, Institution innovation.

目　錄

第一章　導論　1

第一節　研究背景與選題意義　2
　一、問題的提出：選題的現實與理論背景　2
　二、國內外現有研究的文獻綜述　6
　三、選題的理論及現實意義　17

第二節　研究思路與邏輯結構　19
　一、研究思路　19
　二、邏輯結構　20

第三節　研究的基本方法　23

第四節　創新點與不足之處　25
　一、創新點　25
　二、不足之處　26

第二章　全球化背景下的產業結構及其優化　29

第一節　產業結構與產業結構的決定　31
一、產業結構的含義　31
二、產業結構的決定　34

第二節　產業結構演變一般趨勢與規律的理論考察　48
一、馬克思主義的產業結構演變理論　48
二、西方學者的產業結構演變理論考察　51
三、國內學者的相關研究　65

第三節　產業結構的優化及其評判標準　67
一、產業結構優化的內涵　68
二、產業結構優化的機理與模型　69
三、產業結構優化的主要內容與評判標準　70

第四節　全球化視角下的產業結構優化及其評判　83
一、全球化視角下產業結構優化內容的新拓展　84
二、全球化視角下產業結構優化指標體系的建立　91

第三章　國際直接投資與全球產業結構調整浪潮　95

第一節　國際直接投資及其發展的歷史考察　97
一、國際直接投資的內涵與類型　97
二、國際直接投資發展的歷史考察　100

第二節　經濟全球化趨勢中的國際直接投資　106
　一、全球經濟的一體化與國際直接投資政策的自由化　107
　二、以發達國家跨國公司為主導的國際投資主體的新發展　109
　三、全球國際直接投資的規模與流向特色　113
　四、國際直接投資方式的新特色：從工業經濟向知識經濟
　　　轉型　117

第三節　21世紀初國際直接投資與全球產業結構調整浪潮　119
　一、產業全球化與21世紀初全球產業結構調整浪潮　119
　二、國際產業轉移的動因　121
　三、當前國際產業轉移的主要特點　125
　四、21世紀初全球產業結構調整浪潮的趨向與影響　130

第四章　FDI促進東道國產業結構優化的效應、機理與制約因素　137

第一節　FDI影響東道國產業發展的經濟效應分析　138
　一、FDI的產業資本形成效應　138
　二、FDI的技術轉移與溢出效應　142
　三、FDI的國際產業轉移效應　145
　四、FDI的就業效應　148
　五、FDI的貿易促進與國際收支效應　150

第二節　FDI對東道國產業結構演進的優化效應及作用機理　151
　一、FDI對東道國產業結構演進的影響　151

二、FDI 影響東道國產業結構的效應分析 154
三、FDI 產業結構優化效應的作用機理 159
第三節 FDI 產業結構優化效應的制約因素 167
一、東道國的產業結構與產業轉移承受能力 169
二、東道國當地市場與企業稟賦狀況 171
三、東道國的市場結構與市場競爭狀況 172
四、東道國政府的外資政策選擇與管理 174
五、跨國公司的海外投資策略與產業控製 175
六、跨國公司投資項目產業關聯繫數的高低 178

第五章 全球化背景下 FDI 對中國產業結構的優化 181

第一節 經濟全球化中的中國產業結構 182
一、對外開放與中國的產業結構 182
二、入世后的中國產業結構 186

第二節 FDI 對中國產業結構優化的實證分析 190
一、FDI 對中國產業結構演變的影響 190
二、FDI 對中國產業結構優化的效應表現 198
三、FDI 對中國產業結構優化升級的影響程度 206

第三節 當前在華 FDI 的產業與區域分佈特點及演進趨勢 209
一、當前 FDI 在華的產業分佈特點與演進趨勢 209
二、當前 FDI 在華的區域分佈特點與演進趨勢 215

第六章　當前 FDI 促進中國產業結構優化中存在的問題　227

第一節　FDI 促進中國產業結構優化的局限性　228
　一、外商投資方向選擇與中國引資目標的錯位　229
　二、外商對技術轉移與溢出效應的限制　232
第二節　FDI 數量型擴張與外資流入陷阱　235
　一、外資流入陷阱與中國產業結構轉換缺口　236
　二、外資流入陷阱與中國地區產業結構同構化　239
　三、過度競爭與寡頭壟斷並存的二元市場結構　242
第三節　FDI 與中國產業安全、可持續性發展問題　246
　一、外資依賴、產業壓制與中國的產業安全問題　246
　二、FDI 與中國產業結構的可持續發展　252

第七章　引資博弈與 FDI 的數量型擴張——基於制度層面的原因剖析　257

第一節　基於多重目標選擇的引資博弈　259
　一、政府引資目標的多元化與短期化　259
　二、地方政府之間的引資博弈：引資優惠政策之爭　264
　三、東道國政府與外商投資者之間的博弈　270
第二節　FDI 的數量型擴張與適度規模研究　276

一、FDI 的數量型擴張與 FDI 績效拐點區的出現　276
二、對 FDI 適度規模的思考　280

第八章　全球化背景下中國利用外資促進產業結構優化的政策　289

第一節　中國利用外資產業政策及其有效性　291
一、中國的利用外資產業政策　291
二、中國利用外資產業政策的有效性分析　296
三、提高中國利用外資產業政策有效性的制度創新　300

第二節　全球化背景下中國利用外資促進產業結構優化的政策建議　303
一、實施自主型引資戰略，引導規範外商投資方向　303
二、規範外資優惠政策，建立健全市場競爭機制　307
三、有效利用國際產業轉移，培育自主技術創新能力　309
四、加強法制建設，實現產業安全和可持續發展　311
五、加強配套制度建設，改善外商投資軟環境　313

參考文獻　316

第一章 導 論

第一節　研究背景與選題意義

一、問題的提出：選題的現實與理論背景

經濟全球化（Economic Globalization）正在成為21世紀世界經濟發展的主潮流。經濟全球化是生產、貿易、投資、金融在全球範圍內的大規模發展和生產要素在國際間流動與配置的規模及範圍不斷擴大的過程，從而使世界各國經濟高度相互依賴、相互影響、相互促進。

由於人們從不同的角度看待和研究全球化問題，因而對經濟全球化的概念和含義也有不同的理解。國際貨幣基金組織（IMF）認為：經濟全球化是跨國商品與服務交易及國際資本流動規模和形式的增加，以及技術的廣泛迅速傳播使世界各國經濟的相互依賴性增強。WTO前總干事魯杰羅指出：以全球化為基礎的無國界經濟正在全球範圍內形成，以要素自由流動為基礎的經濟全球化趨勢不可逆轉。經濟合作與發展組織（OECD）前首席經濟學家S. 奧斯特雷（Sy. L. Viaostry，1990）則認為：經濟全球化是生產要素在全球範圍內的廣泛流動和實現資源最佳配置的過程。

雖然目前對經濟全球化的含義和概念闡述不盡相同，但概念中共同反應出的本質特徵為：一是經濟全球化揭示的是世界範圍內的商品、服務和生產要素自由流動的廣度和密度，並按照其自身的規律和要求合理地配置全球資源；二是經濟全球化是一個歷史過程，它的產生和發展是由經濟發展的內在因素所決定；三是經濟全球化將使各國經濟在相互交織、相互依賴中逐步建立起以規則為本的運行機制，並在此基礎上相互影響、

相互制約，逐步走向真正的融合；四是經濟全球化進程中，任何國家面對這一趨勢只能接受和適應而無其他更優選擇。據此，經濟全球化的內涵大致可歸納為三點：一是各國在經濟上相互依存、不斷加深的歷史過程，二是突出表現為商品、資本和技術等要素的國際流動日益加強，三是信息革命以及貿易和金融自由化是推動其不斷深化的主要因素。[①]

而從另一角度來看，經濟全球化實質上是以發達國家為主導、以跨國公司為主要動力的世界範圍內的產業結構調整和全球市場經濟化的發展過程。其核心是生產要素全球性流動與配置、產業結構全球性調整和轉移，以及企業價值鏈和產業鏈在全球範圍內的佈局和重組。這場世界性產業結構調整，與以往經濟結構性調整相比具有明顯的不同特點：

第一，過去產業結構調整主要是在一個國家內部或在周邊國家之間進行（即小規模的區域經濟一體化），而這次產業結構調整則是在全球範圍內進行的，不僅資源配置時空範圍大大拓展，而且在世界範圍內進行產業結構轉移和轉換比起在一個國家內部進行結構調整效果更為明顯。第二，對外直接投資已日益成為當前（全球化背景下）產業結構全球性調整和國際經濟相互聯繫、相互依賴的基本途徑和主要方式。對外直接投資的規模、流向和結構的迅速變化對世界各國的經濟增長、國際收支平衡、產業結構調整、產業/企業國際競爭力乃至一國經濟的持續穩定發展都產生了重要影響，對外直接投資已成為各國開放經濟內外均衡發展的重要組成部分。[②] 第三，這一次產業結構調整不但表現在一些產業的整體轉移，更重要的是同一產業一

---

① 蔣選．面向新世紀的中國產業結構政策 [M]．北京：中國財政出版社，2003：99-100．
② 程惠芳，潘信路．入世與國際直接投資發展 [M]．上海：世界圖書出版公司，2000：1-2．

部分生產環節的轉移。這次世界範圍內的產業結構調整大體上採取兩種形式：一是發達國家之間，通過跨國公司之間的相互交叉投資、企業兼併，在更大的經濟規模基礎上配置資源，開拓市場，更新技術，從而實現發達國家間的技術和資金密集產業的升級；二是發達國家把勞動和資源密集型的產業向發展中國家轉移，特別是把這些產業包括高技術產業中的勞動密集型生產環節向發展中國家轉移。

美國學者西蒙（D. F. Simen, 1999）認為，從一定意義上來講，經濟全球化的核心是產業全球化。他認為：「最好將『全球化』看作一種微觀經濟現象，它指的是產業和市場一體化和聯合的趨勢。」產業和市場一體化聯合的趨勢，反應的是產業結構在世界範圍內的調整和升級，產業組織在世界範圍內的競爭和壟斷，高新技術產業在世界範圍的崛起和各國產業政策的世界性影響。伴隨各國產業相互依存、相互滲透程度的日益加深，產業全球化已成為不可逆轉的歷史趨勢，它實現了全球範圍內生產、交換、分配和消費等一系列環節的國際經濟大循環和國際產業鏈的形成。在科技和信息革命推動下，全球產業日益成為一種密不可分的全球產業網。在產業全球化浪潮下，「沒有誰可以像孤島那樣，與世隔絕而獨善其身」，產業全球化推動生產要素以空前的規模和速度在全球範圍內自由流動，全球產業聯繫變量連續變化，從而導致全球經濟日益緊密地聯繫在一起，最終朝著無國界方向轉變。[1]

認識到經濟全球化這一實質非常重要，只有從全球產業結構調整的大背景下來考慮本國產業結構調整總體戰略，才能防範和減輕經濟全球化對本國經濟發展可能產生的風險和弊端。無論是依附理論學派的核心與邊緣學說，還是自由經濟學派的

---

[1] 王述英，姜琰．論產業全球化和中國產業走向全球化的政策選擇 [J]．世界經濟與政治，2001（10）．

市場資源配置學說，都深刻地揭示了經濟全球化對各國產業結構的衝擊及其演變的內在規律。前者通過由核心發達國家向邊緣發展中國家產業轉移理論，闡述了發展中國家產業結構調整不可避免地要受到發達國家的影響；后者從生產要素流動、市場機制形成、資源全球化優化配置理論等表明了跨國公司的重要地位。這意味著發展中國家的產業結構調整必定在很大程度上受到發達國家的影響。①

　　經濟全球化中一國產業結構的變動，除了受到自身國內因素的影響外，還要受到與外部經濟相聯繫的國際貿易、國際金融和國際直接投資等方面的影響。其中，國際直接投資是影響世界各國產業結構變動的重要外部因素。所謂國際直接投資（相對於東道國來說即為：外商直接投資或外國直接投資或海外直接投資，簡稱為 FDI：Foreign Direct Investment），是指一國或一地區的投資者在本國或本地區以外的國家或地區進行企業投資，參與生產經營並掌握一定經營控製權的投資行為。

　　在 21 世紀初全球產業結構調整浪潮中，國際直接投資作為實現國際產業轉移的主要方式，無論對產業轉出國的產業結構調整，還是對產業轉入國的產業結構調整，都起到了積極的作用。當然，在這場以發達國家為主導的全球產業結構調整浪潮中，不同經濟發展水平的國家所獲得的收益和付出的代價是不同的。如何在這場全球性的產業結構大調整中逐利避害、實現自身利益最大化是每個國家（尤其是在國際分工體系中處於不利地位的發展中國家）所面臨的重大現實問題。

　　本書擬從外商直接投資對東道國產業結構影響的角度來具體探討 FDI 的產業結構優化效應，通過分析 FDI 產業結構優化效應的表現形態、作用機理、制約因素等來研究經濟全球化背

---

① 蔣選. 面向新世紀的中國產業結構政策 [M]. 北京：中國財政出版社，2003：102.

景下如何發揮 FDI 的產業結構優化效應，並盡量使之效用最大化。然后立足於中國的現實國情，具體研究 FDI 對中國產業結構的優化效應，主要包括中國利用 FDI 促進產業結構優化的發展情況、具體效應表現、存在問題等多個方面；之後，再剖析導致當前中國利用 FDI 促進產業結構優化效應不理想的現實原因和制度障礙，並在此基礎上提出針對性的政策建議。

二、國內外現有研究的文獻綜述

1. 以全球為背景的一般性研究成果

現代國際直接投資理論產生於 20 世紀 60 年代初。從研究思路上來講，已有的研究主要沿著兩條路徑進行：一條是探尋國際直接投資形成的動因、投資方式的選擇、投資產業與區域的選擇及其影響因素等；另一條是探討國際直接投資對國際經濟，尤其是東道國經濟的影響，這包括影響範圍、影響效應、影響機理及影響對策等多個方面。基於本書研究的需要，我們著重考察后者。

早期以新古典主義經濟增長理論為基礎的研究強調 FDI 對東道國經濟的影響主要體現在其對東道國經濟的資本累積作用。1966 年，錢納里（H. Chenery）和斯特勞特（A. Strout）基於結構主義原理提出了著名的「雙缺口模型」（Dual Gap Model），指出經濟發展在於經濟結構或產業結構的演變，認為由於存在結構剛性，東道國經濟發展會受到國內資源不足（儲蓄缺口和外匯缺口）的制約，因此引進和利用外資有助於彌補以上缺口，進而推動東道國經濟增長和結構轉換。儲蓄缺口和外匯缺口的存在是構成發展中國家經濟發展的兩個主要制約因素，引進 FDI 的根本目的就在於彌補這兩個缺口。

赫爾希曼（A. Hirschman, 1980）從彌補「技術缺口」的角度拓展了「雙缺口模型」。他認為在經濟發展過程中，技術、管

理和企業家的匱乏是發展中國家在發展中所面臨的另一個嚴重的「缺口」。從發展中國家的發展實踐來看，這些缺口（尤其是技術缺口）僅靠其國內的資源供給是無法彌補的，大多需要從國外引進，並且這種需求的強度和對外的依賴程度還在日益提高。對發展中國家來說，彌補這些技術缺口單靠國內企業往往是不現實的或不經濟的，而通過引進的方式不但可以迅速彌補該缺口，而且還避開了技術開發與革新階段的高成本和高風險，從而促進東道國產業結構的調整與經濟的增長。

20世紀70年代以后，丹尼森、索羅、肯德里尼、喬森根等人的研究引發了經濟學界關於技術進步和產業結構轉換之間的理論研究熱潮。以索羅（R. Solow）模型為代表的新古典增長模型認為，從長期來看，FDI影響產出增長的程度是有限的，長期的增長只能是技術與知識提升的結果；沒有技術進步，國內和外國投資遞減的邊際收益最終將制約一國經濟的增長。由於新古典增長模型假定技術進步是外生的，因而認為FDI不能通過促進技術進步來影響東道國經濟增長，這一點是與現實經濟不相符合的。

直到20世紀80年代中期以來內生增長理論（又稱為新經濟增長理論）的產生才使得新經濟發展理論重新煥發生機。這種新理論將一些誘導增長因素，如干中學（Arrow, 1962）、通過教育和培訓培養人力資本（Lucas, 1988）、R&D投入（Grossman和Helpman, 1991）、公共品和基礎設施（Barro, 1990; Barro和Salai Martin, 1995; Turnovsky, 1997）、國內外的知識溢出（Romer, 1986; Krugman, 1979; Grossman和Helpman, 1991）等都視為內生變量，所有這些因素都與知識的產生和流動有關，知識可以自我增長並且它的收益是遞增的。該理論認為，技術進步是內生的，它是影響一國經濟增長的主要因素，一國技術進步的來源可分為自主創新和從外部引進、模仿及學

習。其中FDI不僅可以解決東道國的資本短缺問題，而且還可以帶來包括先進的管理技術和經驗、工作技能和訣竅、完整的國際分銷渠道、研發支持、品牌和無形資產等一攬子資源，是國際技術擴散的重要渠道。

哈佛大學教授弗農（Raymond Vernon，1966）以美國企業對外直接投資現象為研究對象，提出了跨國公司直接投資的產品週期理論。該理論以產品生命週期中各階段生產區位的變化來解釋國際產業轉移現象。他認為，跨國企業對外投資活動與產品生命週期有關，企業的對外直接投資是企業在產品週期運動中，由於生產因素和競爭條件的變化情況而作出的決策。弗農把產品在國際市場上的生命週期劃分為三個階段：創新與市場引入期、成熟期和標準化期。而海外直接投資的產生則是產品生命週期三階段更迭的自然結果，跨國企業順應著產品生命週期的變化，在成熟產業向低成本國家轉移的同時分別引起各自所在國的產業結構調整與升級。

著名發展經濟學家劉易斯（Lewis，1972）則從人口增長、人口流動與對外投資的角度提出了勞動密集型產業結構論。他以20世紀60年代為時間背景，分析了發達國家由於人口出生率下降、勞動力不足而將勞動密集型產業向發展中國家進行轉移並最終進口該產業產品的現象，從一個新的視角解釋了產業在國際間轉移和調整的原因。

日本學者赤松要（Kaname Akamatsu，1960）從其本國的對外投資實踐中總結出了產業發展的「雁行形態發展模式」（Flying Geese Paradigm）。該模式揭示了后進國家參與國際分工實現產業結構高度化的一種途徑，赤松要對日本棉紡工業從進口發展到國內生產，再發展到出口進行了歷史的考察。他認為后進國家的產業發展應遵循「進口—國內生產—出口」的模式，使其產業相繼更替發展；而在產業選擇上，認為雁行形態發展模

式首先是在生產低附加值的消費品產業出現，然后在生產資料行業出現，進而整個製造業的結構調整都會出現雁行變化格局。小島清（Kiyoshi Kojima，1978）在雁行形態發展模式的基礎上利用國際分工的比較優勢原理提出了邊際產業擴張理論（又稱為比較優勢理論）。該理論的核心是：對外直接投資應從本國已經處於或即將處於比較劣勢的產業（邊際產業）依次進行，而這些產業在東道國又是具有明顯或潛在比較優勢的部門；凡是本國已趨於比較劣勢的生產活動都應通過直接投資依次向國外轉移，國際貿易是按既定的比較成本進行的，根據從比較劣勢行業開始投資的原則所進行的對外投資可以擴大兩國的比較成本差距，創造出新的比較成本格局；而在對外投資中，可使投資雙方在擴大貿易的同時升級和改善各自的產業結構。該理論有力地指導了日本通過對外投資進行產業轉移的活動，對東亞地區產業結構梯度式雁行演進過程作出了較為合理的解釋。

在此基礎上，與鄧寧（John Dunning，1981，1988）的國際生產折衷理論相結合，日本學者小澤輝智（Ozawa，1992）提出了國際直接投資階段發展論。與鄧寧不同，小澤輝智更多地強調國與國之間的階段對應性及各國動態比較優勢的互補性，並把它們作為國際直接投資流動的原因。其主要分析國家層次和產業層次上的變量對國際直接投資流動及各國投資地位的影響，而沒有更多地從企業層次來強調國際直接投資發生的原因。這樣的研究視角也一直是日本學派的特點。

小澤輝智模型的優點在於：突出了動態比較優勢、要素稟賦和結構變化機制以及國際直接投資變化的約束條件之間的聯繫，強調了國際直接投資只應是一種與結構變動相對應的資本有序流動的思想，將國際直接投資變動與世界經濟結構特徵相結合，凸顯了國際直接投資流動的現實環境及其相互作用。相對於鄧寧模式而言，小澤輝智的模式更適合於解釋發達國家與

发展中国家之间、不同发展阶段的发展中国家之间的国际直接投资及其影响现象。

在探讨外商直接投资对发展中国家的效应问题时，除了持肯定态度的观点外，理论界中还存在持怀疑、否定乃至排斥态度的观点。如阿根廷经济学家普雷维什（Prebisch）的「中心—外围」论认为：长期恶化的发展中国家的经济滞后和收入不均都源自于国际经济的「中心—外围」关系，因此处于外围的发展中国家要实现发展就必须同中心脱钩，立足自身进行内部的工业化和政治经济改革，发挥国家的作用。巴西经济学者多斯·桑托斯（M. Santos）则在此基础上提出了更激进的国际依附论，他认为任何一个国家潜在的经济剩余都是十分巨大的，因而不存在一个国家依靠自力更生发展经济的障碍。之所以产生发展中国家「依附于」发达国家的现象，其根源在于历史发展的不平衡和当代世界资本主义的不公平体制与结构，发展中国家被迫接受不利的国际分工地位，主要是为了满足发达国家的需要。只有充分认识到这种不公平的国际依附关系，才能理解发展中国家面临困境的根源。[1]

在理论研究的基础上，国内外学者也对 FDI 和东道国经济增长之间的关系进行了大量的实证检验。主要的检验思路是将 FDI 作为一项附加变量加入到扩大的生产函数方程中，并在方程中引入 FDI 的传统测量值或其他辅助变量（如出口、进口、制度等变量），运用不同国家不同发展时期的相关统计数据来对 FDI 与经济增长之间的关系作出相应的分析。

实证研究的结论差异较大。部分学者认为 FDI 流入与东道国经济发展存在显著相关关系，FDI 对东道国会产生技术溢出效应，促进东道国的技术进步，提高东道国的产业升级、扩大出

---

[1] HAISHUN SUN, JOSEPH CHAI. Direct Foreign Investment and Inter-regional Economic Disparity in China [J]. International Journal of Social Economics, 1988 (25).

口，從而對東道國的經濟增長起著積極的作用。如 Stefan（1992）經過實證分析指出在開放經濟條件下，要素稟賦不占優勢的國家或企業可以通過國際要素的引進和聚集實現經濟的快速增長；Caves（1974）對澳大利亞、Globerman（1979）對加拿大、Blomstrom（1983）對墨西哥的研究均發現 FDI 對東道國的生產效率提高具有推動作用。①

而部分學者則認為，由於經濟發展水平和技術差距的存在，FDI 對東道國經濟的促進與溢出效應的發揮受到多種因素的制約，很多情況下會導致 FDI 對東道國的經濟增長產生擠出或替代效應等不利影響。如 Blomstrom、Lipsey 和 Zejan（1997）依據 1960—1995 年的數據對發展中國家與發達國家的有關情況進行了研究，結果表明：發達國家的 FDI 流入量與人均 GDP 增長之間存在顯著關係，而在發展中國家這種關係則是不顯著的；原因在於發展中國家本土企業技術水平相差太遠，無法模仿跨國公司或成為跨國公司的供應商，這說明東道國有效利用 FDI 的外溢效應程度與其自身的經濟發展水平密切相關。Reis（2001）的研究更進一步，他發現 FDI 分別從正反兩個方向影響東道國的經濟發展，一方面，FDI 通過創造性投資降低了東道國的創新成本，促進了經濟發展；另一方面，FDI 同時產生了使東道國自身投資者的投資贏利能力下降以及其自身投資者不再進行未來投資的「創造性破壞」效應。FDI 對東道國的總體影響取決於這兩種效應的大小比較。

在 FDI 對東道國產業結構影響的研究方面，Hunya（2002）通過對羅馬尼亞製造業的 FDI 進行研究后發現，外資公司頻繁投資的行業與出口行業相一致，外資進入並沒有提升該國的傳

---

① 李善民，鐘良，等．FDI 對東道國產業結構和產業組織的影響研究綜述[J]．湖南社會科學，2005（2）．

統優勢產業。Dongsheng Zhou、Shaomin Li、David K. Tse (2002)[①] 在研究了 FDI 與東道國企業競爭力之間的關係後發現，FDI 對同一地區而非同一行業企業的發展有積極影響，而對同一行業的其他企業則有消極影響。這是因為 FDI 通過技術、管理等多方面的溢出效應促進了所在地區的經濟發展，與此同時它也搶奪了東道國同行業企業的人力資源和市場份額，造成後者競爭力的下降，因此他們認為東道國應盡量利用 FDI 去開拓新的和相對空白的產業。Akbar 和 Bride (2004)[②] 則以匈牙利銀行業為例研究了外資公司投資動機、FDI 和經濟發展之間的關係，其后指出以市場為導向的 FDI 有利於轉軌經濟國家的長期發展，而以資源為導向的 FDI 不利於東道國企業技術的進步和國民福利的增長，因此東道國對外來投資要有所選擇。[③]

2. 以中國為背景的具體研究成果

FDI 與中國經濟增長關係的研究一直是國內經濟學界在 FDI 研究領域中的熱點問題。尤其是隨著中國經濟的迅速發展和外資流入規模的持續走高，如何正確利用外商直接投資及其經濟效應，以促進中國國民經濟的持續發展成為了當前研究 FDI 中的一個重點問題。

國內關於 FDI 與中國經濟增長關係的研究大致可分為三個層次的內容：一是 FDI 是否促進了中國經濟的增長？二是影響 FDI 對中國經濟增長的制約因素有哪些？三是 FDI 促進中國經濟增長的微觀機理是什麼？

---

① DONGSHENG ZHOU, SHAOMIN LI, DAVID K. TSE. The Impact of FDI on Productivity of Domestic Firms: The Case of China [J]. International Business Review, 2002 (11).

② YUSAF H. AKBAR, J. BARD BRIDE. Multinational Enterprise Strategy, Foreign Direct Investment and Economic Development: The Case of The Hungrian Banking Industry [J]. Journal of World Business, 2004 (39).

③ 張斌. FDI 與東道國相關理論綜述 [J]. 黑龍江對外經貿, 2006 (2).

目前國內的研究大多數還集中在第一、第二層次，研究成果很豐富但也存在著較大分歧。不少學者通過建立計量經濟模型，採用 FDI 與中國 GDP 的統計數據來驗證 FDI 流入與中國經濟增長的關係。例如，王新（1999）根據哈羅德—多馬動態經濟增長模型來研究 FDI 與中國經濟增長的關係，通過對 FDI 對中國經濟增長貢獻率的計算，得出結論：改革開放以來外商直接投資的經濟增長貢獻率呈現出了幾個跳躍式的增長臺階。任永菊（2003）根據中國 1983—2002 年的統計數據，通過建立自迴歸模型（VAR Model）來驗證 FDI 與 GDP 之間是否存在協整關係（即長期關係），並通過 Grange 因果檢驗模型來驗證二者是否存在因果關係。研究結果表明：FDI 與 GDP 之間存在協整關係，但由於滯后期的不同，FDI 與中國 GDP 之間有不同的因果關係。梁琦、施曉蘇（2004）運用 1980—2001 年的全國時間序列數據，對中國的外貿與 FDI 之間的相互關係進行了 Grange 因果關係驗證，並以全國各省及東中西部地區數據做統計描述輔證，得出中國的外貿與 FDI 的互補作用大於替代作用、FDI 與製成品的出口具有雙向的因果關係等結論。

外商直接投資在中國經濟中存在著資本效應和外溢效應兩方面的作用，其中外溢效應可以分為產業結構效應、技術溢出效應和制度變遷效應三個方面（江錦凡，2004）。關於外商直接投資對於產業結構變動的利弊作用，國內外學者的研究一直存在較大的分歧。Yadong Luo, J. Justin Tan（1997）就中國產業結構對 FDI 的影響進行實證研究，得出了產業結構的不穩定性和外資企業的營運風險是呈正相關關係等結論。王洛林、江小涓等人（2000）通過對全球 500 強企業在華投資項目的研究后指出，大型跨國公司的投資有助於提升中國的產業結構；但宋泓、柴瑜（1998）的實證研究卻表明，外商投資企業的進入降低了中國工業結構的總體效應，加劇了中國產業結構的偏離程

度，使工業結構效益大幅下降。張帆、鄭京平（1999）在此基礎上對外商投資主體進行分類研究，得出歐美跨國公司的投資不同於港澳臺的投資，前者主要投向資本和技術密集型產業，對國內同行業的其他企業有正的外部性，總體上有助於中國經濟結構向具有更高的資源配置效率方向轉化。

在FDI對中國產業結構變動的影響程度研究方面，江小涓（2001）認為，FDI對中國產業結構變動影響效果不明顯，中國產業結構的演進主要依靠自我演進方式。陳迅、高遠東（2006）運用協整分析、動態方差分解等現代計量經濟學方法對中國產業結構變動與FDI之間的相互影響進行實證研究，結果表明：產業結構變化和FDI的變化之間存在著長期穩定的協同關係，但產業結構變化更多的是依靠自身的變化來完成的，且外商直接投資的增長是受東道國內在的資源、市場環境的吸引，而不是其自身增長的原因。他們進而提出應加強對外商直接投資的產業導向、發揮產業結構外溢效應等政策建議。

在對於FDI研究的第三層次方面（FDI促進中國經濟增長的微觀機理的研究）上，目前國內的針對性研究還比較少，多是從某些具體領域，如FDI的溢出效應（尤其是FDI的技術溢出效應）的角度來進行研究。目前這方面的研究已有一定的成果，如：江小涓（2002）通過對跨國公司在華投資企業的調研發現，絕大多數在華外資企業提供了母公司先進或比較先進的技術，其中多數技術填補了國內空白，大大加快了國內產業結構的升級。王飛（2003）從國內各省的層面，運用索羅增長速率方程和計量迴歸的方法來分析FDI對中國國內企業技術進步的淨影響，結果卻表明FDI對中國國內企業的技術進步沒有明顯的作用，外資進入中國可能主要是為了占領中國廣闊的市場，而並非是要生產出具有國際先進水平的產品或者僅僅是為了利用中國廉價的勞動力，尤其是當國內該行業的競爭比較弱時，

外資企業一般不會引入其先進的技術，其外溢效應是相當有限的。[①] 陳明森（2004）的研究也表明，FDI 促進中國經濟增長的效應受到跨國公司投資動因、東道國產業集中度、市場結構狀態以及政府引資行為等多種因素的制約，目前已經出現 FDI 推動中國技術進步和產業升級乏力的現象，產生了外資流入陷阱[②]等問題。

關於 FDI 推動中國產業結構優化升級方面，高峰（2002）以利用外資和產業結構優化的關係為中心，在闡明外商直接投資對中國產業結構影響的基礎上，初步建立了 FDI 促進東道國產業結構優化作用機理模型；徐學紅（2004）在對產業結構升級模式進行歸納分析的基礎上，構建了利用外資、引進技術與產業結構升級的良性循環模型；姚君（2005）從 FDI 對產業結構的作用效應角度來分析外商直接投資對東道國產業結構升級的作用機制，等等。

3. 對現有理論與研究成果的簡要評價

研究 FDI 與東道國經濟增長關係的理論基礎從新古典增長理論發展到內生經濟增長理論，標誌著這方面的研究已經進入了一個嶄新的時代。縱觀國內外學者對 FDI 與東道國經濟增長和產業結構調整關係的研究，我們發現，與國外研究相比較，目前國內的研究還存在著以下不足或是需要進一步深入研究的方面：

第一，從研究內容與層次來看，對於 FDI 與東道國（包括中國）產業發展之間關係的研究，國外的研究比較成熟規範，國內研究不僅在理論上缺乏系統性、完整性，實證研究也才剛

---

① 張斌. FDI 與東道國相關理論綜述 [J]. 黑龍江對外經貿, 2006（2）.
② 所謂外資流入陷阱，是指由於過度引入低質量低效率的 FDI，外資的流入只能彌補國內產業發展資金短缺與物資短缺，無法發揮改善資源配置效率、促進技術進步與產業升級的作用，而且與國內原有傳統產業形成低層次水平競爭，以致產生產業發展的結構性問題（陳明森，2004）具體內容參見本書第六章第二節。

剛起步。目前國內的研究大多停留在第一、二層次，即 FDI 與經濟增長和結構調整間的因果關係研究（Whether）和探討 FDI 對中國經濟增長和結構調整起著怎樣的影響（What）。相比之下，國外研究已進一步深入到考察 FDI 對經濟增長和結構調整的內在傳導機制（How）以及具體的影響等。

在研究 FDI 促進中國經濟增長和產業結構調整的微觀機制方面，國內的研究大多從總量上來分析 FDI 與中國經濟增長的數量關係，很少有學者研究 FDI 究竟是通過什麼機理途徑來影響中國經濟增長和產業結構調整的。雖然有部分學者從 FDI 技術外溢的角度來考察 FDI 的影響效應，但這方面的研究還存在著較大的分歧，並且普遍存在著定性闡述多、定量分析少，提及論點多、深入分析少等不足。加強對 FDI 效應內在傳導機制的研究將是當前及今後一段時期內 FDI 理論探討的一個重要方面。

第二，從研究方法來看，計量經濟方法和規範的理論經濟方法（使用數理方法和數量模型）已在研究中得到了較廣泛的運用，但計量經濟研究的範圍還比較狹窄，運用的方法也比較單一，如在驗證 FDI 與中國經濟增長、結構調整的互動關係上，國內學者大多採用了簡單的線性迴歸法，雖然這種方法能說明一定的問題，但難以精確測度這種互動關係的程度，也難以解釋 FDI 與中國經濟增長、結構調整中的非線性關係，與國外相比還有相當的差距。在理論經濟研究中，獨創性的數理經濟模型還很少見，國內的研究主要是對國外數理模型的引進與模仿，且研究成果也不多見。不可否認，研究方法的創新是該領域研究中的難點問題，也是我們今後長期努力的一個方向。

第三，從研究視角來看，國內的研究還普遍缺乏國際性和戰略性的視角。對全球跨國公司及其對外直接投資活動的戰略變化及其影響的研究，對 FDI 的發展以及結構性變化的研究，

对不同国家、不同产业利用外资的对比研究等还比较欠缺；对外商直接投资的重大结构性变化或转折性变化以及外商直接投资研究中的重大理论和实践问题的关注还比较少。

　　第四，在政策研究方面，政策研究和理论研究存在着相互分离的现象。即理论研究（尤其是计量经济和数理经济研究方面）过于强调分析工具的选择与运用，出现了为分析而分析的「理论分析工具的唯美情结」；国内 FDI 的政策热点问题往往不是国内理论研究或实证分析的焦点，所提出的政策建议往往脱离国情或过于理论化，不具有现实可操作性。这种政策研究与理论研究焦点相分离的现象严重地制约了中国对外商直接投资研究的深度及政策建议的适用度，存在着江小涓所指出的问题：「那种针对中国情况、具有一般分析框架、能容纳主要事实、合乎逻辑、经得起较长时间检验的学术研究成果还比较少见。」①

三、选题的理论及现实意义

　　改革开放以来，中国经济持续稳定增长，其间外商直接投资发挥了积极的推动作用。改革开放初期，外商直接投资极大地弥补了中国产业发展的资金缺口和外汇缺口，促进了中国轻纺工业的快速发展，在一定程度上扭转了中国长期存在的重工业过重、轻工业过轻的畸形产业结构格局。外资的进入带动了技术、管理、营销、网络等各个方面一揽子生产要素的流动，激发了国内企业的竞争意识，给中国经济发展注入了活力。但 20 世纪 90 年代中期以来，随着中国经济从整体性短缺经济向结构性过剩经济的转变，虽然外商直接投资对中国经济发展的推动作用依然强劲，但对中国产业结构的优化效应却开始弱化，其负面效应正逐步显现。尤其是近几年来，中国利用外资产业

---

　　① 宋泓．关于跨国公司及其直接投资活动研究的最新进展 [J] //裴长洪．中国对外经贸理论前言 (4)．北京：社会科学文献出版社，2006：270－271．

政策方面出現較大偏差，各地政府盲目擴大引資規模，重數量輕質量、重引進輕管理的粗放型外資引進已給中國產業結構的優化調整，乃至產業安全與可持續發展等帶來了嚴重的負面影響。

21世紀初，經濟全球化浪潮的影響日益顯現，中國與外部經濟的聯繫更加緊密，外資對中國經濟發展的影響力度正逐步增強，中國利用外資促進經濟發展、產業結構調整已到了一個關鍵時期。如何在全球化的浪潮中趨利避害，在發揮外資對中國經濟的積極推動作用的同時，盡量減少外資的負面影響，是我們當前所面臨的一個重大的現實問題。

本書的研究正是針對這個重大的現實問題，從產業結構優化效應的角度來具體研究外商直接投資對中國產業結構的影響問題，選題具有重大的現實意義和理論意義。在研究中，本書強調將開放條件下產業結構優化的一般規律與中國特定的國情相結合，在對現有理論進行系統梳理的基礎上，構建了與經濟全球化發展趨勢相適應的開放條件下一國產業結構優化指標體系。並在此基礎上，著重研究經濟全球化背景下外商直接投資對中國產業結構的優化效應。在具體研究中，本書運用大量國內外統計數據和現實案例，對外資對中國產業結構優化效應的具體表現、作用機制、制約因素、存在問題及解決對策等多個問題做了較為深入的研究，內容較全面，資料較翔實，研究結論有較強的現實指導意義。

尤其在針對中國特定國情的研究中，本書著力從制度建設的層面，運用數理模型和博弈分析等理論分析工具，深入剖析造成中國當前利用外資促進產業結構優化效應不佳的現實原因和制度性障礙。在此基礎上，提出以科學發展觀為指導，在利用外資的戰略選擇、制度建設和相關產業政策等方面進行戰略性的轉變與創新。這些研究對指導中國當前科學利用外資、促

進外資產業結構優化效應高效發揮有重要的現實意義和理論價值。

第二節 研究思路與邏輯結構

一、研究思路

本書的研究以馬克思主義經濟學和唯物辯證法為指導，充分運用現代經濟學理論的分析框架，在總結前人研究成果的基礎上，採用規範分析與實證分析相結合、定性分析與定量分析相結合的研究方法。

本書研究的基本思路是：以經濟全球化為背景，以外商直接投資對中國產業結構的優化效應為研究中心，沿著「研究背景——理論基礎——理論分析——實證研究——存在問題——原因剖析——政策建議」的邏輯結構來組織全書。

本書首先從經濟全球化背景下產業結構優化內涵的新變化入手，在系統探討了一國產業結構的演變規律和決定因素的基礎上，提出了在全球化開放條件下產業結構優化的新內涵和評判指標體系。然后，集中研究在全球化背景下影響一國產業結構優化的一個重要國際因素：外商直接投資（FDI）。並在探討了21世紀初外商直接投資的新發展和全球產業結構調整浪潮的新特點的基礎上，進一步縮小研究視角，集中研究外商直接投資對東道國（尤其是發展中東道國）產業結構優化的影響問題，擬從理論層面來深入研究外商直接投資對東道國產業結構的優化效應、作用機理及制約因素等問題。

在理論研究的基礎上，本書立足於中國的特定國情，重點研究中國利用外商直接投資促進產業結構優化的現實問題。本

部分運用了大量國內外相關統計數據，從實證的角度來闡釋全球化背景下外商直接投資對中國產業結構優化調整的影響，這包括外資對中國產業結構的優化效應的具體表現、影響程度以及存在問題等多個方面。之后，著重從制度建設的層面，運用數理模型和博弈分析等理論分析工具，來剖析造成中國當前利用外資促進產業結構優化效應不佳的現實原因和制度性障礙。

最后，在以上分析的結論上，基於提高利用外資產業政策有效性的考慮，從如何提高中國利用外資促進產業結構優化效應的角度，對中國在經濟全球化背景下利用外資的戰略選擇、制度建設和相關產業政策等方面提出了針對性的政策建議。

二、邏輯結構

基於以上的研究思路，本書共分為八章：

第一章：導論。在介紹本書寫作的基本思路、邏輯結構、研究方法、選題意義、創新與不足等問題的同時，本章重點介紹本書的理論與現實背景，以及外商直接投資（FDI）促進東道國產業結構優化問題的國內外研究現狀。在此背景介紹和文獻綜述的基礎上，確定了本書研究的理論起點和基礎。

第二、三章為本書的理論基礎部分。第二章：全球化背景下的產業結構及其優化。本章從產業結構的概念、演變規律與變動決定因素入手，來分析產業結構優化的含義、主要內容、機理模型與優化評判標準等問題；其后結合經濟全球化的發展特徵與趨勢，重新闡釋了一國產業結構優化的內涵與主要內容，並根據該創新點構建了一個與經濟全球化發展相吻合的新的產業結構優化評價指標體系。第三章：國際直接投資（FDI）與全球產業結構調整浪潮。本章從國際直接投資（FDI）的概念、發展歷程與理論淵源入手，著重研究全球化背景下國際直接投資的新發展、新特點，以及在國際直接投資推動下愈演愈烈的全

球產業結構調整浪潮及其影響。

這兩章內容一方面是對外商直接投資（FDI）、產業結構優化相關觀點與理論的梳理，另一方面也強調創新，重點在於探討全球化浪潮對外商直接投資、產業結構優化的影響以及在此影響下的新發展、新特點，為以后各章節的分析打下理論基礎。

第四章：FDI促進東道國產業結構優化的效應、機理與制約因素。本章是在以上理論分析的基礎上，從理論上來具體研究FDI促進東道國產業結構的優化效應。本章首先分析了FDI對東道國產業發展的若干經濟效應，如產業資本形成、技術轉移與溢出、國際產業轉移以及就業、貿易促進與國際收支平衡等。在此基礎上，運用圖示與實例來剖析FDI的產業結構優化效應及其作用機理，重點在於分析作用傳導機制，這包括資本、技術、產業關聯、競爭與示範等多種作用渠道，直接或間接對東道國的產業結構產生增量或存量調整與優化。最后，本章還探討了制約FDI產業結構優化效應發揮的若干因素，這主要是從東道國與跨國公司兩個方面來思考的，前者主要包括東道國的產業結構與產業轉移承受能力、當地市場與企業稟賦狀況、市場結構與市場競爭狀況、外資政策選擇與管理等；后者主要包括跨國公司海外投資策略與產業控製、海外投資項目產業關聯程度等。

第五章：全球化背景下FDI對中國產業結構的優化。基於以上理論分析，本章立足於中國的實際國情，具體研究外商直接投資對中國產業結構的優化問題。本章首先從對外開放的角度來研究中國產業結構在全球化趨勢中的演變情況。其次，從實證的角度，運用大量統計數據和現實事例，從FDI的產業資本形成與促進效應、技術轉移與溢出效應、競爭與示範效應等方面來具體探討外商直接投資對中國產業結構優化的影響及其影響程度。最后，對當前外商直接投資在中國的產業分佈和區域分佈的特點與演進趨勢作了較深入的分析，以探討當前外資

的產業結構優化效應績效狀況。

　　第六章：當前FDI促進中國產業結構優化中存在的問題。FDI產業結構優化效應具有明顯的雙重性，它既可以促進中國產業結構的優化升級，也可能加劇中國產業結構的偏差，制約中國產業的長遠發展。本章著重研究當前FDI促進中國產業結構優化中存在的三個主要問題：第一是FDI促進中國產業結構優化的局限性問題。外商投資方向選擇與中國引資目標的錯位、外商對先進技術轉移與溢出效應的嚴格限制是國際產業資本逐利本性導致的必然結果，也是導致中國利用外資優化產業結構效應不佳的客觀制約因素。第二是FDI流入陷阱的產業結構效應問題。低質低效外資的過度流入中國必將帶來嚴重的產業結構問題，這包括產業結構轉換缺口、產業結構同構化、過度競爭與寡頭壟斷並存的二元市場結構等問題。第三是外資對中國產業安全和可持續發展的危害問題。當前中國對外資的過度依賴和在國際產業轉移中的被動接受導致了外資對國內企業的產業壓制、市場壟斷以及環境危害等嚴重問題。

　　第七章：引資博弈與FDI數量型擴張——基於制度層面的原因剖析。制約在華FDI產業結構優化效應有效發揮的因素既有外商投資者的因素，更有中國制度建設不完善方面的因素。本章從制度層面，主要運用博弈分析方法，來剖析導致中國利用外資產業結構優化效應不佳的現實原因和制度性障礙。在中國現行的地方政府及官員的政績指標考核體系下，不可避免地會產生地方政府招商引資目標的多元化、短期化與功利化等問題；出於政績與地方利益的考慮，地方政府熱衷於引資優惠政策的競爭與博弈。這些博弈包括了中央政府與地方政府之間、地方政府與地方政府之間、地方政府與外商投資者之間多個層面。博弈的結果是外資的數量型擴張，低質低效率外資的過度湧入，導致地方社會福利的損失。在以上博弈分析的基礎上，

本章進一步運用統計數據和計量分析工具，對 FDI 的績效拐點區和中國引資的適度規模作出了相應的推論，以進一步佐證中國當前引進外資的數量型擴張特徵。

第八章：全球化背景下中國利用外資促進產業結構優化的政策。本章首先分析了中國現行的利用外資促進產業結構優化政策及其有效性，著重從制度建設的角度來探討提高中國利用外資產業政策有效性的政策創新。然后，立足於經濟全球化的背景，提出了中國利用外資產業政策進行戰略性轉型與創新的相關政策建議，主要包括：實施自主型引資戰略，引導規範外商投資方向；規範外資優惠政策，建立健全市場競爭機制；有效利用國際產業轉移，培育中國自主技術創新能力；加強法制建設，實現產業安全和可持續發展；加強配套制度建設，改善外商投資軟環境等。

第三節　研究的基本方法

本書的研究涉及國際投資學、產業經濟學、發展經濟學以及博弈論等多個學科領域。在研究方法上，主要採用了規範分析與實證分析相統一、定性分析與定量分析相結合、理論分析與對策研究相聯繫以及博弈分析、數理模型推導等方法。

規範分析是對經濟事物進行價值判斷的分析方法；而實證分析則是在分析經濟問題和建立理論時，撇開和迴避對社會經濟活動的價值判斷，只研究經濟活動中各種現象的本來面貌以及它們之間的客觀聯繫，從而找尋經濟事物運動和發展的客觀規律，並用以解釋和預測經濟行為的后果。本書的研究是一個「從客觀存在的事物到理性的分析研究再到實際應用的探索」的

過程，以實證分析為主，在對現有理論進行了大量的梳理工作後，對外商直接投資對東道國產業結構優化效應及其作用機理、制約因素、存在問題等作了較為客觀而翔實的描述與分析，力求客觀地反應事物的本來面貌和發展規律。在本書最后的政策建議章節，則從規範分析的角度，借鑑國際先進經驗，來探討全球化背景下中國利用外資產業政策的戰略性調整與改進。

　　本書在研究中堅持定性分析與定量分析相結合的方法，注重對統計數據的搜集與整理。由於本書的研究具有較強的時代性與前沿性，與中國目前的經濟發展聯繫非常緊密，因此在定性分析的基礎上，本書強調用數據說話，書中附有大量的統計圖表，力求用中國利用外資和產業結構演變的實際經驗來驗證相關理論觀點，使理論研究更有現實感和說服力。

　　注重理論與實踐相結合、把理論邏輯推導與現實政策研究相結合，也是本書的一個主要研究方法。經濟全球化背景下，中國利用外資促進產業結構優化問題研究是一個理論性和應用性都非常強的課題。本書的研究強調以理論研究為基礎的思想，在理論研究的基礎上，立足於經濟全球化的大背景和中國經濟發展的實際，強調政策建議的針對性、務實性。

　　博弈論分析方法和數理模型的應用也是本書的重要研究方法，通過對引資博弈中各行為主體的行為、成本收益等的模型描述，可以比較清楚地闡釋博弈各方的行為、動機與博弈反應，對揭示當前中國利用外資促進產業結構優化效應不佳的現實原因與制度障礙、確定外資合理規模等問題有較強的理論說服力。

第四節　創新點與不足之處

一、創新點

基於以上的研究，本書擬在以下幾個方面有所突破或創新：

（1）在對現有理論進行系統梳理的基礎上，將開放條件下一國產業結構優化的一般規律與中國的特定國情相結合，力爭在研究視角上有所創新。針對外商直接投資對中國產業結構優化效應這一具有交叉性學科特色的研究對象，著重從作用機理的角度來深入研究外商直接投資對中國產業結構優化效應的相關問題，具有較強的理論性與時代性。

（2）構建了一個全球化視角下的產業結構優化指標體系。傳統的產業結構優化評價體系主要包括產業結構的高度化與合理化兩大方面，更多強調一國產業結構的自主演變模式。在經濟全球化背景下，各國經濟聯繫的日益緊密以及全球產業結構調整浪潮的互動效應，迫使我們不得不重新審視原有的產業結構優化評價指標。本書在傳統優化指標體系的基礎上，不僅賦予了產業結構高度化、合理化指標新的內涵，而且還構建了一個以產業結構的開放化為基礎，以高度化、合理化為主幹，以產業國際競爭力提升為核心，兼顧產業安全化與可持續發展的產業結構優化指標體系。

（3）對外商直接投資對東道國產業結構變遷的影響機理做了較深入的分析。從 FDI 的資本促進效應、技術轉移與溢出效應、產業關聯效應、競爭與示範效應等方面來剖析 FDI 產業結構優化效應的作用傳導機制與制約因素，在研究中注重辯證地看待 FDI 的雙重效應及作用途徑，並運用相關圖表予以清楚表

示。然后運用該分析結論來進行中國的實證研究，實證中運用了大量的統計數據進行引證，這與現有的研究多偏重於某一個問題或某一個側面的定性分析有所不同。

（4）將競爭博弈模型引入到招商引資策略研究中，通過模型分析對其中博弈各方的行為及績效進行剖析，對當前地方政府利用外資中的主要經濟現象作出一定程度的合理解釋，為后期的政策建議奠定了理論分析的基礎。在分析地方政府引資行為扭曲和引資博弈問題時，運用了投標博弈模型（Bidding Game Model）來分析在有限理性、不完全信息條件下的不同質的地方政府之間的引資博弈及其后果。現有文獻對地方政府引資行為及其扭曲的原因分析比較籠統，本書從制度約束條件下的有限理性經濟人的角度來探討地方政府的引資投標博弈行為及其后果，分析比較深入。

（5）在具體的制度建設與政策建議研究上，本書基於制度基礎建設的層面，來探討制約中國利用外資產業政策有效性的制度性障礙及其解決對策，並在此基礎之上提出了中國利用外資促進產業結構優化政策的戰略性轉型與創新問題，這種研究視角在現有的文獻中並不多見。

二、不足之處

事實上，對全球化背景下外商直接投資與中國產業結構優化問題的研究是一個較為宏大的系統工程，需要不斷地深入進行下去。就本書現階段的研究成果來講，存在著以下研究的不足或是需要今后進一步深入研究的問題：

（1）外商直接投資對東道國產業結構的影響是一個國際性的問題，任何一個引進外資的國家或地區都會面臨這一問題。目前歐美發達國家和亞洲新興工業化國家在這些方面已有了一些比較成熟的經驗與政策，對中國有一定的借鑑意義。但本書

限於篇幅和研究重點的不同，在國際經驗借鑑方面涉及內容較少，擬作為本書后續研究的一個方向。

（2）外商直接投資對中國產業結構優化效應的績效研究是一個難點問題。本書原擬採用相關計量經濟模型，用 FDI 對中國產業結構優化的影響績效進行定量的描述與評價，但由於產業結構優化指標多以定性為主，難以找到與之對應的統計數據來進行分析；而筆者在計量經濟模型的選擇與建立上難有突破，故最終採用的仍是以定性的分析為主、加以數據引證的方式來佐證，但理論說服力稍嫌不足。

（3）目前理論界對產業結構優化的內涵與具體評價指標尚未形成比較一致的觀點。本書對經濟全球化背景下產業結構優化指標體系的構建以及書中所提出的相關論點與政策建議，是基於筆者個人研究的深度和研究視角的，可能存在著一定的局限性或不成熟性，需要在今后的研究中進一步修正或完善。

（4）全球化背景下 FDI 對一國產業結構演進的影響效應越來越突出，這不僅表現在對東道國產業結構的影響，也表現在對投資母國產業結構的影響。隨著中國產業資本的日益雄厚，外向投資意願的增強，如中石油、中石化、海爾、長虹、華為、中興通訊等一批國有大中型企業，也包括眾多的中小型企業，正紛紛走向海外市場，這對優化中國產業結構起到了不容忽視的作用。對「走出去」戰略研究的重要性正日益體現，但限於本書研究的目的和視角，本書對「走出去」戰略基本未有涉及，擬作為筆者今后研究的一個重要方面。

第二章
全球化背景下的產業結構及其優化

產業結構是在特定環境下形成與發展起來的，它反應了一國經濟發展的方向和總水平，制約著國家經濟的興衰和經濟發展的后勁。在不同的歷史時期和經濟發展的不同階段，產業結構的表現形式與所處的演變階段是不一樣的，產業結構的調整與優化也有特定的歷史背景，其調整優化的具體內容屬於歷史範疇。

20世紀80年代中后期開始展開的經濟全球化浪潮帶來了世界範圍內的經濟結構大調整，產業結構的優化已成為提高一國競爭力的重要途徑，許多國家紛紛把注意力從促進經濟總量增長轉到了產業結構優化上。從根本上來說，一國經濟發展的速度、質量和可持續發展后勁取決於該國國民經濟結構（尤其是產業結構）的好壞。合理的產業結構能夠使國民經濟各部門、各產業按照一定的比例協調發展，能夠促進技術經濟的發展和人民生活水平的提高。

在全球化背景下，一國產業結構不再僅僅是某一國家或地區的產業結構，而是全球產業結構大系統中的一個子系統；一國產業結構的演進也不再僅僅是基於本國或本地區市場結構、資源稟賦、行業發展規劃的較為單一而封閉的演進，而更多的是基於全球市場範圍、生產要素全球流動、市場機制一體化的開放式、綜合性的演進。

產業結構優化在新的歷史時期下也有了新的特定內涵，這既包括對傳統的產業結構合理化、高度化內涵的重新審視，也包括一國產業結構優化測度指標體系向著開放化、競爭優化以及可持續發展的方向演進。

第一節　產業結構與產業結構的決定

一、產業結構的含義

「結構」（Structure）一詞的含義是指某個整體的各個組成部分的搭配和排列狀態。它較早地被運用於自然科學的研究中，在經濟領域的運用始於20世紀40年代。

產業結構（Industrial Structure）作為經濟學範疇，是一個發展的概念。在早期利用產業結構這個概念分析經濟問題時，其含義是比較模糊、混亂和不規範的；直到20世紀70年代末，隨著產業結構理論與產業組織理論、產業佈局理論相區別，產業結構的明確含義才基本達成一致，專指各產業間（Inter－Industry）的關係結構。這種產業間的關係結構可從兩個角度考察：一是從「質」的角度，動態地揭示產業間技術經濟的聯繫與聯繫方式的不斷發展變化的趨勢，揭示在經濟發展過程中國民經濟各產業部門間的演變規律及其相應的結構效應，從而形成狹義的產業結構理論；二是從「量」的角度，靜態地考察某一時期內產業間聯繫與聯繫方式的技術數量比例關係，即產業間「投入」與「產出」的量的比例關係，從而形成產業關聯理論，即由列昂惕夫（W. Leontief）開創的投入產出經濟學。廣義的產業結構理論包括狹義的產業結構理論和產業關聯理論。本書的研究針對狹義的產業結構理論。

對產業結構一詞概念的界定，在學術界有多種解釋與界定。國內產業經濟研究的先驅楊治（1985）在其著作《產業經濟學導論》中就明確區分了狹義的和廣義的產業結構理論，並把產業結構的概念界定為前者，即產業之間的比例關係。朱明春

（1990）進一步指出，產業結構的問題歸根到底是一個資源配置的問題。資源配置是各產業生產能力形成的起點和基礎，而生產能力結構作為資源配置的結構存量，實際上只是反應了這種配置的結果。最后，產出結構作為產業結構的生產結果形式，是取決於資源配置結構和生產能力結構的。產業結構是否合理，可以由產出結構與需求結構間的適應關係反應，其本質上說明著產業間資源配置的合理性。調控產業結構，必須把資源配置作為首要作用點。

在此基礎上，周振華（1992）對產業結構概念進行了修正，將產業結構內部關聯的分析置於特定外部環境關係的框架之中，並把產業結構定義為外部環境相互作用的產業之間的關係結構，是各產業生產能力的配置構成方式。方甲（1997）認為產業結構是指在社會再生產過程中，一個國家或地區的產業組成即資源在產業間配置狀態、產業發展水平即各產業所占比重，以及產業間的技術經濟聯繫即產業間相互依存相互制約的方式。

產業結構是經濟結構的重要組成部分，是一國資源配置的具體載體和資源的轉換器，其最終目的是將各種投入要素轉化為產品和勞務以滿足社會需求結構，產業結構優化的根本點是增強結構轉換能力。這一論點已得到國內大多數學者的認同並得到不斷的深入研究，如：龔仰軍（1999、2002）、蘇東水（2000）、李永祿、龍茂發（2002）、金鎝（2003）、楊公樸、夏大慰（2005）、林峰（2006）等。

具體來講，我們認為，產業結構是指一個國家或地區各個產業部門、行業之間的質的內在聯繫及量的比例關係，或指一個國家或地區的各種生產要素在該國或該地區各產業部門之間的比例構成及它們之間的相互依存和相互制約關係。

從量的方面來看，產業結構表現為各產業之間產值、勞動力、資產等的數量比例關係，即將國民經濟中若干行業按照一

定標準劃分為第一、第二、第三產業，分析各產業在國民經濟中的比重以及三大產業中各行業的內部數量關係。在三大產業內部，又可按照相應標準細分為若干個行業，如：第一產業可細分為農、林、漁、牧等，第二產業可細分為基礎工業、製造業、建築業等，第三產業可細分為商業、金融業、保險業、旅遊業等。而產業結構的層次還可進一步細分，如製造業可進一步細分為食品、紡織、造紙、化工、制藥、冶金、機械等業種。產業是與社會生產力發展水平相適應的社會分工形式的表現，是一個多層次的經濟系統。在不同的經濟發展階段，各大產業的內部構成和發展重心都是有所差異的。

從質的方面來看，產業結構是指國民經濟中各產業的技術素質的分佈狀態，包括技術水平、經濟效益等的分佈狀態。它可從生產要素使用效率、生產成果的經濟效益、資金技術密集度、規模效益、經濟外向度等多個角度來考察。一般而言，產業結構的質的結構包括以下兩個方面的內容：一是產業加工的深度、附加價值的高低、資本密度的大小以及高新技術產業所占的比重；二是產業的規模效益和國際競爭能力。①

從系統論的觀點來看，產業結構是一個由各個相互聯繫、相互作用的產業部門組成的多層次經濟系統體系，是與一定經濟發展水平相適應的社會分工形式的具體表現。產業結構體系的研究主要包括三個方面內容：①產業部門間的比例。這既是指各產業部門間現行的資源配置比例關係，又是指要找出適合一定經濟發展水平的產業資源最佳配置方式；或是說產業部門間比例對經濟結構和發展的適應性，即如何實現量上的結構均衡問題。②產業部門間的聯繫。這考察的是各產業之間的內在的質的聯繫，體現在產業部門活動之間的協作性、依賴性和約

---

① 李永祿，龍茂發. 中國產業經濟研究 [M]. 成都：西南財經大學出版社，2002：25-26.

束性，主要涉及產業結構高度和結構效益問題。③產業部門間的相互影響與影響機制。從影響方式來看，產業的變動在各產業部門之間的傳遞機制，如新興產業的出現或夕陽產業的衰落對其他產業的影響，包括如何影響的，影響機理、影響反饋是怎樣的等；從影響範圍來看，研究產業部門結構變動的波及範圍和程度，一般來說，產業部門結構變動的影響不僅涉及部門結構，往往還會涉及整個經濟增長。①

　　本書對產業結構的研究著重於從產業國際化發展的角度，研究在經濟全球化的背景下外商直接投資對中國產業結構優化調整的影響效應及其作用機理，為政府制定利用外資促進產業發展、結構優化升級的產業政策提供理論依據。本書的研究不涉及過於細緻的產業分類及產業之間的中間產品交換、消費、資源佔有問題，而是從較為寬泛的產業視角來研究 FDI 與產業結構的關係。因此，本書研究不僅涉及 FDI 的產業結構優化效應及其作用機理，還涉及經濟全球化與產業發展、產業結構調整、利用外資產業政策等制度、政策層面的問題。

二、產業結構的決定

　　一國產業結構的形成與變動受到多種經濟因素與非經濟因素的影響，國內外學者對此進行了較為廣泛的研究，研究成果較為成熟。西蒙・庫茲涅茨（S. Kuznets, 1971）在其著作《各國的經濟增長》中提出：一個國家經濟結構的形成是自然和歷史的過程，其總是處在動態變化過程之中的；影響其變化的因素主要有兩個方面：一是「按人口平均國民生產總值提高後，人們消費需求構成發生變化，從而要求物質生產結構和國民經濟結構有相應的變化」；二是「進行物質生產和服務活動的生產

---

① 何誠穎. 中國產業結構理論和政策研究 [M]. 北京：中國財政經濟出版社，1997：9 - 10.

技術的變化引起物質生產結構和國民經濟結構的變化」。筱原三代平（1955）、赤松要（Kaname Akamatsu，1960）等日本學者則強調政府產業政策對一國產業結構的決定，劉易斯（W. Arthur Lewis，1955，1978）、赫爾希曼（A. Hirschman，1958，1980）等發展經濟學者提出了結構調整理論。

國內產業經濟學開拓者楊治（1985）在其標誌性的著作《產業經濟學導論》中將決定和影響一國產業結構的眾多複雜因素歸納為三大類：一國的需求結構、一國資源的供給結構和一國的國際經濟關係。一國的需求結構包括中間需求和最終需求的比例、個人消費結構、消費和投資的比例以及投資結構；一國資源的供給結構包括勞動力和資本的擁有狀況和它們之間的相對價格、一國資源的擁有狀況、生產技術體系。以上兩類因素是一國國內的既有國情對產業結構的決定，而國際經濟關係則是通過進出口貿易來影響一國的產業結構。

國內學者大多沿著楊治的分析思路，對一國產業結構的決定理論作了拓展與創新。如周振華（1992）從產業生產能力結構的角度出發，認為產業結構是各產業生產能力的配置構成的方式，標準的產業結構是社會按再生產要求的投入比例建立起來的各產業生產能力配置構成的方式。因此，產業結構可進一步看作是各生產要素在各產業部門之間的配置構成方式，它既包括勞動資源在各產業部門之間的配置構成，也包括資產設備、中間要素以及技術等要素在產業部門之間的配置構成。正是這些因素共同決定了產業結構，其中任何一種因素變動都可能引起產業結構變動。歸納起來，產業結構的決定因素主要有三類：產業固定資產結構、產業技術結構和中間要素投入結構。其中，前兩類因素是決定產業結構狀態的長期因素，最后一類因素是短期決定的主要因素。方甲（1997）從資源有效配置的角度，認為產業的結構問題實質上就是探求如何將有限資源進行有效

配置的問題。他對比研究了完全競爭市場狀態下與非完全競爭市場狀態下資源配置的經濟法則，提出在市場經濟條件下資源配置應以市場為基礎，在商品經濟的價值規律、供求規律、競爭規律的共同支配下進行；但市場自身的不足也必然要求國家進行干預，彌補市場失靈，實現對資源的有效配置。龔仰軍（1999）採用系統論的思路，將整個產業結構看作為一個封閉系統，從系統的輸入（資源的供給）、輸出（市場的需求）和環境對系統的影響這三個方面來具體分析產業結構的決定與影響因素。在對產業結構形成與轉換機制的研究中，石磊（1996）著重探討了技術進步、經濟體制、經濟發展模式對產業結構變動的影響機制。而張中華（1999）將影響一國產業結構形成與變動的決定因素分成宏觀因素與微觀因素兩個層面，從宏觀與微觀兩個層面來分別考察封閉經濟條件下產業結構的決定。在宏觀層面上，他繼承和拓展了主流觀點，認為決定一國產業結構的宏觀因素包括該國的需求結構、市場範圍與市場容量、技術進步水平等；在微觀層面上，他認為產業結構的決定與經濟制度的安排緊密相關，企業投資的產業進入行為與退出行為受到市場結構、企業類型、資產性質、產品生命週期、風險與政府管制等多種因素的制約，進而影響到一國產業結構的變動。

蘇東水（2000）在對國內外研究成果進行梳理與細化的基礎上，認為在封閉經濟條件下，產業結構的變化是需求結構和供給結構變動相互作用的結果，在開放經濟條件下，應該再加上國際貿易和國際投資因素。因此，可以說需求結構、供給結構、國際貿易結構和國際投資結構這四種因素是決定產業結構形成與變動的基本因素。

沿著這個思路，結合產業結構理論的最新發展，我們先來看看在封閉經濟條件下一國產業結構形成與變動的決定因素。

（一）封閉經濟條件下產業結構的決定

這種產業結構理論一般不考慮國際經濟因素（如國際分工、

國際貿易、國際直接投資、國際資本流動等）對一國產業結構的影響和作用，即在一個相對封閉的範圍內討論一國或一地區產業結構的形成與變動。影響與決定一國產業結構的因素主要有以下幾類：

1. 從供給因素角度來看，一國或一地區的產業要素供給狀況是決定該國或該地區產業結構的基礎

（1）產業結構的生成與演化都是根植於一定的社會經濟環境，我們把這種社會經濟環境稱作是產業結構形成與演變的初始條件。初始條件是歷史形成的一個自然過程，其內容非常廣泛，包括一國的自然條件、生產要素稟賦、國家規模、人口規模與素質、資本形成基礎等多個方面。其中，影響一國產業結構形成的最基礎的因素，或是說一國產業結構形成的基礎，是該國的自然稟賦。這包括兩方面內容：一是自然條件與要素稟賦；二是人口因素。

一國的自然條件和資源稟賦是該國產業結構形成與變動的基礎。一國產業結構的形成往往帶著濃厚的自然稟賦特色，如中東石油國家的單一產業結構。一般而言，自然資源豐富、國土遼闊的國家更有可能形成資源開發、加工和利用全面發展的產業結構；而資源匱乏的國家多是形成資源加工型的產業結構。作為工業化與經濟增長的先決條件，自然資源稟賦在一國產業結構演變過程的不同階段所起的作用是不同的，越是在經濟發展的早期階段，其作用越大；而當初級產品生產的比較優勢被加工製造業所取代時，其作用就趨於減小了；在開放經濟條件下，隨著生產要素的國際性流動，自然稟賦對一國產業結構的決定作用更日漸勢微。

人口因素影響著勞動力的供給程度和人均資源擁有量以及可供給能力的程度。作為經濟活動過程中的主要生產要素，勞動力在其供給總量和供給結構上對產業結構的形成與變動產生

重大影響。一般而言，在勞動力供給豐裕、勞動力素質不高的國家有利於發展那些可以大量消化勞動力供給的勞動密集型產業和粗加工產業。以中國為例，根據國家人口計生委2005年的統計預測①，中國勞動力供大於求的狀況將持續整個21世紀，即使按最嚴格的勞動力統計標準計算，中國勞動力供大於求的狀況也要持續30余年，其中最嚴重的時間是2000—2005年，過剩勞動力達到1.54億人，年均剩余3000余萬人。顯然，安排多余勞動力的就業問題已成為了中國政府制定長遠規劃時的一大壓力，在就業生存與社會穩定的雙重壓力下，支持和發展勞動密集型產業就不可避免地成為了中國政府的產業政策選擇之一，其結構最終影響了產業結構的變化與發展。反之，對於那些勞動力供給緊張的國家，政府往往支持資金密集型和技術密集型產業，以產業結構的升級換代來彌補勞動力不足的問題。

（2）技術水平與技術進步是決定一國產業結構的最主要因素之一。從某種意義上來說，產業形成和發展的歷史就是一部產業技術進步的歷史。三次產業革命的發生，根本動因在於產業技術發展的重大突破，其結果導致了原有產業部門的不斷更新與細化、新產業部門的不斷湧現。技術進步在推動著人類社會前進的同時，也推動著產業結構的升級換代。

技術水平與進步主要通過兩個途徑影響產業結構。從供給方面來看，一國產業結構總是建立在一定的產業技術水平基礎上的，產業技術水平的高低直接決定了一國產業結構水平的高低。產業技術的進步將直接推動生產對象、生產方式與生產工具的創新，從而促使了勞動生產率的提高和各產業的發展。但由於不同產業發展的基礎不同，技術進步的速度不一樣，從而導致了各產業發展速度的差異和比較勞動生產率的差異，進而

---

① 賀丹. 中國未來人口發展趨勢對勞動就業的影響 [OL]. 中國人口網. http://cpirc.org.cn/yjwx/yjwx_detail.asp?id=3159.

導致了資本、勞動力等生產要素在不同產業之間的流動。正如聯合國工業發展組織在其《世界各國工業化概況和趨向》的報告中指出：「技術的進步使世界工業結構發生了重大變化，但這種變化不是均勻地分佈在各個工業部門的，而是集中在幾個主要的生產領域。」①

　　從需求方面來看，一個產業部門所採用的生產技術體系決定了它對其他部門產品的需求。在均衡狀態下，本產業部門對其他部門產品的需求與其他產業部門的供給是相適應的。當本部門的生產技術改進后，本部門的勞動生產率提高、產品生產中的資源消耗強度降低，新的需求出現，從而改變了本部門的消費觀念、消費對象、消費方式等，進而改變了本部門的需求結構，迫使其上游部門對原有的生產技術體系進行改進。需求結構的改變也改變了本部門的產出結構，進而拉動下游部門改變自身需求以適應供給的變化。如此，由於技術的進步而引起的供給結構和需求結構的變動，會導致整個產業結構的演進。

　　(3) 一國資本的累積程度是制約其產業結構演進的一個重要因素。資金供應對產業結構變動的影響包括投資總量與投資結構兩個方面。投資總量主要受一國社會經濟發展水平、居民儲蓄率、資本累積率等因素的影響；一國資本的充裕程度直接決定了該國產業結構的形成與演變。一般而言，在經濟發展初期，發展中國家往往存在著嚴重的資金缺口，因而迫使這些國家大力發展資金依賴度低的產業，如農業、食品業、紡織業等。相比投資總量，投資結構對產業結構形成與演變的影響更直接、更明顯，可以說，投資結構直接決定了產業結構，哪一個產業獲得的發展資金越多，其發展的速度和后勁就越好。投資結構主要受一國的產業政策、投資環境、投資者的投資偏好、利率、

---

　　① 轉引自龔仰軍，應勤儉. 產業結構與產業政策 [M]. 上海：立信會計出版社，1999：28.

資金回報率等方面的影響。其中，產業政策因素的影響效果最為顯著，如日本政府在 20 世紀六七十年代所推行的重點產業扶持政策，引導資金大量流入電子、機械、汽車、化工等領域，促使了這些產業部門的迅猛發展。[1]

2. 從需求因素角度來看，需求因素是決定一國產業結構的重要因素

一國國民經濟持續健康發展要求各產業部門與社會需求結構保持適應的比例關係，社會需求結構的變化將導致投資結構、產業結構的相應變化。需求的變化包括需求總量的增長和需求結構的變化。從總量角度來考慮，人口數量的增長和人均收入水平的提高都會擴大消費需求，在不同的經濟發展階段，不同的經濟發展週期，需求水平有較大的差異。按照 W. W. 羅斯托的發展階段論，隨著人均國民收入水平的提高，人們的需求將從低層次需求向高層次需求轉換，從「生理性需求占統治地位的階段」到「追求便利和機能需求的階段」再到「追求時尚和個性」的階段。

從結構角度來考慮，需求結構對產業結構變化的影響更為直接。需求結構包括個人消費結構、中間需求和最終需求的比例、消費和投資的比例等。需求結構的變化會促使生產結構和供給結構發生相應變化，從而導致產業結構的相應變化。我們可用產業需求彈性系數來判斷需求結構變量對產業結構變動的影響。產業需求彈性表示某一產業部門產品的人均消費需求量的變動對人均國民收入變動的敏感程度，其計算公式如下：

$$某產業需求彈性 = \frac{該產業產品的人均需求增長率}{人均 GNP 增長率}$$

需求彈性系數的大小，從需求方面反應了各產業部門在產

---

[1] 楊公樸，夏大慰. 現代產業經濟學 [M]. 2 版. 上海：上海財經大學出版社，2005：191-192.

業結構中能佔有多大的份額。一般來說，生產高需求彈性產品的產業將在產業結構中佔有更大的份額，生產低需求彈性產品的產業將在產業結構中占較小的份額。[1] 一般而言，政府往往會大力發展需求彈性高的產業，而對需求彈性低的產業採取限制、收縮的產業政策。

3. 以制度供給為核心的外部環境因素是影響一國產業結構不容忽視的因素

蘇東水（2000）將環境因素歸入供給因素一類，此分類方法值得商榷，因為供給類因素和需求類因素都是內生變量，而環境因素是外生變量，它們對產業結構的影響機理是有較大差異的。產業結構的形成與變動是自然和歷史的過程，是其內在作用機制長期作用的結果，人們不能主觀地選擇產業結構。但外在的環境因素可以通過對產業內部的技術、資金、勞動力等生產要素的投入和運作發生影響，間接地促進產業結構的變動。

此處我們所言的制度供給既包括一國政府對經濟體制、經濟發展模式的選擇，也包括該國政府對各類經濟政策的供給。

經濟體制、經濟發展模式與產業結構變動的關聯機制反應在兩個層次上：一是資源配置方式對產業結構變動的傳導，二是特定經濟體制下經濟主體的行為規則如何影響產業部門和社會範圍內的生產要素轉移與組合。傳統計劃經濟體制下，中央政府直接掌握著全社會的資源配置，一國或一地區產業結構的形成與變動主要受政府政策偏好的影響。在價格喪失彈性的計劃體制下，資源配置由中央和地方各級政府根據計劃目標以指令性調配和超經濟強制方式完成，結構變動一般方程式中的非線性市場關係被簡化成了「政府計劃——供給結構——需求結構——產業結構」的線性關係，收入水平對最終需求變動是低

---

[1] 何誠穎. 中國產業結構理論和政策研究 [M]. 北京：中國財政經濟出版社，1997：18.

彈性的，消費需求結構對產業結構變動也是低彈性的，這種資源配置方式及其派生的行為規範注定了它不可能是高效率的。①

無論在市場經濟體制下，還是在傳統的計劃經濟體制下，政府對國民經濟進行必要干預的重要性已得到了普遍的認同。政府的宏觀經濟政策，尤其是產業政策，對一國產業的變動有重大影響。產業政策是指「一國政府為了實現某種經濟和社會目的，以全產業為直接對象，通過對全產業的保護、扶植、調整和完善，積極或消極參與某個產業或企業的生產、經營、交易活動，以及直接或間接干預商品、服務、金融等的市場形成和市場機制的政策的總稱。」② 產業政策的本質是國家對產業經濟活動的主動干預，它可以彌補市場失靈的缺陷、完善資源配置機制，促進產業結構的合理化和高度化，實現國家的超常規發展戰略。

除了制度供給外，政治、文化、社會、法律等非經濟因素對一國產業結構的形成與變動也有一定的影響。決定和影響產業結構的經濟因素與非經濟因素都不是孤立存在的，而是相互聯繫、相互作用、相互交織在一起，綜合地影響和決定現有產業結構及其未來的發展變化。

(二) 開放經濟條件下產業結構的決定

在封閉經濟條件下我們只考慮了國內的相關變量對產業結構的決定，如果一國產業結構與外界發生聯繫，其結構的維繫與變動必然受國外因素（如國際貿易、國際投資、國際技術轉移等）影響，國外的需求結構與供給結構的變動，都會通過種種傳導機制傳遞到國內，這種產業結構就是開放的結構。從這

---

① 石磊. 中國產業機構成因與轉換 [M]. 上海：復旦大學出版社，1996：21-23.

② 下河邊淳，管家茂. 現代日本經濟事典 [M] //蘇東水. 產業經濟學. 北京：高等教育出版社，2000：330.

一意義上講，在經濟全球化背景下的今天，可以說所有國家的產業結構本質上都是開放結構，無非是開放程度或與外部產業結構聯繫的程度有所不同而已。

經濟全球化本質之一是全球經濟市場化，各國通過開放國內市場、開拓國際市場，使本國經濟與國際經濟聯繫日益密切。由此所產生的勞動力、資本等生產要素跨國流動加速、產業技術跨國轉移和擴散效應增強、信息跨國界傳播速度加快，導致了全球範圍內產業資源配置效率的提高，使國家經濟增長不再單純地取決於本國資源稟賦結構、技術進步狀況和國內市場需求，而是更多地取決於國際產業轉移和國際投資所產生的產業技術擴散效應對本國稟賦結構的提升。正如周振華（1996）所指出：「現代經濟增長是一個世界性的歷史進程，其基本特徵之一就是世界經濟一體化趨勢，所以結構效應不是一種封閉性現象，它必定包括結構開放效應的內容。在世界經濟一體化趨勢中，各國的產業結構深受這種國際分工變動的影響，其結構變化也對其他國家產業結構發生重大影響，所以，現代經濟增長過程所要求的是深度開放結構。」

這種深度開放結構的主要標誌就是國際分工與轉移。國際產業分佈與轉移意味著產業聯繫的國際化，即一個完整的產業結構已突破國界走向世界。一般來說，在產業選擇上，發達國家主要占據資金與技術密集的高新產業或附加值高的產業鏈環節，發展中國家則主要占據勞動與資源密集的傳統產業或附加值低的產業鏈環節。這樣一來，絕大多數國家的產業結構都是「殘缺不全」的，發達國家注重於發展高新產業，而把其傳統產業轉移到發展中國家，從而產生「空心化」的產業結構；而承接了國際產業轉移的發展中國家則形成了相對固化的低級產業結構。正是這麼一種「殘缺不全」的國別產業結構，把各國產業結構緊緊地聯繫了起來，它們必須相互依賴、實行互補，才

能使國內產業結構更有效率,而這種互補性正是現代經濟增長過程中深度開放結構的基本特徵。①

全球化下各國產業結構之間內在聯繫緊密化的根本動因在於社會生產力的巨大發展和國際分工的不斷深化。從根本上來看,社會生產力的發展具有一種內在的擴張力,不斷促使社會分工深化。分工的不斷深化發展,既在一國範圍內發展,形成多層次的分工體系,又越過國界深化發展,在相鄰或相近區域空間直至全球範圍內形成多層次、多方面的立體國際分工體系。它既使各國產業結構成為相對獨立的部分,又使各國產業結構之間相互依存、相互聯繫。隨著經濟全球化的不斷深化,當代國際分工已經深入到各國產業結構中的部門內和企業內層次,使得各國產業結構相互緊密依存進而形成整體演進趨勢,單個產業結構體已難以脫離全球產業結構的演進而實現自身產業的良性發展。

在對全球產業結構演進的研究中,汪斌(2001,2002)② 從國際經濟區域發展與互動中提出了一種新的切入點和研究框架:國際區域產業結構的整體性演進。他認為,在經濟全球化過程中,區域化是一個與全球化並行不悖同樣值得關注的趨勢。目前世界經濟結構在全球化浪潮下早已呈現「板塊狀」格局,不僅發展中國家而且發達國家都在競相拓展周邊市場和開拓新的發展空間,進一步加強與周邊同區域國家(地區)的經濟一體化,因而貿易和投資已出現明顯的區域內部化趨向。雖然一國產業結構的變動不僅與域內周邊國家的結構變動連為一體、互動演進,而且也和域外各國的產業結構處於相互波及、互動演

---

① 周振華. 現代經濟增長中的結構效應 [M]. 上海:上海三聯書店,1996:445–447.

② 汪斌. 經濟全球化和當代產業結構研究的新視角:一種新的切入點和研究框架 [J]. 福建論壇(經濟社會版),2002(9);汪斌. 當代國際區域產業結構整體性演進的理論研究和實證分析[J]. 浙江大學學報(人文社會科學版),2001(5).

進中，但由於與全球化並行的區域化浪潮和世界經濟結構呈「板塊」狀格局等，各種連接機制表現出明顯的區域內部化趨向，因而往往使處在同一區域的各國產業結構間存在著更為緊密的相互依存、相互連接的關係。因此，立足全球視角，運用整體主義的系統研究方法，將國際區域產業結構作為研究對象和切入點，很有可能成為未來產業結構理論研究的一個突破口。

汪斌的研究為我們研究開放條件下一國產業結構的決定提供了一個新的研究視角和分析框架，是對原有產業結構理論的重大突破，為我們構建一個適應經濟全球化時代和基於結構主義（整體主義）系統思想的產業結構研究體系框架起了重要的鋪墊作用。但該研究也有不足，可以說，國際區域化發展是全球化發展的階段性產物，全球市場的影響力總是要大於區域市場；一國產業結構演進與升級的基礎更多在於該國動態比較優勢的發揮和產業國際競爭戰略的作用，不同經濟地位的國家在其產業結構形成、開放區域選擇與互動對本區域的依賴和對全球市場的考慮是存在差異的，經濟大國更多以全球市場為依託。國際經濟區域的形成本身不是基於區域產業結構的整體性，而是出於對區域產業政策的協調，而這種協調機制相當脆弱，尤其在松散型國際經濟區域內。汪斌提出的立足東亞、面向全球的國際區域產業結構發展思路值得商榷。由於歷史、政治、領土爭端、民間輿論的向背與地緣利益衝突等原因（根源在於地緣利益衝突），中國與東亞區域國家的有效合作還有較長的道路要走；東亞區域市場的狹小、中國與歐美發達國家互補優勢的發揮等因素都決定了中國的國際產業政策應是立足全球化，而不是區域化。

筆者認為，從全球視角來考察一國產業結構的形成與發展，就是要從資源配置和市場競爭的全球性出發，考慮經濟全球化發展對一國產業形成與發展的影響和制約，研究該國產業結構在經濟全球化中的開放和與其他國家間的互動。原有傳統的研

究以「國家」為分析單位，對產業結構從國別角度進行分析，在具體的分析中也包括將一國視為一個封閉的產業自循環體系和開放的產業經濟體系兩個視角；但從國別角度考察的一國產業結構開放，是以國內產業結構調整為軸心的開放型戰略，強調以進出口（包括商品、資金、技術、勞動力等）來調整產業結構，以調整產業結構來促進進口，以產業結構的調整為軸心形成產業結構與對外經濟活動的有機結合。

在經濟全球化的時代，世界各國的經濟聯繫日益密切，各國經濟正趨於融為一個整體，演繹著一個新的有別於過去的全球性產業經濟系統。該產業經濟系統不是由各個獨立的相對封閉、邊界清晰的國別產業經濟系統構成，也不是由各個獨立國際區域產業系統簡單組合而成的大系統，而是一個以單一國家融入相應國際經濟區域和世界產業經濟體系為突出特徵的新產業系統。該系統內部的各個子系統具有一定的獨立性（一方面，民族國家不會消失，非經濟因素作用的結果使得一國在產業選擇上不能完全按照經濟因素作用將本國產業選擇和發展完全置於開放的世界市場之中；另一方面，國際經濟區域也正蓬勃發展，其發展的一個內容就是在一個國際經濟區域內構建區域內的產業合作和產業體系），但是其邊界將日益模糊，子系統與整體系統之間的經濟交換更為密切，互動作用明顯加強。簡而言之，在經濟全球化發展的今天，要求我們跳出原有的經濟發展思維，不拘泥於國際經濟區域的影響，從統一的全球市場出發來考慮本國產業的選擇和產業結構升級的路徑。

經濟全球化下一國產業結構體系既作為一個整體受制於國內產業發展因素的影響而相對獨立地成長，同時又是在其所在的國際經濟區域以及與其他國際經濟區域產業結構體系的相互影響、相互波及中演進，從而成為全球產業結構大系統的一個子系統（其模型如圖 2-1）。其中，全球市場機制作用中的國際

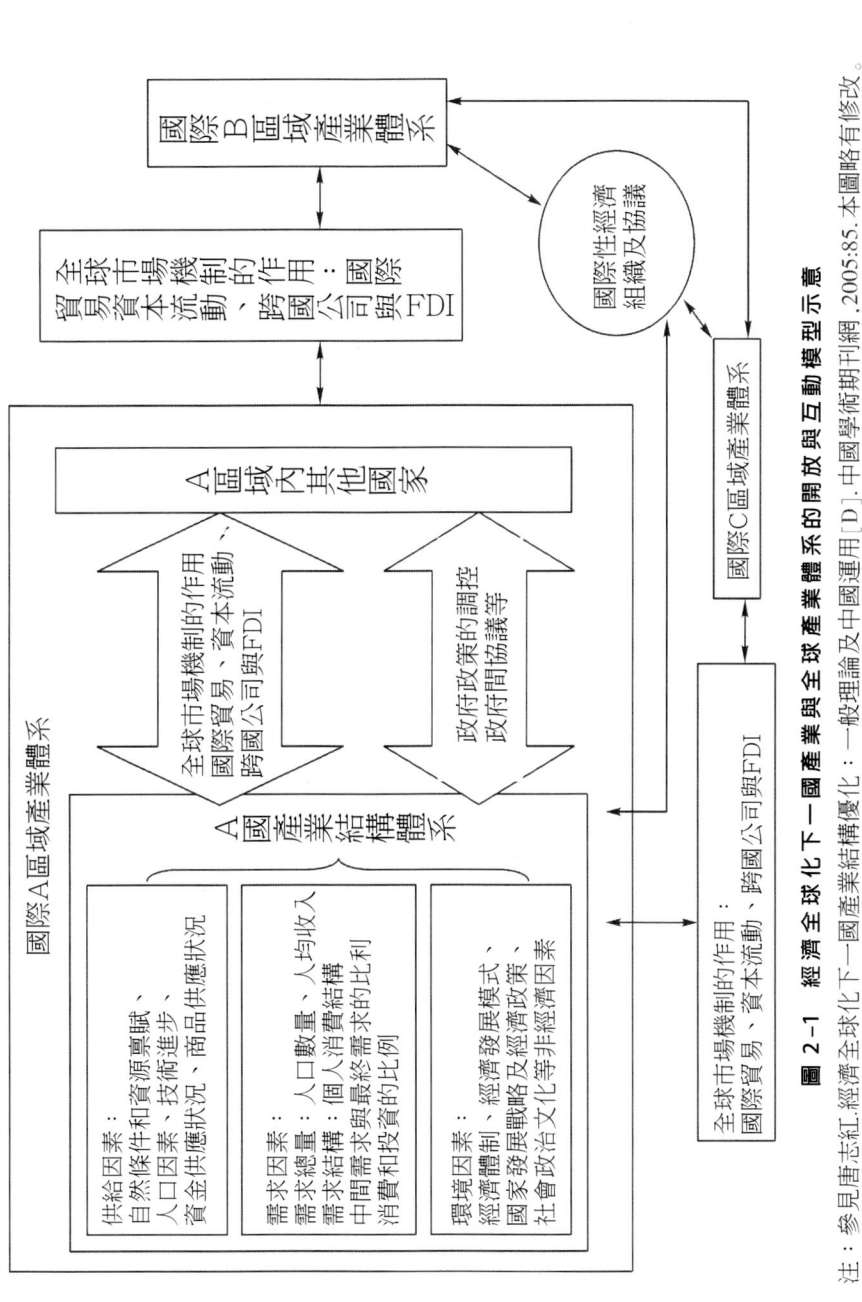

图 2-1 经济全球化下一国产业与全球产业体系的开放与互动模型示意

注：参见唐志红.经济全球化下一国产业结构优化：一般理论及中国运用[D].中国学术期刊网,2005:85.本图略有修改。

貿易、國際資本流動、跨國公司與 FDI，以及國際性經濟組織與協議是促進各子系統開放互動、實現全球一體化的主要推動力。經濟全球化背景下，一國產業形成及發展受制於世界各國產業體系之間的互動是必然的，只是互動的誘因可以更多的是國家自身產業結構升級的需要，也可以是國際市場產業體系變動的結果。①

第二節　產業結構演變一般趨勢與規律的理論考察

考察和把握產業結構演進的一般趨勢與規律是研究產業結構問題的首要問題。產業結構演進是一個與經濟發展相對應同步進行的過程，從歐美發達國家的經濟發展進程來看，產業結構經歷了一個由簡單到複雜、從低級到高級、從封閉到開放的動態變化過程。國內外學者對產業結構的動態演進趨勢與規律進行了大量的研究，得出了豐碩的成果。本節將對產業結構演變的一般趨勢與規律做理論上的考察。

一、馬克思主義的產業結構演變理論

在馬克思主義經濟學文獻裡，產業一詞是指從事物質資料生產的工業部門或行業。根據產品在再生產過程中的不同作用，馬克思將物質生產部門劃分為兩大部類：第Ⅰ部類是由生產生產資料的部門構成，其產品進入生產領域；第Ⅱ部類是生產消費資料的部門構成，其產品進入生活消費領域。兩大部類的生產過程構成了全社會的生產過程。在這一過程中，既生產人類

---

① 唐志紅．經濟全球化下一國產業結構優化：一般理論及中國的運用 [D]．中國學術期刊網，2005：31－34、83－85、99．

社會賴以生存的物質產品，同時也是一個在特定歷史環境和經濟條件下的生產關係進行的過程，因此又生產和再生產著這些生產關係本身。可見，物質資料的生產是人與人以及人與自然雙重關係的總和。在物質資料的再生產過程中，社會再生產正常進行是以社會總產品的實現為核心，通過各種產品交換得以實現的，使產品的各個部分在價值上得到補償，在物質上得到交換。

社會再生產問題，本質上就是社會經濟運行的比例關係。馬克思在分析社會再生產的條件時，說明了各個產業部門應均衡發展。要使社會再生產能夠實現，也就是要使社會總產出全部經過交換、進入消費，實際上就是要使社會的總供給符合有支付能力的總需求。在簡單再生產條件下，第 I 部類的可變資本 v 加剩餘價值 m 必須和第 II 部類的不變資本 c 相等，即：$I(v+m) = IIc$。

由此引申出兩個公式：

$I(c+v+m) = Ic + IIc$

$II(c+v+m) = I(v+m) + II(v+m)$

這就是說，從實物形態上來看，第 I 部類所生產的生產資料的總量應等於兩大部類在生產中所消耗的生產資料之和；第 II 部類所生產的消費資料的總量應等於兩大部類所需要的消費資料之和；如果這些平衡不能實現，簡單再生產便無法進行。

在擴大再生產條件下，兩大部類均衡發展的基本實現條件是：

$I(c+v+m) = I(c+\Delta c) + II(c+\Delta c)$

$II(c+v+m) = I(v+\Delta v+m/x) + II(v+\Delta v+m/x)$

即：第 I 部類產品在補償兩大部類生產資料消耗后的餘額與兩大部類追加的生產資料相等，第 II 部類在補償兩大部類現有生活消費后的餘額與兩大部類因擴大再生產而增加的消費需要相等。其中，兩大部類之間的交換是關鍵，即：$I(v+\Delta v+$

m/x) = $\mathrm{II}(c+\Delta c)$。在這個公式裡，$\mathrm{I}(v+\Delta v+m/x)$ 這部分在供給的實物形態上是生產資料和生產服務，所需要的則是生活資料和生活服務；而 $\mathrm{II}(c+\Delta c)$ 的供給和需求恰好相反，它提供的是消費品，需求的是生產資料和生產服務。因此，只有 $\mathrm{I}(v+\Delta v+m/x)$ 和 $\mathrm{II}(c+\Delta c)$ 進行交換，並且彼此的價值量相等，兩大部類的產出才能都得到實現。

雖然馬克思提出的兩大部類僅指物質生產部門，不包括非物質生產部門，不能完全揭示產業結構演變的一般規律，但馬克思關於兩大部類均衡發展的深入分析，揭示了社會再生產運動的規律，清楚地闡明了社會再生產得以實現的基本條件。馬克思在分析兩大部類之間的依存關係時，提出了資本有機構成理論，即隨著科學技術的進步，生產機器體系將得到不斷更新，總資本中投在由機器、原料等構成的不變資本部分將不斷增長，而用於勞動力的可變資本部分則不斷減少。列寧進一步豐富和發展了馬克思的上述理論，提出在技術進步條件下，生產資料生產優先增長的規律，即在擴大再生產過程中，製造生產資料的生產資料生產增長最快，其次是製造消費資料的生產資料生產，最慢的是消費資料的生產。

當然，承認生產資料生產的優先增長並不意味著生產資料的生產可以脫離消費資料生產而片面地、孤立地增長。事實上，生產資料的增長歸根到底要受消費資料生產的制約。這是因為：首先，在第 I 部類生產的發展中，追加勞動力所需要的消費資料必須依賴於第 II 部類生產的發展來提供；其次，製造生產資料只是提供生產的手段和條件，它本身並不是社會生產的最終目的，第 I 部類生產的發展必然要依賴於第 II 部類的發展所提供的市場。[1]

---

[1] 吳樹青，等. 政治經濟學 [M]. 2 版. 北京：高等教育出版社，2002：122–127.

鄧小平將馬克思主義的普遍原理與中國的基本國情和改革開放的社會實踐相結合，開創了具有中國特色的當代產業發展的戰略思路。鄧小平明確地指出，產業結構的調整與升級對促進國民經濟正常穩定增長具有十分的重要性和緊迫性。新中國成立之初，受當時特殊的國際國內政治環境的影響，中國經濟建設選擇了優先發展重工業的戰略，雖然在一段時期裡經濟建設取得了巨大成績，形成了比較完善的工業體系和國民經濟體系，但由於重工輕農、重累積輕消費的傾斜式發展，中國經濟一直存在著比例失調的問題。鄧小平強調：在經濟比例失調的條件下，下決心進行必要的正確的調整，是我們的經濟走向正常、穩定的發展的前提。如果再不認真調整，我們就不可能順利地進行現代化建設。只有某些方面退夠，才能取得全局的穩定和主動，才能使整個經濟轉上健全發展的軌道。

　　「發展才是硬道理」，產業發展需要以生產力的發展為基礎，以生產力水平的提高為尺度。始終如一地強調「生產力標準」是鄧小平經濟思想的內核和顯著特徵。他明確提出要堅持社會主義制度，最根本的是要發展社會生產力，這個問題長期以來我們並沒有解決好。社會主義的優越性最終要體現在生產力能夠更好地發展上，社會主義的本質是解放生產力，發展生產力；我們所有的改革都是為了一個目的，就是掃除社會生產力發展的障礙，這是解放和發展生產力的必由之路。

二、西方學者的產業結構演變理論考察

　　西方學者關於產業結構演變的理論源泉最早可溯源到亞當·斯密的絕對成本論與一國生產要素的流動和產業結構的調整。之後，西方學者們對產業結構演變的趨勢、規律，以及與社會經濟發展的內在關係展開了多層次、多角度、多領域的研究，這種研究大體經歷了從封閉到開放、從個量分析到總量分

析、從單一國家到多國關係再到全球互動的漫長過程。在研究中人們逐漸認識到,產業結構演變與經濟增長具有內在聯繫,產業結構作為一國資源配置的載體,其資源轉換效率的高低與該國經濟總量增長率的高低有明顯的互動關係;一國產業結構的形成和發展除了與本國經濟發展相關,還與全球產業經濟活動密切相關。

(一) 封閉經濟條件下產業結構演進的理論考察

以單一國家為考慮的基點,著重點在一國內的產業結構變動,認為影響產業結構形成與演變的因素主要是內生的,不考慮或較少考慮國際貿易、國際投資等國際因素的影響,是封閉經濟條件下產業結構演進理論的出發點。從研究方法來看,這類研究主要存在兩個視角:一是採用若干國家間的橫斷截面數據和時間序列數據,從統計分析上確認和研究經濟增長和結構變化之間的某些普遍聯繫,典型的代表是配第—克拉克定律和霍夫曼定理;二是集中研究初始條件與經濟制度相似的一批國家經濟發展的歷史經驗,探索能夠說明其結構變化過程的一些特殊理論,並進一步提出結構調整和經濟發展的對策建議,典型的代表是西蒙·庫茲涅茨、列昂惕夫和霍利斯·錢納里等人的研究。這些研究在本質上都是從單一國家視角去研究一國產業結構的形成與演變趨勢的。①

1. 關於產業結構演進一般趨勢的研究

最早注意到產業結構演變趨勢的是英國經濟學家威廉·配第 (William Petty, 1691),他第一次發現各國國民收入水平的差異和其形成不同的經濟發展階段,關鍵在於產業結構的不同。威廉·配第在其代表作《政治算術》中比較了不同國家之間和不同行業之間勞動力的收入水平,得出結論:製造業比農業,

---

① 唐志紅. 經濟全球化下一國產業結構優化:一般理論及中國的運用 [D]. 中國學術期刊網, 2005: 17-18.

進而商業比製造業能夠獲得更多的收入，這種不同行業之間相對收入的差異將促使勞動力向能獲得更高收入的產業部門轉移。這一發現被譽為「配第定理」，成為產業結構演進研究領域的奠基之石。

由於時代的局限性，威廉·配第未能看到結構變動和人均國民收入水平的內在關聯。英國經濟學家科林·克拉克（Colin Clark，1940）引入費希爾（Fisher，1935）的三次產業分類方法，通過對四十多個國家不同時期三次產業的勞動投入和總產出資料的統計分析和研究，揭示了人均國民收入水平與產業結構變動的內在聯繫，重新驗證了配第定理，進一步得出產業結構演變的基本趨勢：即當社會經濟發展處於第一產業為主體時，人均國民收入水平低並佔有絕大多數勞動力；隨著經濟的發展，第二產業逐漸取代第一產業而占主導地位，這時人均國民收入增加，勞動力從第一產業向第二產業轉移，第二產業勞動力比重逐步提高，第一產業勞動力的比重則迅速下降；隨著經濟的進一步發展，人均國民收入大大提高，第三產業勞動力所占比重將最大，第二產業次之，第一產業最少；而導致勞動力分佈結構變化的主要動因在於產業之間在經濟發展中產生的相對收入的差異。由於克拉克聲稱自己的研究只是對配第定理的驗證，因此后人將二人的研究合稱為「配第—克拉克定律」。

GNP之父、美國著名經濟學家西蒙·庫茲涅茨（S. Kuznets，1971）在繼承克拉克研究成果的基礎上，進一步擴大與挖掘樣本數據，從國民收入和勞動力在產業之間的分佈兩個方面對產業結構演進規律作了更深層次的研究。與克拉克的研究相比，庫茲涅茨主要在以下幾方面進行了改進：①庫茲涅茨不僅使用了勞動力分佈的指標，而且還利用了國民收入比重的指標，從勞動力和國民收入兩個方面對產業結構的演進進行了綜合的分析；②庫茲涅茨不僅使用了時間序列的數據，而且還

利用了橫斷面的數據進行了統計迴歸分析，使所得的結論更有普遍意義；③庫茲涅茨不僅考察了三次產業間的變動，還將研究的視角深入到一些產業的內部，使其研究較前人深入了許多。

庫茲涅茨通過對眾多樣本國家的數據統計，對國民收入和勞動力在產業間的分佈結構進行了研究，得到了被稱作是庫茲涅茨法則（Kuznets Law）的結論：A 部門（第一產業）的相對比重，無論是資產結構還是勞動力結構，都處於不斷地下降中。I 部門（第二產業）的產值和勞動力的相對比重是趨向上升的，但上升速度不一致，與產值的相對比重相比，勞動力的相對比重顯得基本穩定或上升較為緩慢；在第二產業內部，與新興科技關係密切的行業（如電子、機械、交通運輸等）無論在產值結構比重還是在勞動力結構比重都處於上升階段，增長較快；而一些傳統產業（如食品、服裝等）則在以上兩個方面都處於下降趨勢。在 S 部門（第三產業）無論產值的相對比重還是勞動力的相對比重與 I 部門一樣，具有上升趨勢；但與 I 部門不同的是，勞動力的相對比重要大於產值的相對比重；在 S 部門內部，各行業的發展也是不一樣的，教育、科研和政府行政部門在勞動力的占用上顯示出其比重是不斷上升的。產業結構演變的動因，除了配第—克拉克定律所提出的各產業部門在經濟發展中所必然出現的相對收入差異外，庫茲涅茨還認為由各產業部門之間的相對國民收入的差異決定。①

庫茲涅茨的結論可用表 2-1 清楚表示。

---

① 相對國民收入，又稱為比較勞動生產率，是指國民收入的相對比重和勞動力的相對比重之比。參見：西蒙·庫茲涅茨. 各國的經濟增長 [M]. 常勳，等，譯. 北京：商務印書館，2005：389-396.

表 2-1　　產業發展形態的概括（三部門的構成）

	(1) 勞動力的相對比重		(2) 國民收入的相對比重		(3) = (2)/(1) 相對國民收入(比較生產率)	
	時間序列分析	橫斷面分析	時間序列分析	橫斷面分析	時間序列分析	橫斷面分析
第一產業	下降	下降	下降	下降	下降 (1以下)	幾乎不變 (1以下)
第二產業	不確定	上升	上升	上升	上升 (1以上)	下降 (1以上)
第三產業	上升	上升	不確定	微升 (穩定)	下降 (1以上)	下降 (1以上)

註：時間序列分析是指按時間的推移所做的分析，橫斷面分析是指同一時點不同國民收入國家的比較（從低到高）；「不確定」的意思是指很難歸納出一般的趨勢，從整體來看變化不大，或者略有上升。參見：楊治. 產業經濟學導論 [M]. 北京：中國人民大學出版社，1985：46.

20世紀70年代以來，不少學者運用各類統計數據來驗證庫茲涅茨法則，如日本學者中本博皓對美、英、法、日等工業大國的國民收入相對比重進行的時間序列的研究，也驗證了庫茲涅茨的基本結論。但隨著20世紀80年代中后期「經濟服務化」趨勢的加強，出現了現實與庫茲涅茨法則不相符的現象：無論是勞動力還是國民收入的相對比重，主要工業化國家的第一產業的下降趨勢都有所減弱，而第二產業的相對比重出現了下降的趨勢，第三產業的比重強勁上升已占到了整個國民經濟的一半以上，一個開放的知識經濟時代悄然來臨了。[①]

2. 關於產業內部結構演變的研究

在產業內部關係結構的研究中，主要集中在第二產業的工

[①] 龔仰軍，應勤儉. 產業結構與產業政策 [M]. 上海：立信會計出版社，1999：71-73.

業化進程上。霍夫曼（W. Hoffmann，1931）對工業化的演進規律作了開拓性的研究，他利用近20個國家的時間序列數據，分析了消費工業和資本資料工業的比例關係，得出了著名的霍夫曼定律：隨著工業化的進程，霍夫曼系數是不斷下降的（霍夫曼系數是指消費資料工業淨產值與資本資料工業淨產值之比）。根據霍夫曼系數的變化趨勢，霍夫曼將一國工業化的進程分為四個階段：第一階段，消費資料工業的生產在製造業中占主導地位，資本資料工業的生產是不發達的，霍夫曼系數為5（+/-1）；第二階段，資本資料工業獲得較快發展，但其規模比消費資料工業的規模要小得多，霍夫曼系數為2.5（+/-1）；第三階段，資本資料工業增長加速，二者規模達到大致相當的狀況，霍夫曼系數為1（+/-0.5）；第四階段，資本資料工業的規模超過消費資料工業，居於主導地位，霍夫曼系數為1以下。

霍夫曼定律的提出，給工業結構演進規律的研究帶來了新思維。其后的學者對該定律進行了大量的討論與驗證。美國學者梅澤爾斯（A. Maizels）指出霍夫曼定律的局限性：一是僅從工業內部比例關係來分析工業化進程是不全面的，二是霍夫曼系數忽視了各國工業在發展過程中必然會存在的產業間生產率的差異，對於處於同一霍夫曼系數水平的不同國家，很難說它們就一定處於同一工業化進程中，所以霍夫曼定律的使用十分有限。庫茲涅茨則進一步認為資本資料工業優先增長的結論是沒有根據的，「在美國的經濟發展過程中，看不出存在什麼霍夫曼定律，因此根據美國的經驗不得不放棄它」。[1] 日本學者鹽野谷裕一針對霍夫曼分類法的缺陷，運用商品流動法（Commodity Flow Method）原則對產業分類進行了重新劃分，然后運用修正

---

[1] 楊治. 產業經濟學導論［M］. 北京：中國人民大學出版社，1985：61.

后的數據重新計算了霍夫曼系數，得出以下結論：從美國、瑞典等國的長期時間序列分析來看，製造業中資本資料生產的比重大體處於穩定狀況；從輕、重工業的比例關係來看，重工業比重增大是所有國家都存在的普遍現象；從日本霍夫曼系數明顯下降的事實表明，霍夫曼定律在工業化初期階段是適用的。[1]

錢納里（Chenery，1968，1975）從其標準產業結構模式理論出發，深入考察了製造業內部結構變動的規律性，揭示了製造業內部結構轉換的原因主要是產業間存在的產業關聯效應。其中，人均國民生產總值、需求規模和投資率對製造業的影響大，而對工業品和初級品輸出率的影響小。錢納里進而將製造業的發展分為三個發展時期：經濟發展初期、中期和后期。製造業也因此劃分為三種不同類型：初級產業，它是指經濟發展初期對經濟發展起主要作用的製造業部門，如食品、皮革、紡織等部門；中期產業，它是指經濟發展中期起主要作用的製造業部門，如石油、化工、煤炭製品等部門；后期產業，它是指在經濟發展后期起主要作用的製造業部門，如服裝和日用品、金屬製品、機械製造等部門。

科技的進步推動著工業化的不斷發展，進而導致了工業結構的重心由輕工業到重工業、從原材料工業向組裝加工業的轉移，工業資源結構（主要指勞動力、資本與技術三者關係）也發生相應轉移。一般來說，工業化進程總是從勞動密集型產業為主導轉向以資金密集型產業為主導，再轉向以知識技術密集型產業為主導。W. 羅斯托（W. Rostow，1963，1971）的主導產業及其擴散效應理論認為「近代經濟增長實質上是一個部門的過程」，經濟的發展就是充當「領頭羊」的主導產業部門（Leading Sectors）首先獲得增長，然后通過回顧效應、旁側效

---

[1] 楊公樸，夏大慰. 現代產業經濟學［M］. 2 版. 上海：上海財經大學出版社，2005：185-186.

應、前向效應①等主導產業擴散效應對其他產業部門施以誘發作用，最終帶動整個經濟增長的過程。羅斯托根據科學技術和生產力發展水平將一國經濟成長的過程劃分為六個階段，每個階段的主導產業如表2-2所示。同時他認為：在經濟發展過程中主導產業的序列不可任意改變，任何國家都要經歷由低級向高級的發展過程。

表2-2　羅斯托的經濟成長階段和相應的主導產業

經濟成長階段	相應主導產業
傳統社會階段	自足自給的農業為主導
為起飛創造前提階段	向工業經濟過渡，但仍以農業為主導
起飛階段	紡織工業、鐵路、公路等基建行業為主導
趨向成熟階段	機械化大生產的時代，以鋼鐵、電力工業為主導
高額消費階段	高度工業化時代，以汽車工業為主導
追求生活質量階段	后工業化時代，以教育、服務、社會福利等為主導

列昂惕夫（W. Leontief, 1936）開創的投入產出分析法把封閉型產業結構定量化，並發展到了完美的程度。投入產業分析從一般均衡理論出發，研究和分析國民經濟各部門之間的投入與產出的數量關係，利用投入產出表和投入產出系數來推斷某一部門經濟活動的變化對其他部門的影響，計算為滿足社會的最終需求所需生產的各種產品總量，並分析國民經濟發展和結構變化的前景。投入產出法的出現為政府制定產業結構政策提供了有力的決策工具，但由於該方法是一種靜態的分析方法，並以同質性和比例性作為分析的假定前提，因此一般只適用於

---

① 回顧效應是指主導部門增長對那些給自己提供生產資料的部門發生的影響；旁側效應是指主導部門增長對周圍地區的經濟發展所起的作用，如城市化的加速；前向效應是指主導部門對新興主導產業、新技術、新原料等的誘導作用，以解決生產中的瓶頸問題。參見：W. W. 羅斯托. 從起飛進入持續增長的經濟學[M]. 賀力平，等，譯. 成都：四川人民出版社，1988：6-7.

短期分析而不適用於長期分析，適用於分析而不適用於預測，而且其在具體運用中有明顯的局限性。

（二）開放經濟條件下產業結構演進的理論考察

在研究單一國家產業結構演變規律時，庫茲涅茨和錢納里等人已經意識到一國產業結構的演變必然要受到國際分工、生產要素國際流動等國際經濟因素的影響，進而開始了從開放角度來研究一國產業結構的演變趨勢與規律。

亞當·斯密（1776）的絕對成本優勢論、大衛·李嘉圖（1817）的相對成本優勢論、赫克歇爾和俄林（1933）的要素稟賦論中都已論及：由於各國生產要素稟賦的差異導致各國資源配置的不同和比較優勢的差異以及生產要素在不同國家之間的流動，進而導致各國經濟結構（主要表現為產業結構）的變動。庫茲涅茨在研究現代經濟增長問題時已發現了世界各國相互依賴、相互作用的影響，他明確指出：「各個國家並不是孤立地生存，而是互相聯繫的，所以一個國家的增長會影響其他國家，反過來它也受這些國家的影響。因而，經濟增長除了可以從總量上和結構上來考察，還應該從國際因素的影響角度來考察」。[1]

庫茲涅茨在其著作《各國的經濟增長》中對經濟總體增長和生產結構變動之間的關係做了如下結論：「國際貿易和其他的國際流動，由於反應各國間產品生產相對優勢變動的各國進出口結構的不斷變動，從而促使了一國的產業結構的改變。產品生產相對優勢的變動轉過來說又可能是某一國家較其他國家擁有較高的增長率的結果……，國際貿易等國際流動對一國生產結構改變的影響可能是由下述實施造成的：技術變革的經常湧現減少了運輸及通訊費用，從而擴展了國際貿易的範圍，而發達國家能夠在這種情況下利用其相對優勢，從而引起了生產結

---

[1] 西蒙·庫茲涅茨．現代經濟增長［M］．常勛，等，譯．北京：北京經濟學院出版社，1989：1.

構的改變。在任何一種情況下，通常作為技術進步高速發展反應的人均產值的高增長率，會有助於相對優勢的迅速改變，從而也會加強國內生產結構的改變。但對外貿易業務和對比優勢改變的貢獻，對國家的經濟規模來說是反函數，國家較小，貢獻就更大。特別是在較小的發達國家中，對外貿易是一項關鍵因素，……它們的對外貿易比重的上升，可能是這些國家國內生產結構的高改變率的主要原因。但就對外貿易在其總產值中占較小比重的大國來說，對外貿易的擴大對國內生產結構改變的貢獻可能是較為有限的。」①

庫茲涅茨的研究對象主要是歐美發達國家，這些國家的經濟發展在該研究階段所表現出的是國內市場規模的作用大於國際貿易，因此庫茲涅茨認為「國內的增長主要依靠領土擴展，其本身就是一種主要結構變動的來源」，其研究只是在對發達國家和發展中國家的比較中才涉及產業結構變動的國際聯繫方面，而沒有將一國產業結構的變動受國際經濟聯繫因素的影響深入下去。

錢納里、賽爾奎因等人在其標準產業結構模式的研究中，已經注意到各國比較優勢的差異、國際貿易的存在等國際經濟因素對一國產業結構演進的影響。他們的研究認為：一國貿易戰略和政策的制定總是基於其工業化的基礎條件（自然條件、資源禀賦和人口規模），不同國家的貿易戰略和政策上的差異導致其結構轉變呈現出不同於標準模式的多樣性；越是開放的經濟，效率越高，全要素生產率對經濟增長的貢獻越大；製成品出口導向國家的經濟結構變化的速度越快，國內外產業聯繫的程度越高，製造業對增長的貢獻就越大。

關於開放條件下產業結構的演變模式，具有代表性的主要

---

① 西蒙・庫茲涅茨．各國的經濟增長 [M]．常勛，等，譯．北京：商務印書館，2005：408-409．

有雁行形態發展模式、國際產品循環發展模式、同時開發發展模式三種。雁行形態發展模式（Flying Geese Paradigm）是由日本學者赤松要（Kaname Akamatsu，1960）在考察了日本棉紡工業品貿易的發展軌跡后於 1960 年首先提出的，后由小島清等人通過對日本的紡織工業、鋼鐵工業和汽車工業的研究進行了驗證。這一理論揭示了后發國家參與國際分工實現產業結構高度化的途徑，赤松要對日本棉紡工業從進口發展到國內生產，再發展到出口進行了歷史的考察，認為后發國家的產業發展應遵循「進口—國內生產—出口」的模式，使其產業相繼更替發展（如圖 2-2）。

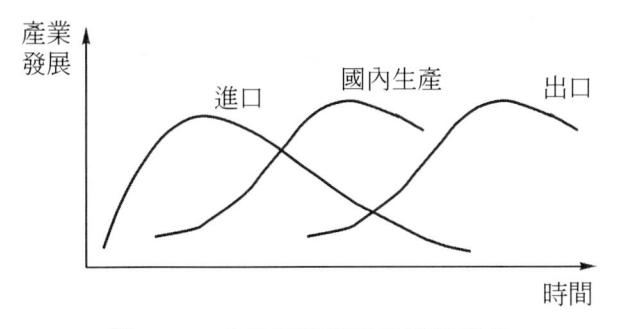

圖 2-2　赤松要雁行形態發展模式

　　上述進口、國內生產和出口的發展過程，在圖形上看像是三只展翅飛翔的大雁。第一只大雁是進口的浪潮，工業后發國家由於技術和資金等供給方面的原因，無法開發和生產較為先進的產品，只能通過進口來滿足這部分產品的國內需求，因而導致國外商品的大量湧入，此時稱為「導入期」。第二只大雁是進口所引發的國內生產的浪潮，外國商品的湧入引發了國內市場的進一步擴大，國內企業通過引進技術和管理經驗，與本國的廉價勞動力和優勢自然資源相結合，逐步具備了以國產化產品取代進口產品的能力，相應產業也逐步形成，這一階段被稱為「進口替代期」。第三只大雁是國內生產所促進的出口高潮，

在國內需求繼續擴大和工業化進程的加速時期，后發國家企業在規模經濟和廉價生產要素上的優勢不斷累積，使其產品的生產具有比原進口產品更大的成本優勢，產業競爭力上升，最終從國內市場走到了國際市場，形成了出口的高潮，即進入了「出口期」。

國際產品循環發展模式是建立在國際產品生命週期理論基礎上的，由美國著名經濟學家弗農（R. Vernon, 1966）提出的，它揭示了國際貿易對工業發達國和后發國產業結構的影響。與赤松要的考察角度不同，弗農認為工業發達國家的產業發展是以本國工業開發的新產品在國內市場上的出現為出發點，然後隨著國內市場的逐步飽和而轉向國際市場，沿著較發達國家、發展中國家、欠發達國家的軌跡進行產業的梯度性國際轉移；后發國家可以通過參與國際分工來實現本國產業結構的升級，在發達國家產業國際轉移的基礎上，利用本國廉價而豐富的勞動力和資源等后發優勢仿製出更具有成本優勢的產品，並打回先行國家市場，迫使先行國家進行更新產品的開發，進而開始了又一輪產品的國際循環。這種產品的循環過程表現為：新產品開發—出口—資本和技術的出口—進口—開發更新的產品……

同時開發發展模式是后發國家在發展技術密集型產業中所採用的一種主要的發展模式（如圖 2-3）。隨著技術集約化的發展，產業技術水平日益成為一國產業結構的基礎性決定因素，傳統產業的主導地位逐漸被新興產業取代，整個產業結構面臨著重大的調整。為保持產業技術的領先性，各工業發達國家都投入了巨額資金競相開發新技術、建立高新技術產業，以搶占國際市場競爭的制高點。其中，后發工業國家可利用后發優勢，集中資源於高新技術產品的研發與相關產業的建立，取得與工業先行國家大致同期的高新技術水平。由於大致處於相同水平，

工業先行國家與后發國家之間同類工業品的進出口雖普遍存在，但進出口數量將大幅減少；工業后發國家可以通過高新技術的突進來保持和鞏固高新技術產品的國內市場，並適時向國際市場拓展。這種發展模式能使工業后發國家迅速趕超工業先行國家，它強調后發國家在趕超接近尾聲時，應繼續保持對高新技術產業的投入，只有持續保持自身的技術競爭優勢，才能保證經濟發展的強勁增長。典型的例子是20世紀80年代以來日本數控機床、機加工中心、工業機器人等微電子機械行業以及精密陶瓷等新型材料行業的迅速發展。①

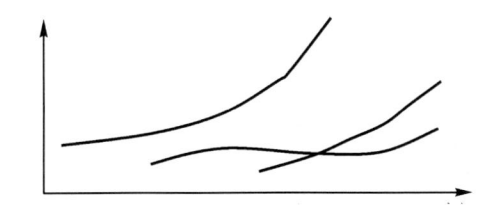

圖2-3 同時開發發展模式

進入20世紀90年代以來，隨著經濟全球化浪潮的興起，國際市場的競爭日趨激烈，關於產業競爭力、產業競爭優勢等問題的研究成了全球化背景下一國產業發展戰略的熱點。美國著名競爭戰略專家、哈佛大學商學院邁克爾·波特教授（Michael Porter，1990，2002）的「國家競爭優勢理論」是進入經濟全球化時代西方產業發展理論的一個典範。

波特指出，國家競爭力的基礎是產業競爭力，產業競爭力的基礎是企業的競爭力。「產業必須朝全球市場邁進，因為技術、客戶需求、政府政策和國際基礎建設等方面的變化，會使各國企業的經濟態勢有相當大的差距，使全球競爭戰略的重要

---

① 袁奇. 當代國際分工格局下中國產業發展戰略研究［M］. 成都：西南財經大學出版社，2006：161－162.

性日增。」「全球戰略沒有絕對的模式,完全要看企業如何在全球競爭中選擇網點、如何協調各地的利益,這樣可以組合出成千上萬種不同的戰略。」①

但與傳統產業結構演進理論對生產要素比較優勢的重視不同,波特認為:「越來越多的例證顯示,生產要素的比較優勢不足以解釋豐富多元的貿易形態,……生產要素的比較優勢法則對很多產業來說根本就不實際。生產要素比較優勢法則的假設不考慮經濟規模,認為技術具有普遍性、生產本身沒有差異性,連國家資源也被設定。這個理論還假設資金與熟練的工人不會在國家之間轉移。然而,絕大多數產業的實際競爭行為卻幾乎與這些假設無關。生產要素的比較優勢法則只能解釋貿易的各種形態(例如:它對平均勞動力與密集資金的說法),而無法應用於國家在個別產業的進出口表現,……更讓企業對生產要素的比較優勢法則失望的是,比較優勢法則是一個全然靜態的概念。這個理論只強調企業影響政府政策,卻未考慮到在企業活動中,改善技術、發展產品差異性等戰略的角色。因此,絕大多數經理人認為這套理論遠離了他們關心的問題、缺乏指引的功能,事實上並不奇怪。」②

波特指出,在經濟全球化背景下一國產業結構的演進與其政府產業國際競爭戰略是密不可分的。「全球的產業競爭戰略原則,事實上凸顯了國家在產業國際競爭中的角色。企業必須瞭解到,由於產業結構和競爭優勢等因素會隨著產業種類而有所不同,不同產業需要不同的戰略思考。即使在同一產業中,企業還可以根據所期望的競爭優勢或產業環節,選擇不同的戰

---

① 邁克爾·波特. 國家競爭優勢 [M]. 李明軒,邱如美,譯. 北京:華夏出版社,2002:57-59.
② 邁克爾·波特. 國家競爭優勢 [M]. 李明軒,邱如美,譯. 北京:華夏出版社,2002:11-12.

略。……不過，戰略是離不開環境的。當國家環境有助於某些產業發展適當的戰略時」，該產業將得到迅猛的發展，而「國家便會隨產業而興盛」。

「長期而言，企業若要持續既有的競爭優勢，一定要使產業條件升級，也就是要不斷地投資在精密技術、技巧和方法等方面。當產業擁有修正戰略的能力與資源時，國家也將連帶受益。」反之，「如果企業停留在模仿或靜態的競爭概念中，它的產業地位必然不保。」「如果產業的母國市場比外國市場更進步，並在國際市場的需求出現之前就展現改進與創新的能力，那麼該國的國力必然會隨著產業的優秀表現而強盛。」①

三、國內學者的相關研究

國內關於產業經濟學的研究是以 1985 年中國人民大學楊治教授的著作《產業經濟學導論》的出版為時間界限的。之前的研究主要以馬克思主義經濟理論和傳統計劃經濟理論為依據，研究如何通過國家或地方各職能部門的行政性計劃與指令，來使國民經濟各部門有計劃、按要求地發展；產業結構的演進完全取決於政府的政策偏好，具有濃厚的計劃經濟意識和鮮明的中國特色。同時，出於條塊管理的需要，對產業內部各部門的研究成為了該階段研究的重點，產業經濟的研究偏重於工業部門、農業部門、商業部門等部門經濟，更強調各部門的發展如何通過計劃保持協調等。

20 世紀 80 年代中期以後，隨著西方主流經濟理論在中國的逐漸普及，現代意義上的產業經濟學開始在中國興起。國內學者關於產業經濟的研究內容發生了根本性的改變，開始重視研究在市場經濟條件下產業結構演進的基本規律、各產業之間的

---

① 邁克爾·波特. 國家競爭優勢 [M]. 李明軒，邱如美，譯. 北京：華夏出版社，2002：63-64.

聯繫以及產業內各部門、各環節的經濟運行規律。由於傳統計劃經濟體制下產業發展思路與相關政策的偏差，導致了嚴重的結構問題，國內對產業結構的調整與優化，無論是產業結構演進的一般規律、演進機理與路徑，還是產業政策的制定與作用、調整優化模式，都產生了急迫而大量的理論需求，進而形成了20世紀90年代中期以來理論界研究的熱點與重點問題，並取得了相當豐富的研究成果。

歸納起來，在產業結構演變方面，國內學者的研究主要集中在以下四個方面：

（1）關於產業結構演變一般趨勢與規律的探討。由於關於產業結構演進一般規律的研究在西方理論界已有比較成熟的理論，國內學者對此的探討主要在於對相關理論體系的介紹，多是沿用國外的經典理論和最新發展觀點，創新較少。

（2）關於國外產業結構演變的研究及對中國的借鑑意義。他山之石可以攻玉，借鑑學習國外產業結構演變的規律及產業發展對策，是國內產業界研究的一個主要方面。這方面的研究主要集中在兩個層面：一是針對歐美發達國家，集中研究歐美發達國家產業發展歷程，試圖從經濟發展階段相似論的角度得出中國產業結構演進的發展趨勢、存在的問題及解決對策等；其中，對日本產業政策的研究是國內學者多為關注的領域。二是針對新興工業國家和地區（如韓國、新加坡、臺灣）或與中國國情相近或相似的國家（如印度、巴西），試圖從這些國家和地區的產業發展路徑中找到對我們有價值的發展經驗或教訓。

（3）關於中國產業結構演變的歷程、特點、趨勢、存在問題與解決對策。這是當前研究中的熱點問題，相關文獻比較多，國內學者們從不同的研究視角，在對西方產業結構相關理論與模型進行討論的基礎上，以中國產業結構演變的原始數據為樣本來研究中國產業結構演變的歷程和特點，從而揭示中國產業

結構演進的大致趨勢、存在問題與解決對策等。

從研究方法來看，當前國內學界主要採用了兩大類分析方法，一是總量分析的方法，即採用中國產業結構演變的時間序列統計數據，對中國產業結構演變的特點進行迴歸分析，並對未來的演變趨勢進行預測；二是採用個量分析的方法，採用橫斷截面數據分析，對某一特定問題進行時點判斷與分析。但總的來看，規範分析多，實證分析少；政策建議多，基於翔實數據的實證分析少。

(4) 進入 21 世紀後，隨著全球化浪潮的興起和中國入世效應的逐漸體現，國內學者的研究更多地集中在對全球產業結構的調整及對中國的意義研究上。新的世紀，中國經濟增長的背景發生了重大改變，特別是經濟全球化浪潮中的全球產業結構調整將對中國產業結構調整產生深遠的影響。這種影響機理是什麼，影響範圍與程度怎麼樣，如何積極應對這種影響，正日益成為當前國內學界的一項熱點和重點的研究課題。本書正是基於當前的全球化背景來具體研究全球產業結構調整中的 FDI 對中國產業結構的優化問題。

鑒於國內學者的相關研究論點將在本書的相關章節中展開敘述，在此不再贅述。

第三節　產業結構的優化及其評判標準

一國經濟的發展，不僅表現在該國經濟總量的增長，還表現在該國經濟結構（尤其是產業結構）的優化升級。結構主義學派認為，要保持一國經濟持續、穩定、健康的發展，就必須實現該國國民經濟的供求均衡；這種供求均衡既包括供給數量

與需求數量的均衡，也包括供給結構與需求結構的均衡。

從理論上講，國民經濟的供求結構均衡狀態可以說是結構上的最優狀態。但在現實經濟中，這種結構均衡狀態是極為偶然的，帕雷托最優狀態是不存在的，處於常態的是國民經濟供求結構的不均衡。國民經濟供求結構的不均衡不可避免地帶來了產業結構的偏差。產業結構的調整即是對不理想的產業結構進行有關變量的調整，以實現產業結構的優化。可以說，產業結構調整的中心問題就是產業結構優化。

一、產業結構優化的內涵

產業結構優化是指通過產業調整，使產業結構效率、產業結構水平不斷提高的過程，即在實現國民經濟效益最優的目標下，根據本國或本地區的資源條件、經濟發展階段、科技水平、人口規模與素質水平以及國際經濟關係等特點，通過對產業結構的調整，使得產業結構向著協調發展、技術進步和效益提高的方向演化。

主流產業經濟學者認為，要使一國或一地區的資源配置效率達到最優，產業結構優化主要包括兩個方面：產業結構的合理化和產業結構的高度化。前者主要依據產業關聯技術經濟的客觀比例關係來調整不協調的產業結構，促進國民經濟各產業間的協調發展；后者主要遵循產業結構演變規律，通過創新，加速產業結構從低層次結構向高層次結構的演進。正如周振華指出：「產業結構調節的全部內容的中心問題就是產業結構優化。產業結構優化並不意味著完全達到國民產品供求結構的均衡狀態，而是對這種均衡狀態的趨近……它具有明確而豐富的內容，具有衡量的標準……產業結構優化的兩個基本點是產業

結構的高度化和產業結構的合理化。」①

產業結構優化是一個動態的概念。在不同的歷史發展時期和國情背景下，產業結構優化的內容是不同，但其基本目的都是圍繞著：使一國或一地區的資源配置效率達到最優，實現國民經濟供求結構的均衡，進而實現國民經濟的持續快速增長。當然，從嚴格意義上來說，產業結構優化並不意味著使國民經濟供求結構達到完全均衡，它不是一個「最優」問題，而是一個在一定時代背景和國情條件限制下的「次優」問題，是一個向著「最優目標」不斷趨近的過程。

二、產業結構優化的機理與模型

從優化演進的動因來看，產業結構優化演進可分為自然演進和人為演進。自然演進認為隨著科技水平的不斷更新、經濟發展水平的不斷提高，一國或一地區產業結構在市場機制的作用下會遵循產業結構演進的一般規律而逐漸實現高度化和合理化，但這種演進的進程是相當緩慢而漫長的，作用是有限的。在產業經濟已高度發達的今天，市場機制的缺陷、政府政策效應的強勢，已使人為演進模式占據了主導地位，一國或一地區的產業結構優化更多地受到當地政府產業政策的促進與制約。產業結構優化的過程實質上更多的是通過政府產業政策調整或影響產業結構變化的相關因素，實現資源的優化配置與再配置，推進產業結構的合理化和高度化發展，在充分發揮產業結構優化效應的基礎上實現國民經濟持續快速的增長。

按此思路，產業結構優化的機理通過以下過程實現國民經濟的持續快速增長：調整影響產業結構的決定因素→產業結構得到優化→產業結構優化效應發揮作用→國民經濟得到持續快

---

① 周振華. 產業結構優化論［M］. 上海：上海人民出版社，1992：26-27.

速發展。

（1）調整影響產業結構的決定因素。這些決定因素從供求的角度來說，包括供給因素和需求因素；從投入產出的角度來說，包括投入結構和產出結構。調整產業結構的決定因素就是要調整供給結構和需求結構、投入結構和產出結構，其中包括調整國際貿易結構和國際投資結構，從而改變產業結構。在現實經濟中，調整的因素往往是那些制約產業結構優化效應發揮的障礙因素。

（2）產業結構得到優化。這主要包括產業結構的高度化和合理化。

（3）產業結構優化效應發揮作用。產業結構效應是指產業結構的變化對經濟增長所產生的效果，這包括產業結構的關聯效應、擴散效應、結構彈性效應、結構成長效應、結構開放效應等。結構效應有正效應與負效應之分，產業結構的優化有利於發揮產業結構效應的積極作用，推動和保持經濟的增長。

（4）國民經濟在產業結構效應的積極作用下取得比正常增長速度快得多的增長。[①]

由此，我們可以做出如下產業結構優化模型（見圖 2-4）。

三、產業結構優化的主要內容與評判標準

主流產業經濟學者認為產業結構的優化主要包括兩個方面的內容：產業結構的合理化和產業結構的高度化。

（一）產業結構的合理化

1. 產業結構合理化的含義

目前國內學術界對產業結構合理化的含義存在著理解上的差異，不同的學者從不同的研究角度對產業結構合理化提出了

---

① 蘇東水．產業經濟學 [M]．北京：高等教育出版社，2000：284．

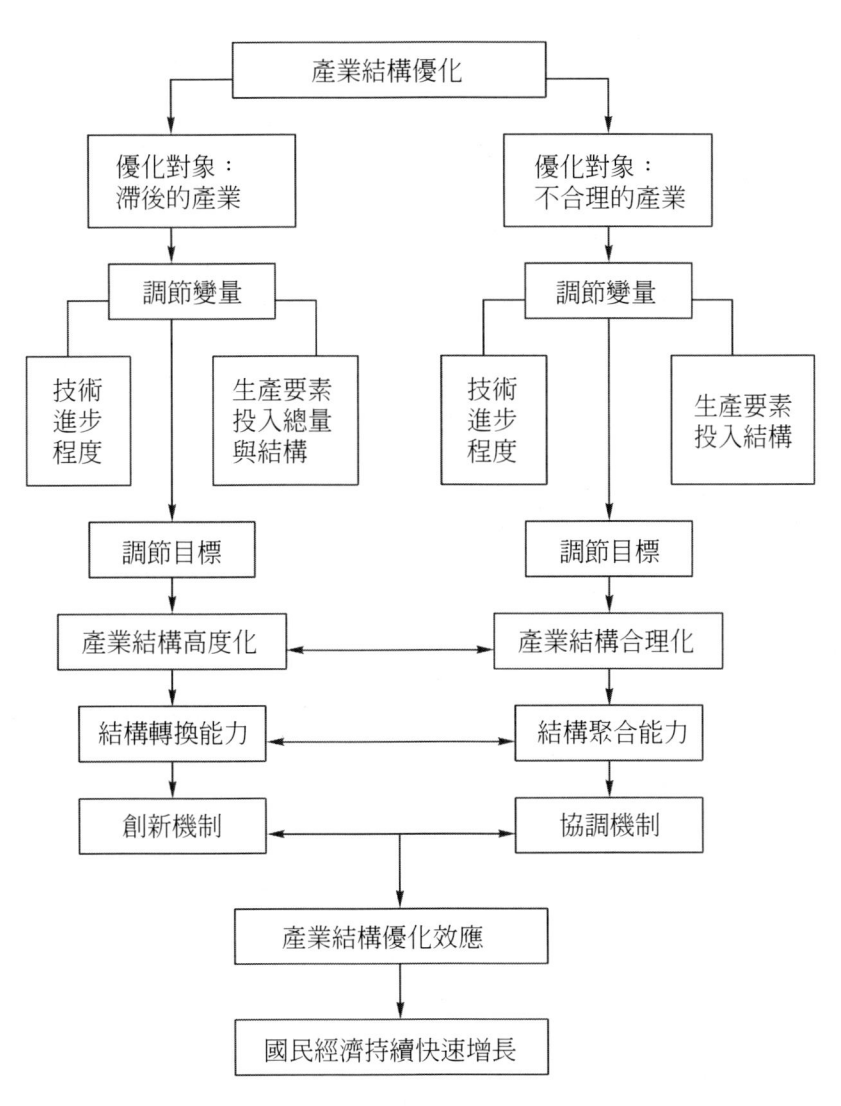

圖 2-4　產業結構優化模型①

---

① 此模型建立思路參見：周振華. 產業結構優化論 [M]. 上海：上海人民出版社，1992：26、30.

不同的見解，存在多種不同的定義，歸納起來，大致有以下四種：

（1）結構協調論。該類定義把產業間的協調置於產業結構合理化的中心位置，堅持「協調即合理，合理即協調」的理念。例如，李京文、鄭友敬（1989）把產業結構合理化定義為：「通過產業結構調整，使各產業實現協調發展，並滿足社會不斷增長的需求的過程。」

（2）結構功能論。該類定義特別強調產業結構的功能，並以結構功能的強弱作為出發點來考察產業結構的合理化。例如，周振華（1992）提出：「產業結構合理化是指提高產業之間有機聯繫的聚合質量」，判斷產業結構是否合理的關鍵在於產業之間是否有較高的聚合質量，這是以產業結構系統對一國經濟增長和經濟效益所起作用的結構效應為依據的。龔仰軍等（1999）進一步認為：「產業結構合理化的本質所在就是產業結構的聚合質量」[①]。

（3）結構動態均衡論。該類定義重視產業素質與結構的均衡性發展，強調從動態的角度考察產業結構的合理化。例如，蘇東水（2000）認為：「產業結構合理化主要是指產業與產業之間協調能力的加強和關聯水平的提高，它是一個動態的過程；產業結構合理化就是要促進產業結構的動態均衡和產業素質的提高。」蘇東水進一步具體指出：「產業結構合理化要求在一定的經濟發展階段上，根據消費需求和資源條件，對初始不理想的產業結構進行有關變量的調整，理順結構，使資源在產業間合理配置、有效利用。衡量產業結構是否合理的關鍵在於判斷

---

① 產業結構的聚合質量是指由各產業間的不同聯繫方式和組合方法所決定的產業結構系統的資源轉換能力和綜合產出能力。一般來說，一個產業結構系統的資源轉換能力和綜合產出能力越強，該產業結構系統的聚合質量越高，該產業結構也就越合理。參見：龔仰軍，等．產業結構與產業政策［M］．上海：立信會計出版社，1999：100．

產業之間是否具有因其內在的相互作用而產生的一種不同於產業能力之和的整體能力。如果產業之間相互作用的關係越協調，結構的整體能力就會越高，則與之相應的產業結構也就越合理；反之，則不合理。」

（4）資源配置論。該類定義把產業結構視為是一種特定的資源轉換器或資源配置的具體載體，從資源在產業間的配置結構及合理利用的角度來考察產業結構的合理化。例如，史忠良（1998）、蔣選（2004）等認為，產業結構合理化要求在一定的經濟發展階段上，遵循社會再生產過程對結構性比例的要求，根據消費需求和資源條件理順產業結構，使資源在產業間合理配置和有效利用，追求產業規模適度、增長速度均衡和產業聯繫協調。

以上四種定義各有千秋，很難說孰優孰劣。本書對產業結構合理化定義的界定更傾向於資源配置論。

2. 產業結構合理化的判斷標準

對產業結構合理化內涵的不同認識，導致了對產業結構合理化的不同評判標準。目前關於產業結構合理化的評判標準有多種提法，具有代表性的有：周振華（1992）的結構聚合質量的單一標準；李悅（1998）結合中國國情所提出的「三個有利於」和「三個相適應」原則；黃繼忠（2002）提出的產業結構合理化的結構完整性、速度均衡性和產業協調性三個標準；蘇東水（2000）認為產業結構合理化要解決三個問題，即供給結構與需求結構相適應問題、三次產業及各產業內部各部門之間發展的協調問題和產業結構效應如何充分發揮的問題，即產業結構的合理化應有三個標準：適應需求結構標準、產業協調標準和產業結構效應標準。此外，還有史忠良（1998）提出的產業結構合理化的資源合理利用、充分利用國際分工、產業間協調發展及經濟社會可持續發展四項標準；楊公樸、夏大慰

（2005）提出的與「標準結構」進行比較、是否適應市場需求的變化、產業間的比例是否協調、能否合理和有效地利用資源四個標準等。

總的來說，評判一國或一地區產業結構是否合理化的基本標準主要有以下幾種：

(1) 標準結構基準。所謂的「標準結構」是在大量歷史數據（主要是歐美發達國家）的基礎上通過實證分析而得到的，它反應了產業結構演變的一般規律。該方法是將一國或一地區的產業結構與我們已知的國際標準產業結構進行比較，以確定該國或該地區產業結構合理化的程度。目前常用的參照系有：錢納里的「產業結構標準模式」、「錢納里—賽爾奎因模式」和庫茲涅茨的「標準結構」。

「標準結構」法是根據不同國家的發展經驗和大量統計數據的迴歸分析而得出的產業結構演進過程的一些基本規律，是對大多數國家產業結構演進軌跡的綜合描述，在時間接近、條件相似的國家之間具有一定的參照價值。但該方法僅從產值結構、勞動力結構等截面視角對產業結構合理化水平進行分析，分析較為表面化，未深入到產業結構的內核層面。由於各個國家的具體國情不同，不同地區不同時期在經濟發展水平、資源稟賦、科技進步、產業供需特點等都顯示出差異性，導致對產業結構合理化的要求不盡相同，如：大國結構與小國結構[①]的差異、工業先行國與工業后發國的差異。此時，就很難簡單地採用該標準結構來判斷一國產業結構是否合理，它只能給我們提供一種判斷產業結構是否合理的粗略線索，而不能成為判斷的根據

---

① 所謂大國結構和小國結構，並不是從國土面積的大小來區分的，而是以影響一國產業結構的國內市場規模和資源稟賦充裕程度決定的。國內市場規模較大且有較為充裕資源的產業結構系統稱之為「大國結構」，國內市場規模較小或資源比較貧乏的產業結構系統稱之為「小國結構」。

(周振華，1992)。

（2）產業平衡基準。結構平衡問題在產業結構上的表現，就是各產業間是否具有一種比較協調的比例關係，因此產業協調性是產業結構合理化的中心內容。該觀點具有一定的代表性，它把各產業間比例的平衡與否作為判斷產業結構是否合理的基準，核心是把合理化定位在各產業部門間的相互關係上。該判斷方法多採用投入產出分析法來清晰地反應國民經濟各部門、各產品間的比例關係，通過各產業發展協調與否來判斷其是否合理。從理論上講，經濟增長是在各產業協調發展基礎上進行的，產業間保持比例平衡是經濟增長的基本條件；一個產業結構系統中，如果缺乏產業間的協調，會極大地削弱系統的生產能力和總的產出水平[1]。

但值得注意的是，該基準分析針對的只是各產業部門間的一種靜態比例關係，至於這種比例關係的合理程度沒有一個明確的標準來度量，也就是它缺少一個明確的目標函數。在非均衡增長條件下，產業間的比例平衡是經過長期調整才最終實現的一種短暫現象，不能將比例平衡絕對化；否則，既難以解釋部分創新型先導產業高速增長從而帶動產業結構升級的現象，也會使經濟走上低水平重複循環的緩慢增長道路。所以，在具體運用中，我們常常將本判斷基準作為一項基礎判斷基準，與需求結構基準、結構效應基準等結合使用。

（3）需求結構基準。該判斷標準是將產業結構的合理與否定位在供給結構與需求結構的相適應程度上，兩者適應程度越高，則產業結構越趨合理；反之，則越不合理。供需適應是產

---

[1] 根據「木桶原則」，一個產業結構系統功能的整體發揮，不是取決於該系統中產出能力最強的產業，而是取決於該系統中產出能力最弱的產業；當一個產業結構系統存在瓶頸產業時，整個系統的生產能力將受制於這些瓶頸產業的作用發揮，該論點為中國經濟發展過程中眾多事例所驗證。

業結構合理化的基本要求，需求結構適應觀是對產業平衡基準觀的深化與發展，其可借鑑之處在於考慮了產業結構的動態演化性。但是，該判斷基準有一個基本前提，即需求結構的變動必須是正常的、合理的，即真實反應了經濟的實際情況，需求結構沒有扭曲和虛假，否則將導致產業結構的進一步失調。此外，僅憑供給結構對需求結構的滿足程度來判斷產業結構是否合理，容易導致產業發展陷入追求短期利益的被動局面，而忽視了產業結構素質和現有資源條件的約束。因此，需求結構基準只是產業結構合理化的一個必要條件，而不是判斷的充分條件，在具體運用中應與其他判斷標準結合使用。①

（4）結構效應基準。該判斷標準克服了產業協調標準中的靜態化缺陷，突出了產業結構的資源轉換器核心功能，認為產業結構合理化是在一定社會經濟發展戰略目標要求下，實現供求結構平衡、各產業部門協調發展並取得較好結構效益的產業結構優化過程。該觀點從產業結構的功能效應角度出發，強調產業結構合理化判斷標準的動態性和相對性，即產業結構合理化是一個動態而相對的漸進過程，該過程的極限狀態就是產業結構的最優狀態。隨著社會、經濟的發展和科學技術的進步，合理化的產業結構狀態是不斷發生變化的。因此，在產業結構的演變過程中，產業合理化要實現供需結構的均衡、各產業部門之間的協調發展，不應該理解為絕對的均衡和完全的協調，而只能是對這種均衡與協調的逼近，是一種動態的、漸進的演進過程。

可以說，結構效應基準觀是近些年來學術界關注較多、且認同度較大的一種觀點。從一定程度上來講，它是對以上前三種判斷基準的動態綜合，具有較強的合理性和現實解釋力。不

---

① 焦繼文，李凍菊．再論產業結構合理化的評判標準[J]．經濟經緯，2004(4)．

足在於，由於觀點較新，目前的研究尚未形成比較統一的論點，具體判斷標準也缺乏明細化，對如何動態衡量產業結構的資源利用效率等問題的研究尚需進一步深入。

(二) 產業結構的高度化

1. 產業結構高度化的含義

理論界對產業結構高度化含義的認識比較統一。所謂產業結構高度化，是指產業結構從低水平狀態向高水平狀態的發展，向著產業的技術結構和產業內部的綜合生產率提高的方向演進的過程，也可稱為產業結構的升級。

根據產業結構演進的一般規律，產業結構的高度化是根據經濟發展的歷史和邏輯序列順向演進的，它具有以下幾個基本特點[1]：①從整個產業結構的長期發展趨勢來看，產業結構的發展是順著第一、第二、第三產業優勢地位順向遞進的方向演進，即第一次產業占優勢比重逐級向第二、第三產業占優勢比重演進。②從與技術進步密切相關的生產要素構成的變動來看，產業結構的發展順著勞動密集型產業、資本密集型產業、技術（知識）密集型產業分別占優勢地位順向遞進的方向演進。③從產業內部對勞動對象的加工深度的演化過程來看，產業結構的發展順著低加工度產業占優勢地位向高加工度產業占優勢地位的方向演進。④從附加價值的增值幅度來看，產業結構的發展順著低附加值產業向高附加值產業方向演進。

產業結構的高度化總是以新技術的研發和應用作為基礎的，它是就某一經濟發展階段的社會生產力特別是科技發展水平而言的，因此，產業結構高級化的過程是一個永不停息的過程，其內容也是隨著時代的變化而不斷改變的。

---

[1] 參見：蘇東水．產業經濟學［M］．北京：高等教育出版社，2000：284；周振華．產業結構優化論［M］．上海：上海人民出版社，1992：27.

2. 產業結構高度化的判斷標準

自配第定律以來，人們開始認識到從長期趨勢來看，一國產業結構的演進總是沿著從低層次向高層次的路徑不斷前進的。但如何判斷一國或一地區產業結構的高度，是一個爭議較多的問題。在現實研究中，我們有兩種基本的判別標準：一種是採用「標準結構基準」，將一國的產業結構與「標準」的產業結構進行比較，從而判斷該國產業結構的高度水平；另一種是採用「參照結構基準」，將一國產業結構與特定參照國家的產業結構進行比較，通過結構相似性系數得出該國產業結構的發展程度。

（1）標準結構基準。「標準結構」是建立在大多數國家產業結構高度化演進基礎上的，一般是通過統計分析、歸納總結的方法，對樣本國家產業結構高度化表現出的特徵進行歸納分析，進而綜合出能描述某一特定高度上產業結構基本特徵的若干指標，作為產業結構演進到該階段時所應該具有的「標準」。在利用標準結構對產業結構高度化進行實證研究中，庫茲涅茨（1971）、錢納里、賽爾奎因（1986，1989）等人作出了巨大貢獻，他們的研究成果為后人廣泛引用，他們所歸納總結出的「標準結構」被稱為「產業結構的發展範式」。

郭克莎（1993）認為產業結構高度化主要表現為四個方面的內容：產值結構的高度化、資產結構的高度化、技術結構的高度化、勞動力結構的高度化。其中，產值比例結構和勞動力比例結構指標是衡量產業結構高度的主要指標。

這裡我們以經典的「錢納里—賽爾奎因模式（1989）」為例來判斷中國產業結構的高度水平（見表 2-3、表 2-4、表 2-5）。

表 2-3 錢納里—賽爾奎因模式（1989）：產值比例指標的標準結構

產業結構	人均國內生產總值的基準水平（1980 年美元）					
	300 以下	300	500	1,000	2,000	4,000
第一產業	46.3	36.0	30.4	26.7	21.8	18.6
第二產業	13.5	19.6	23.1	25.5	29.0	31.4
第三產業	40.1	44.4	46.5	47.8	49.2	50.0

資料來源：SYRQUIN, CHENERY. Three Decades of Industrialization [J]. The World Bank Economic Reviews, 1989：vol. (3)：152-153.

表 2-4 錢納里—賽爾奎因模式（1989）：勞動力比例指標的標準結構

產業結構	人均國內生產總值的基準水平（1980 年美元）					
	300 以下	300	500	1,000	2,000	4,000
第一產業	81.0	74.9	65.1	51.7	38.1	24.2
第二產業	7.0	9.0	13.2	19.2	25.6	32.6
第三產業	12.0	15.9	21.7	29.1	36.3	43.2

資料來源：SYRQUIN, CHENERY. Three Decades of Industrialization [J]. The World Bank Economic Reviews, 1989：vol. (3)：152-153.

表 2-5 錢納里和賽爾奎因對經濟增長階段的劃分

階段	人均收入水平 （1964 年美元）	人均收入水平[*] （1980 年美元）	工業化階段	國家類型
0	100 以下	265 以下	初級產品生產階段	不發達國家
1	100~200	265~530		
2	200~400	530~1,060	傳統工業化初期	準工業化國家
3	400~800	1,060~2,120	傳統工業化中期	
4	800~1,500	2,120~3,975	傳統工業化末期	

表 2-5（續）

階 段	人均收入水平 （1964 年美元）	人均收入水平* （1980 年美元）	工業化階段	國家類型
5	1,500~2,400	3,975~6,360	成熟工業化階段	發達工業國家
6	2,400~3,600	6,360~9,540		
7	3,600 以上	9,540 以上		

資料來源：錢納里，等. 工業化和經濟增長的比較研究 [M]. 吳奇，等，譯. 上海：上海三聯書店，1989：71. 略有修改。表中「收入水平（1980 年美元）」欄數據，是筆者根據 1964—1980 年間美元幣值變動情況得出幣值換算系數為 1：2.65，進而換算得出。

蘇東水、任浩（1999）以 1995 年的數據為主，採用標準基準分析方法，判斷「目前中國基本處於工業化中期階段」。中國社科院工業經濟研究所（2000）以人均收入水平為主，結合三大產業的產值分佈和工業內部的結構等因素，認為「中國目前大概處於工業化的中期階段的上半期」，或者說「處於工業化的第二階段」。胡長順（2000）的研究認為中國經濟發展「已擺脫了工業化前階段，全面進入了工業化階段」，但由於二元經濟特徵突出，在中國經濟發展主體處於工業化的中級階段的同時，也「不排除部分產業或地區處於工業化的初級階段，部分產業或地區處於工業化的高級階段」。

（2）參照結構基準。參照結構基準的判斷有兩種基本思路[①]：一種思路是將一國產業結構與特定參照國產業結構進行相似性比較，根據相似系數的大小判斷該國產業結構的高度水平。相似系數 r_{AB} 的計算有多種方法，最常用的是夾角余弦法，其計算公式如下：

---

① 龔仰軍. 產業結構研究 [M]. 上海：上海財經大學出版社，2002：79-82、100-102.

$$r_{AB} = \sum_i^n u_{Ai} u_{Bi} / [(\sum_i^n u_{Ai}^2)(\sum_i^n u_{Bi}^2)]^{1/2}$$

另一種思路是通過度量兩國產業結構系統之間的差距，根據二者之間的「差離程度」來對待判別的產業結構的高度水平進行確定。常用的判別方法有：

歐氏距離法：$r_{AB} = [\sum_i^n (u_{Ai} - u_{Bi})^2]^{1/2}$

海明距離法：$r_{AB} = \sum_i^n u_{Ai} - u_{Bi}$

蘭氏距離法：$r_{AB} = \sum_i^n u_{Ai} - u_{Bi}/(u_{Ai} + u_{Bi})$

何誠穎（1997）運用夾角余弦法，以歐美發達國家的產業結構作參照系對中國1993年的產業結構進行高度化比較，得出「中國1993年三次產業產值比較接近西方市場經濟國家20世紀20年代的結構水平」。龔仰軍（2002）採用修正后的歐氏距離法，運用中國1999年統計數據，以同年的美、日產業結構為參照系，通過計算分析得出「從產出方面觀察，中國產業結構比較接近美國1950年和日本1970年的水平」。

（3）對高度化標準的簡要評價。在判斷一國產業結構的高度水平時，有一點我們必須明確：產業結構高度水平的標準是相對的，無論是採用標準結構基準，還是參照結構基準，從來不存在什麼「合理的」或「標準的」的判斷基準。不同的國家具有不同的國情條件，一個國家在不同的歷史發展階段也有不同發展特徵。即使是國情條件、發展階段相近的國家，各國經濟政策的差異也會導致其產業結構出現較大的偏差，所以，從來沒有統一的絕對的標準。即使採用同一判斷基準和統計數據，由於採用的分析指標的不同、計算方法的不同，所得出的結論也會大相徑庭。如：江小涓（1996）以1994年的統計數據對中國所處的工業化階段進行判斷，從工業產值占國內生產總值的比例來看，中國已越過傳統工業化階段，進入發達經濟階段；但從勞動力指標和城市化水平來看，中國又處在傳統工業化的

初期階段。據筆者分析，造成的原因一方面可能在於中國長期以來所執行的「重工輕農」、「重累積、輕消費」的產業發展傾斜政策；另一方面，可能在於勞動力指標本身的問題，中國嚴格的戶籍管理制度導致了中國勞動力要素流動的障礙和統計中的偏差（如把在城市從事非農產業的勞動力歸入農業勞動力）。

所以，在判斷一國或一地區的產業結構高度水平時，我們應採用多項指標綜合判斷，忌使用單一指標；在判斷過程中應考慮一國的實際國情和發展水平，勿草率作出結論，尤其是在二元經濟特徵突出的中國。另外，不要迷信所謂的「合理」、「標準」，判斷的結論是相對的，其政策指導意義十分有限。

(三) 產業結構高度化與合理化的關係

經濟增長階段是與一定的產業結構相對應的，產業結構的演變是促進經濟增長的重要因素，現代經濟增長從本質上來講也是一個結構轉換的過程。結構轉換的核心內容就是產業結構優化，產業結構合理化和高度化二者交織在一起，相互依存，相互作用，形成了產業結構優化過程的一條紐帶。

產業結構合理化主要是解決提高各產業之間有機聯繫和耦合質量的問題，而產業結構高度化則是解決怎樣促使整個產業結構從低水平向高水平發展的問題。這二者是密不可分的，一方面，產業結構的高度化必須以合理化為基礎，脫離了合理化的產業結構高度化只能是一種「虛高度化」，即在不合理的產業結構基礎上片面追求高度化，就如同在沙灘上建大廈一樣，其結果是結構性矛盾的累積，必然導致產業結構高度化的虛空化；另一方面，產業結構高度化和合理化是相互滲透、交叉作用的，要實現產業結構高度化，必須要使其結構合理化，而產業結構發展水平越高，其結構合理化的要求也越高（因產業之間的技術經濟聯繫日益複雜，結構一體化的整體性要求更高）。而產業結構合理化是在產業結構高度化的動態中進行的，是一個不斷

調整產業間比例關係和提高產業間關聯作用程度的過程，這一過程使產業結構效益不斷提高，進而推動產業結構向高度化方向發展。

在處理產業結構的合理化和高度化兩者之間關係時，應根據一國經濟發展的特定階段，決定該時期產業結構優化的重點。一般來說，當一國的產業結構嚴重不合理，結構性矛盾突出，成為阻礙該國經濟發展的嚴重障礙時，優化的重點應放在合理化方面，通過產業結構的合理化，緩解產業間的結構性摩擦，提高整個結構的效益；而當產業結構的內部摩擦相對緩和，且整個結構顯示出一種不能適應經濟發展的趨勢時，應把優化的重點轉移到高度化上來，以產業結構的高度化來提高整個結構的轉換能力和產出水平，使之適應經濟發展的要求。

總之，在產業結構的優化過程中，應把合理化和高度化有機地結合起來，以產業結構的合理化來促進高度化，以高度化來帶動合理化。①

第四節　全球化視角下的產業結構優化及其評判

經濟全球化時代的來臨對長期以來一國產業結構發展軌跡的認識形成了挑戰。隨著全球市場的形成與逐步完善，生產要素的國際性流動無論在規模上還是涉及的範圍上都日趨擴大，各國產業聯繫的日趨緊密，導致國際分工體系的重構。一國產業結構的調整與優化已不再是一國國內的事情，除了國內的市場供求結構、資源稟賦等內在因素外，一國政府更多地考慮的

---

① 參見：龔仰軍，應勤儉．產業結構與產業政策 [M]．上海：立信會計出版社，1999：16 - 17.

是國際資源的優化配置、本國產業在新的全球範圍內的產業分工中的地位和作用等外部因素。

立足於全球化的視角，我們來重新審視產業結構的優化，發現一國產業結構的優化發生了較大的改變，這不僅表現在傳統優化內容被賦予了新的內涵、優化內容有了新的拓展，而且整體評價體系也有了新的發展。

一、全球化視角下產業結構優化內容的新拓展

1. 對產業結構優化內涵的新拓展

（1）對產業結構合理化內涵的拓展。在全球化背景下，以構建開放型經濟體系為導向進行產業結構的調整，不只是傳統意義上產業結構調整的延伸。在日益加速的全球產業結構調整浪潮中，一國產業結構是否合理，一個主要的判斷標準就是要看其能否適應產業發展國際化的要求。在產業結構的調整過程中應以能否有效地參與國際分工、能否有效地實現全球資源的整合、增強產業的國際競爭能力為評判標準，這不僅表現在一國產業結構的數量關係上，而且更應該表現在質上的大改進。具體地講，不應當繼續追求傳統計劃經濟體制中大而全或小而全的產業結構，不應當局限於國內市場的需求來設定產業發展的目標，而應當以參與國際經濟循環為立足點，以提高產業的國際競爭力為中心，真正在開放性的經濟運行過程中構建一國的開放的產業結構。①

協調依然是全球化視角下的產業結構合理化的核心。傳統產業結構合理化中的協調，主要是指資源在一國國內各產業之間的合理配置和有效利用，各產業之間有較強的互補和諧關係與相互協調能力。而在經濟全球化的背景下，一國產業的資源

---

① 陳飛翔. 對外開放與產業結構調整［J］. 財貿經濟, 2001 (6).

配置已突破了國家界限，產業結構的合理化需要從本國產業發展與世界產業經濟體系的協調和國內各產業的協調兩個層次來進行。其中，隨著一國對外開放程度的不斷擴大，本國產業結構體系與世界產業結構體系的協調就顯得越發重要。

要推動一國產業結構體系與世界產業經濟體系的協調，必須考慮到本國產業參與國際分工的合理性和協調性。可以說，當代國際產業分工是世界各國產業博弈的結果，產業博弈不僅表現在世界各國在自然資源、生產要素、市場佔有等方面的競爭，還表現在對世界產業資源的佔有、利用、技術創新以及市場培育和開發乃至於市場競爭秩序的設定與維持等多個方面。在全球化的背景下，要實現一國產業結構的合理化，就必須考慮到充分利用本國資源優勢並把資源優勢轉化為產業優勢和國際市場競爭優勢，使本國產業發展成為世界產業結構體系中必不可少且有利地位不斷提高的一個環節。

此外，隨著產業結構合理化研究的不斷深入，學者們逐漸認識到產業結構自身是一個有機的、開放的系統，其合理化是一個動態、漸進的過程，不應將其理解為絕對的均衡和完全的協調，而只能是對完全均衡與協調狀態的逼近。

（2）對產業結構高度化內涵的拓展。產業結構高度化是產業結構動態發展的客觀要求，三大產業在社會經濟發展中的地位、作用和比例的變化，是產業結構高度化的基本要求，從農業到工業再到服務業的發展歷程是一般意義上的產業結構高度化歷程。在這個歷程中，高技術含量、高附加值產業所占的比重將逐步提升。

從全球化視角出發，要求我們摒棄傳統的自循環系統論和產業順次演進論的觀點。傳統產業結構優化論研究的對象是一國相對封閉的完整產業體系，是以一國產業經濟系統的自循環為主的。但在經濟全球化的今天，一個突出的特點就是：現代

產業經濟系統是一個開放的系統，各個國家以不同的方式、不同的程度將本國經濟融入到世界產業循環中，使本國產業經濟系統成為世界產業分工體系中的一環。基於這樣的理解，各國產業發展應充分考慮如何合理利用國內、國際兩個市場及兩類資源的問題，各國應著力發展本國具有國際比較優勢和競爭優勢的產業，而適當放棄那些處於比較劣勢的產業的發展，將本國處於發展劣勢的產業轉移到其他國家。這樣雖然一國產業經濟系統的完整性被打破了，但整體產業結構效益卻提升了。不同的國家，開放戰略和政策的不同必然影響到其產業經濟系統開放程度的高低，但不論實施何種戰略，一國產業經濟發展都直接或間接受制於世界範圍內產業運動的影響，特別是發達國家產業發展態勢的影響。這就要求我們不能再簡單地按照一國產業自發展和自演進的思路來觀察和推動產業結構的優化。

另外，傳統意義上討論的產業結構高度化主要是遵從產業結構演進的一般規律，從產業發展順次演進的角度來思考的。但現代發展經濟學的研究已經表明，后發國家可以利用后發優勢，主動借鑑與利用先發國家的發展經驗，通過引進先進技術、模仿創新或產業的直接引進等手段，越過產業發展的某些較低階段而直接進入較高階段。尤其是進入20世紀90年代以來，知識經濟時代的來臨與經濟全球化浪潮的相互作用，使得一國產業發展興衰的根本並不在於其「靜態比較優勢」，不在於一定時期內既定的競爭優勢，更不在於其國內固有的要素稟賦，而在於一個國家、一個民族的創新能力和創新意識。誰能在某一領域內掌握高新技術，誰就能在該領域內實現突破而發展到國際產業分工的更高層次上，從而為后發國家或發展中國家實現產業發展突破提供了可能。發展中國家可以集中國內外資源於某些特定產業科技領域，通過特定產業技術的突破性進展而直接發展相應高層次的產業，使得其產業發展二元結構不一定總是

經濟發展的障礙，反而也可能成為經濟發展的助推劑。從而，產業發展的一般順序也就得以打破，使其產業結構的高度化與一般的演進進程發生了區別。印度軟件產業的發展就是一個很好的例證。①

2. 對產業結構優化內容的新拓展

在全球化的視角下，產業結構優化的內容得到了極大的拓展，這不僅有對產業結構優化的傳統指標（合理化與高度化）在內涵上的新拓展，而且在優化的具體內容方面也有新的拓展，還應包括產業結構的開放化、安全化、可持續發展與產業國際競爭能力的提升等新的內容。

（1）產業結構的開放化。經濟全球化時代的一個顯著特徵就是各國經濟相互融合、相互影響，一國國內產業的選擇、發展及產業結構的變動都要受制於國與國之間產業競爭及博弈的影響。經濟全球化是世界各國產業結構開放及互動作用的結果，其本質上是產業全球化。正如我們在前面章節中所提到的，「現代經濟增長是一個世界性的歷史進程，其基本特徵之一就是世界經濟一體化趨勢，所以結構效應不是一種封閉性現象，它必定包括結構開放效應的內容。或者說，結構開放效應是現代經濟增長中的結構效應的一個重要組成部分。」②

筆者認為，在全球化的背景下，這種產業結構的開放是有異於以往的深度的開放。當代國際分工已經深入到了各國產業結構體中的部門內和企業內，使得各國產業結構體間相互緊密依存進而形成整體演進趨勢，單個產業結構已難以脫離全球產業結構的演進而實現自身產業的良性發展。因此，我們在評判

---

① 參見：唐志紅. 經濟全球化下一國產業結構優化：一般理論及中國的運用 [D]. 中國學術期刊網，2005：48-50、117-118.

② 周振華. 現代經濟增長中的結構效應 [M]. 上海：上海三聯書店，1996：445.

一國產業結構優化內容時，必然要考慮產業結構開放化的問題，這既是當前產業結構優化的基礎與背景，也是一國產業結構優化的重要內容。其評判指標包括：產業外貿依存度、產業生產要素供給的國際依存度、產業貿易結構水平以及產業生產組織的國際化程度等。

（2）產業結構的安全化。所謂產業結構的安全化，是指一國產業經濟在融入到世界產業體系的過程中，如何把握好本國經濟主權、產業自主發展的主動權以及對國際政治經濟風險實施有效防範的問題。

我們必須清醒地認識到，經濟全球化是一把「雙刃劍」，各國產業結構的開放與融入世界產業體系在獲得國際分工優化效應的同時，也不可避免地會受到國際政治、經濟、金融等多方面國際風險和危機的影響，不同的國家參與全球產業分工體系所獲得的地位與損益是不同的。正如唐志紅（2005）所指出的，經濟全球化一個突出的特點是經濟、金融風險和危機的國際傳播，國際經濟危機或金融危機的爆發對世界各國的經濟發展產生的影響越來越大。同時，經濟全球化也是發達資本主義國家利用其優勢地位，蠶食其他國家經濟、政治主權，攫取最大限度利潤的過程。因此，在全球化背景下優化一國的產業結構還應該根據國內狀況以及本國在世界政治、經濟中的地位充分考慮本國產業經濟體系的安全性，以避免經濟主權的喪失。產業結構的優化包括提高產業系統抗拒國際經濟和金融波動風險的能力，確保本國產業體系成功融入世界產業體系而又不成為他國產業系統的依附體，這就是經濟全球化下一國產業結構安全化的基本內容。

傳統產業結構優化內容往往是從產業發展自身來研究產業發展之間的協調性及其與人均國民收入水平的適應性，基本上不涉及非經濟因素。但任何經濟活動或多或少都與一定的政治

相聯繫，而且在經濟全球化發展的時代，國際政治博弈、國家經濟主權、產業安全等非經濟因素的影響日益凸現。個別媒體與學者提出一國經濟發展應盡量迎合經濟全球化的大潮流，甚至還提出要不要民族產業發展的問題，這些觀點在筆者眼裡是極其荒謬和不切合現實的空想。筆者認為，世界產業競爭並非只是經濟競爭，經濟競爭的背後總是或多或少與一定的政治利益緊密聯繫在一起的，各國參與世界產業競爭不可能完全脫離國家或民族的利益而實現純粹的「全球化」。因此，一國在經濟全球化時代積極參與全球產業結構體系時，還必須充分考慮本國產業結構的安全性。例如，日本農業的發展條件並不好，但日本政府始終不放棄對農業的保護，這就是根據自身產業體系安全的要求作出產業選擇的例子。

（3）產業結構的可持續發展。產業結構是一國資源配置的具體載體和資源的轉換器，優化產業結構的一個基本出發點是優化資源配置，增強結構轉換能力和提升產業競爭實力。這種能力能否長期的、可持續性的獲得，是我們在參與國際分工體系時必須認真思考的問題。

在全球化背景下，產業結構的可持續發展問題主要包括以下兩個方面：

一是比較優勢陷阱的問題。比較優勢是一國或一地區參與國際分工的基本出發點。根據比較優勢理論，在全球化背景下，各國應依據其自身生產要素稟賦條件來參與國際分工，分別發展其具有國際比較優勢的產業，而將相對劣勢的產業轉移到其他國家，從而讓世界各國都參與到全球產業體系之中，「各居其位，各司其職」。從理論上講，這是一種理想的、能夠讓全球產業體系發揮最大結構效應的狀態。但從現實角度來看，由於各國經濟發展水平的不同、生產要素稟賦條件的差異，各國在國際分工體系中處於不同的層次，所獲得的損益也是截然不同的。

發達國家在技術、資金方面的強大優勢使其在整個國際分工體系中處於較高的層次，不僅主導著全球產業的發展方向，而且掌控著全球產業價值鏈中收益最豐厚的環節；而發展中國家則陷入國際分工體系的底層，處於被動接受的地位，在勞動密集或自然資源密集的產業或生產經營環節中只能獲得微薄的收益。

從短期來看，發展中國家確實能從參與國際產業分工中獲得相應收益；但從長期來看，這種倚重於發展中國家現有比較優勢的產業結構普遍具有低層次發展的特點，不具有可持續發展后勁，隨著國際貿易條件的不斷惡化，將不可避免陷入每況愈下的比較優勢陷阱之中。因此，在評判一國產業結構優化與否時，我們更應該從生產要素動態優化的角度來考慮，這一點對於中國這麼一個發展中的大國有著特別的意義。

二是污染與環境保護的問題。21世紀倡導建立以人為本的和諧社會，任何一個社會想獲得長期、可持續性的發展，都離不了保護環境的問題。但在以國際產業轉移為主要方式的全球產業結構調整浪潮中，歐美發達國家紛紛將其高污染、高能耗的產業轉移到發展中國家；發展中國家在承接這些產業獲得產業技術提升、產業結構調整的同時，也承擔著由此帶來的「污染轉移」。

在全球化背景下，我們強調走新型工業化道路，強調人與社會、自然環境的和諧發展，走可持續發展的工業化道路。因此，對產業結構優化的評判應包含環境保護與可持續發展的內容。

(4) 產業國際競爭力的提升。一國產業結構優化效應的好壞最終體現在該國產業的國際競爭力上。所謂產業的國際競爭力，是指一國特定產業通過在國際市場上銷售其產品而反應出的生產力，它反應的是各國同產業或同類企業之間相互比較的生產力。從一國特定產業參與國際市場競爭的角度看，特定產

業的國際競爭力就是該產業相對於外國競爭對手的比較生產力。其基本判斷指標就是相關國家特定產業的產品的國際市場佔有率和贏利率。①

全球化進程中的一個突出特點就是「競爭」在國際經濟關係中的重要性越來越突出，越來越全球化。在新的歷史條件下，競爭已經不再作為單純的「手段」或「工具」存在，而已經逐步演變成為主權國家和企業生存與發展的核心動機，而各國也把競爭能力的提升擺到了前所未有的戰略地位。一國產業總體的國際競爭力並不只是其各產業的國際競爭力的簡單相加，它不僅涉及各國同類產業之間的比較生產力關係，而且還涉及各國產業結構之間的比較關係。可以說，對一國產業結構優化效應好壞的評判，最直接的指標就是該國產業國際競爭力的提升情況。

二、全球化視角下產業結構優化指標體系的建立

產業結構優化是促進一國產業發展、經濟增長的重要途徑。全球化視角下一國產業結構優化涵蓋了產業結構的高度化、合理化、開放化、安全化、可持續發展和產業國際競爭力提升等多個方面，它們之間既相互促進，又在一定程度上相互制約，其共同作用而形成一個適應全球化發展需要、確保本國在新時代發展利益的一國產業經濟系統。

基於以上的分析，我們嘗試性地建立一個與傳統優化指標體系有所差異的、全球化視角下的產業結構優化指標體系，即從封閉或相對封閉條件下單純強調產業結構的高度化、合理化，到全球化背景下以產業結構的開放化為基礎，以高度化、合理化為主幹，以產業國際競爭力提升為核心，兼顧安全性與可持

---

① 金碚，等. 競爭力經濟學 [M]. 廣東：廣東經濟出版社，2003：35-37、271-272.

續發展的產業結構優化指標體系（如圖2-5所示）。

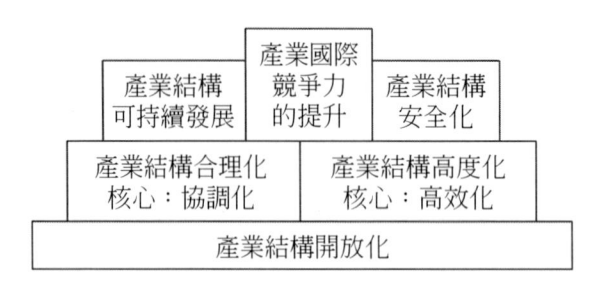

```
            ┌─────────┐
    ┌───────┤產業國際├───────┐
    │產業結構│競爭力│產業結構│
    │可持續發展│的提升│安全化│
    ├─────────┼─────────┤
    │產業結構合理化│產業結構高度化│
    │核心：協調化│核心：高效化│
    ├─────────────────────┤
    │      產業結構開放化      │
    └─────────────────────┘
```

圖2-5　全球化視角下一國產業結構優化指標體系

　　首先，在這個指標體系中，產業結構的開放化是經濟全球化時代一國產業結構優化的基本出發點。經濟全球化使各國的產業經濟發展相互聯繫，從而使一國將本國產業與世界產業經濟體系恰當地融合在一起，在市場機制的作用和政府政策的引導下，實現本國產業結構資源配置效率的提升。可以說，產業結構的開放化既是經濟全球化背景下各國必須面對的現實，也是各國基於世界產業資源和世界市場在更高層次上實現產業結構合理化和高度化的基礎。

　　其次，產業結構的合理化和高度化是經濟全球化時代一國產業結構優化的主幹。開放化使一國產業結構合理化和高度化的內涵有了新的拓展，而產業結構的合理化和高度化又反過來進一步促進了開放化。基於全球化視角的產業結構合理化依然以協調化為核心，強調本國產業發展與全球產業結構體系和國內各產業及產業內部等多層次的協調發展；而基於全球化視角的產業結構的高度化則更多地強調以高效化為核心，突出以國際競爭優勢為基礎的產業結構升級。這二者在動態變化中相互依賴、相互影響，互為因果又互相促進，共同構成產業結構漸進優化的動態過程。

　　再次，產業結構的安全化和可持續發展問題是在產業結構開放化的基礎上所延伸出來的新的內容，也是全球化時代一國

產業結構優化的重要內容。從長遠來看,全球化時代產業結構的合理化和高度化脫離不了產業結構的安全化和可持續發展,這一點對於在國際分工層次和全球產業結構體系中處於不利地位的廣大發展中國家來說,具有尤其重要的意義。

只有一國產業結構具備了安全性,才有自主發展和主動選擇的可能,也才能確保本國產業利益的實現,否則實現基於全球化下一國產業結構優化無從談起。也只有一國產業結構具有了可持續發展潛力,才能在長期的全球競爭中處於有利地位。當然,安全化和可持續發展提升了非經濟效益指標在產業發展中的作用,其實現將在一定程度上對產業結構的開放程度、合理化和高度化產生限制,但這種限制對於實現國家利益是必需的。[1]

最后,本優化指標體系強調全球化時代產業結構優化的核心是產業國際競爭能力的提升。在全球競爭日益激烈的 21 世紀,「產業必須朝全球市場邁進,因為技術、客戶需求、政府政策和國際基礎建設等方面的變化,會使各國企業的經濟態勢也有相當大的差距,從而使全球競爭戰略的重要性日增。」[2] 可以說,產業國際競爭力的提升是全球化下一國產業結構優化的最主要的目的。

綜上所述,基於經濟全球化的產業結構優化是當今世界各國在新時期的一項重要戰略。

產業結構變動是經濟發展中的客觀現象,積極研究和主動利用產業結構變動的規律來促進本國產業發展是一國產業政策的重要內容。傳統封閉條件下的產業結構調整主要是從不同發展階段的產業構成和一般產業結構演進規律,以產業結構的合

---

[1] 參見:唐志紅. 經濟全球化下一國產業結構優化:一般理論及中國的運用 [D]. 中國學術期刊網,2005:120-121.

[2] 邁克爾·波特. 國家競爭優勢 [M]. 李明軒,邱如美,譯. 北京:華夏出版社,2002:57.

理化和高度化為中心的產業結構優化，政策的著力點是推動一國工業化的進程，或研究不同經濟發展階段的主導產業選擇及發展問題。而基於經濟全球化發展的時代特點，各國都立足於本國產業經濟的戰略利益，從平衡資源、環境、競爭、市場、現實及目標之間的關係角度出發，在參與全球產業分工中實現對本國產業結構的調整與優化，這是新時期產業結構調整的新特點和新要求。

不同產業發展水平和目標的國家其產業結構優化路徑和目標都存在著差異。對發達國家而言，基於經濟全球化優化本國產業結構，可使發達國家繼續保持在全球產業發展中的主導權，獲得更多的國際產業分工收益。對廣大發展中國家而言，基於經濟全球化優化本國的產業結構是其利用后發優勢，實現經濟追趕，縮短與發達國家經濟發展水平的差距之必須。① 但是，發達國家主導了當前全球產業調整浪潮的方向和進程，如何在參與全球產業分工體系中確保本國的發展利益、實現本國經濟社會可持續發展目標，是擺在廣大發展中國家面前的現實問題。

可以說，在封閉經濟條件下，產業結構調整主要是通過一國經濟內部要素流動與配備來實現的，而在全球化的開放經濟條件下則通過國際生產要素流動和配置以及產業的國際轉移來實現產業的升級和轉換，國際直接投資是其中的一項非常重要的國際因素。這不僅包括對外投資、轉移國內劣勢產業以實現國內產業結構的調整，而且還包括通過吸引外資獲得經濟結構調整所需的資金、技術及管理經驗等來推動國內產業結構之間的調整以及產業內部的優化升級，這是每一個國家都必須面對的重大課題。

---

① 參見：唐志紅．經濟全球化下一國產業結構優化：一般理論及中國的運用[D]．中國學術期刊網，2005：5-6．

第三章
國際直接投資與全球產業結構調整浪潮

自從19世紀中期出現產業資本國際性大流動以來，對外直接投資（FDI）作為一種重要的國際經濟活動，經歷了產生、發展和擴大的過程。進入20世紀80年代以來，隨著經濟全球化的發展，國際直接投資迅速超越了國際貿易活動，取得了前所未有的迅猛發展，成為當今國際經濟活動中居於首位的國際經濟聯繫方式。據聯合國貿易和發展會議的統計，1985—2004年國際直接投資以年均約30%的速度飛速發展，是同期世界出口年均增長率的4倍多；截至2004年年底全球國際直接投資存量總額已高達9萬億美元，跨國公司海外子公司2004年實現銷售收入約19萬億美元，是1982年6.75倍；跨國公司海外生產總值占全球GDP的比重已從1982年的不足5.5%增長至2004年的9.6%。[①]

　　國際直接投資既是全球經濟一體化的產物，也是推動全球經濟一體化的重要推動力量。國際直接投資促使了生產要素在國際間流動，促使了生產要素輸出國和轉入國的產業結構調整與優化，並形成了新的國際產業分工關係。21世紀初的全球產業結構調整浪潮正是以跨國公司為主要載體、以國際直接投資為主要方式，通過產業的國際轉移來實現產業資本輸出國和接受國進而是全球的產業結構調整浪潮。

---

　　① 數據來源：根據聯合國貿易和發展會議在《2005年世界投資報告》中的相關數據計算得出。

第一節　國際直接投資及其發展的歷史考察

一、國際直接投資的內涵與類型

1. 國際直接投資的內涵

國際直接投資（相對於東道國來說即為外商直接投資或外國直接投資或海外直接投資，簡稱為 FDI：Foreign Direct Investment），是指一國或一地區的投資者在本國或本地區以外的國家或地區進行企業投資，參與生產經營並掌握一定經營控製權的投資行為。聯合國貿易與發展會議認為，國際直接投資資本有如下三種具體表現形式：①股權資本，即對外直接投資者在本國之外擁有的企業股權；②利潤再投資，即對外投資者用於再投資的國外分支機構股份（直接參股比例）的未分配紅利或未匯回的收益；③企業內貸款（或稱企業內債務），即投資母公司與其海外分支企業之間的短期或中長期貸款。[1]

從理論上講，國際直接投資與國際間接投資的根本區別在於是否獲得投資企業的有效控製權。但嚴格來講，如何判斷有效控製權的標準並不明確（小島清，1981）。在某種情況下，可能僅獲得10%的股份就可以獲得有效控製權；但其他情況下，則可能是即使獲得49%的股份，也不能獲得有效控製權。因此，現實中很難有一個明確而統一的量化標準，需要根據具體情況來加以判斷。

筆者認為，國際直接投資與國際間接投資有本質的差異，具體表現為以下幾個方面：

---

[1] 聯合國貿易與發展會議. 2002年世界投資報告 [M]. 冼國明, 譯. 北京：中國財政經濟出版社, 2003：253.

（1）投資資本的構成與投向不同。國際直接投資和國際間接投資都會導致資本的國際性流動，但前者是產業性資本流動，投資資本中除了貨幣資金流動之外，還包括技術、品牌、管理經驗甚至原材料、生產設備、勞動力等生產要素的跨國流動，其主要為投向國外市場的產業部門（或稱實業部門）；而后者則是金融性資本流動，是單一的貨幣資金流動，其投向主要集中在國外的資本市場，如股票市場、債券市場與金融借貸市場等。

（2）投資的目的不同。國際直接投資的主要目的是獲得生產經營權以獲得長期穩定的投資收益，其往往更看重東道國的投資環境和投資政策等長期的宏觀因素；而間接投資的目的主要在於股息或利息收益，其往往更看重短期收益。

（3）投資者的權限不同。不管是新建、併購、合資還是獨資，國際直接投資者往往需要親臨東道國參與被投資企業的經營管理活動，擁有被投資企業的有效控製權；而間接投資者一般僅擁有被投資企業的小部分股權，並不參與被投資企業的經營管理活動，無有效的控製權。

（4）投資週期與投資風險不同。國際直接投資的週期多為長期，一經投入往往需要經過多年才能收回投資成本與獲得收益，投資者往往要承擔跨國生產經營過程中的所有風險，尤其是海外獨資方式；而間接投資的週期則較短，風險也要小得多，一般不存在生產經營性風險，即使出現了投資收益風險，也可以通過資本市場出售股權或債權，迅速收回投資，靈活性較強。

總的來說，與間接投資不同，國際直接投資是產業資本國際流動的主要方式之一，產業資本的國際流動不僅可以彌補東道國的投資缺口，而且還能帶來一攬子生產要素的國際轉移，從而促進國際貿易、技術進步和生產效率的提高，推動投資國和被投資國的經濟增長與產業結構調整。

2. 國際直接投資的主要類型

我們可以根據國際產業資本的流向、投資國和被投資國

(東道國）之間的社會經濟水平的差異，將國際直接投資分為三種基本類型。

（1）水平型投資（Horizontal FDI）。水平型投資是指在要素稟賦和經濟技術發展水平相近或相似的國家之間的相互投資，跨國投資企業在國外設立分支機構直接生產與母公司產品相同或相近的產品以供應當地市場，其投資動機主要在於國外的銷售市場，因此又稱作市場需求型 FDI。

（2）垂直型投資（Vertical FDI）。垂直型投資是指在要素稟賦不同的國家之間的投資，主要是指經濟技術水平較高的發達國家跨國公司向經濟技術水平發展較低的發展中國家與地區的投資，跨國投資企業根據各國的比較優勢，將生產的不同階段分佈於不同國家，其產品主要返銷母國或第三方市場。其投資的動機主要在於利用國際間要素稟賦的差異，將生產環節放在成本相對較低的發展中國家與地區，因此又稱作效率尋求型 FDI。

（3）逆向型投資（Inverse FDI）。逆向型投資是指處於經濟技術發展劣勢的發展中國家的企業向經濟技術水平先進的發達國家的投資。這是近幾年來隨著發展中國家經濟實力的發展所興起的一種比較新穎的投資模式。

傳統的國際直接投資理論認為，一國企業要實現跨國投資與經營必須擁有一定的壟斷優勢，如先進的技術、知名的品牌或科學的管理模式，以獲得比東道國市場上競爭對手更強的市場競爭力；否則無法生存。以發達國家跨國公司為主導的水平型投資和垂直型投資是傳統的對外直接投資模式，理論上已有了相當豐富的研究成果。在實踐中，發達國家是資本的主要流出地，發達國家之間以及發達國家向發展中國家的投資占了全球 FDI 投資總量的 90% 以上，是對外直接投資的主流。

但隨著近些年來發展中國家經濟實力的發展，逆向型投資

已成為一個不容忽視的現象。可以說，逆向投資是發展中國家企業適應經濟全球化背景下投資主導型國際分工和全球競爭挑戰的一種必然選擇，也是發展中國家參與國際競爭、提高國際競爭力的一個重要途徑。就其動機來看，逆向型投資具有明顯的階段性、層次性與變動性。吳彬、黃韜（1997）、劉海雲（1998）等認為，發展中國家的對外直接投資應分為兩個階段：學習與經驗累積階段和利用企業優勢拓展階段。投資的階段性導致了投資目的的層次性，投資企業一般會經歷從獲得投資經驗、瞭解東道國市場到獲得補償性資產再到獲得企業競爭優勢的過程。因此在一定程度上，逆向投資又稱為優勢獲取型FDI。[①]

二、國際直接投資發展的歷史考察

從歷史發展的進程來考察，資本在國際範圍內的流動首先表現為商品資本的流動，即國際貿易；其次表現為貨幣資本的流動，即以國際借貸、國際證券投資為主要形式的國際間接投資；最後表現為產業資本的流動，即國際直接投資。產業資本的國際化流動是資本在國際範圍內運動的最高形式，在不同的發展階段具有不同的特點。

早期的國際直接投資大約出現於19世紀中期的西歐，它是在工業革命不斷發展的基礎上，適應資本主義殖民擴張的需要而發展起來的。從商品輸出到資本的輸出，是資本主義發展的必然規律。資本的國際流動不僅體現了生產國際化的要求，也是資本追求剩餘價值的本質所決定的，由於資本是在不斷地運動中尋求增殖與發展的，並具有無限擴張的趨勢，因此必然使資本的循環和增殖過程超出一國範圍向外延伸，形成資本的國

---

① 楊潤生. 逆向型FDI動因理論與逆向FDI動因探討［J］. 廣東經濟管理學院學報，2005（6）.

際運動。「不斷擴大產品銷路的需求，驅使資產階級奔走於世界各地……它必須到處落戶、到處創業、到處建立聯繫。」正是資本的這種國際性本質，促使它「衝破了封建社會地域和國家割據的羅網，建立了統一的、無所不包的世界資本主義體系。」[1]

　　隨著世界市場的逐步形成以及國際商品資本、貨幣資本的發展，進一步加深了國際分工，促進了社會生產力的發展，資本在國際間的流動要求採取更高的形式，於是國際直接投資應運而生。國際直接投資的產生與跨國企業的出現是密不可分的，跨國公司是產業性資本跨國流動的主要載體。19世紀中期開始出現了具有現代意義的跨國公司，如：美國的勝家（Singer）縫紉機器公司、西屋電氣公司、英國的帝國化學公司、瑞士的雀巢公司等，標誌著國際直接投資的正式產生。

　　在第一次世界大戰爆發前的40多年裡，世界經濟一體化程度得到了飛躍式的發展，主要表現在：①國際貿易規模急遽擴大，國際貿易越來越成為許多國家參與國際經濟競爭的主要方式，主要西方國家的出口貿易的增長高於其國內經濟的增長。②勞動力市場的國際化達到前所未有的程度，勞動力跨國遷移的自由度大大增強，移民數量增長迅猛；1870—1915年間有3600多萬人離開歐洲，其中大部分到了美國；中國和印度遷移到東南亞各國的移民甚至超過歐洲移民，而歐洲內部的移民也達到相當規模。[2] ③國際投資得到了極大的發展，但投資形式仍以國際間接投資為主。基於當時的國際政治經濟格局，國際直接投資主要表現為資本主義宗主國（以老牌資本主義國家英國、法國、德國、荷蘭等為主）憑藉其政治、經濟、軍事優勢，對

---

[1]　中共中央馬克思恩格斯列寧斯大林著作編譯局. 馬克思恩格斯選集：第一卷 [M]. 北京：人民出版社，1995：274-275.
[2]　李東陽. 國際直接投資與經濟發展 [M]. 北京：經濟科學出版社，2002：13-15.

其殖民地國家進行的垂直型投資，其帶有濃厚的「帝國主義資本輸出」的色彩，資本輸出成了促進商品輸出的主要手段。

兩次世界大戰給人類社會帶來了空前的浩劫，1929—1933年的全球經濟大危機又帶來了整個世界經濟的蕭條。在戰火紛飛、動盪不安的國際大環境下，國際直接投資的發展受到了重大挫折，處於停滯乃至倒退的狀態，決定海外投資因素已不再是經濟因素，而是政治因素。在此期間，英國、法國、德國、荷蘭、義大利等老牌帝國主義國家的經濟實力遭到了極大的削弱。出於戰爭考慮，各國嚴格限制本國資本的外流，同時大量拋售海外資產或將資產轉移到相對安全的美國、瑞士等國。與此相對應的是，大發戰爭財的美國成了兩次世界大戰的最大贏家，一躍成為了全球最大的資本輸出國。

第二次世界大戰結束后，國際政治經濟局勢相對穩定，隨著各國經濟的恢復與發展，國際直接投資也得到了迅速的恢復與飛速的發展。從1946年到現在的半個多世紀的發展，可以將其劃分為三個時期：

第一時期為恢復發展期（1946—1960年）。兩次世界大戰讓各交戰國的生產力受到極大的破壞，無論是英、法、荷、比等戰勝國，還是德、意、日等戰敗國，都面臨著重建家園、恢復建設的問題，此時它們基本上沒有對外投資的能力和意願。直到20世紀50年代末期，它們才開始恢復對外投資，但其規模也比較有限，具有明顯的恢復特徵。而遠離戰場、大發戰爭財的美國則一躍成為世界頭號經濟強國，成為全球最大的資本輸出國。到1960年年底，美國的對外直接投資存量幾乎占了全世界存量的一半，達48.3%，而整個發展中國家和地區的對外直接投資存量僅占到1.1%。[1]

---

[1] DUNNING J H. Multinational Enterprises and the Global Economy [M]. Addison‑Wesley Publishing Company, 1993: 117.

這一時期，國際直接投資主要集中在製造業和資源開採業。各國經濟的快速復甦對資源的需求大幅增加，為保證國內生產所需的原材料、能源等供應，歐美跨國公司的資本主要集中在發展中國家的採礦、石油等原材料與能源行業。

第二個時期為快速增長時期（1961—1980 年）。20 世紀 60 年代以來，國際政治經濟格局相對穩定，全球生產力得到了極大的恢復和發展，各國經濟聯繫日益增強，進入了被西方學者稱之為的「戰後發展的黃金時期」。在此良好的國際大背景下，國際直接投資獲得了飛速的發展，發達國家對外投資的規模急遽擴大，僅美國、英國、法國、聯邦德國、日本五國的對外投資總額 1970 年就達到 1040 億美元，比 1950 年增長了近 10 倍，比 1960 年增長了 1.5 倍。20 世紀 70 年代的兩次世界性石油危機使戰後高速發展的世界經濟處於轉折時期，但上述五國的對外直接投資仍然保持較強勁的增長，1980 年其對外投資總額高達 3628 億美元，比 1950 年增長了 29 倍，比 1960 年增長了 6 倍多。[①]

20 世紀 70 年代中後期的兩次世界性石油危機讓西方國家紛紛陷入「滯脹」泥潭，經濟轉入低速增長，對外貿易發生了較大困難，但逐利的本能與國際分工的進一步深化卻促進了對外直接投資的迅速發展。國際分工的進一步深化表現在：傳統的以自然資源為基礎的國際分工逐步發展為以現代工藝、技術為基礎的分工；各產業部門間的分工逐步發展到各個產業部門內部的分工，進而發展到以產品專業化為基礎的分工，沿著產品界線所進行的分工逐步發展到沿著生產要素界線所進行的分工；從產業分工的形成機制來看，由市場自發力量決定的分工向由企業（主要是跨國公司）經營的分工和由地區產業集團成員內組織的分工發展，出現了產業協議在國際範圍內、跨國公司間的分工。

---

① 武海峰，等．國際直接投資發展研究［M］．北京：中國財政經濟出版社，2002：20．

國際直接投資的持續發展是國際分工不斷深化的必然反應。

這一時期,國際直接投資的產業流向發生了較大的變化。隨著各國經濟的迅速恢復,歐美跨國公司投入到發展中國家採掘業的資金比重開始大幅下降,製造業的投資比重迅速上升;而發達國家之間的相互投資開始成為國際直接投資的主流,且一般都集中在資本密集、技術先進的新興工業部門。一枝獨秀的美國開始被聯邦德國、日本等后起之秀迅速追趕,美國雖然仍穩居世界第一對外投資大國的地位,但與其他發達資本主義國家的差距大大縮小了。1965 年美國對外直接投資總額分別是英國、法國、聯邦德國、日本的 4 倍、15 倍、13 倍、45 倍;但到了 1979 年年底,以上數據分別變為 4 倍、12 倍、5 倍、8 倍。①

另外,民族獨立解放運動的興起,發展中國家為保衛本國資源和民族經濟的獨立性,紛紛對外資企業採取了國有化、民族化的政策,對外國投資商所擁有的股權採取了種種限制和管理措施。殖民資本壟斷的格局被打破,迫使歐美跨國公司改變投資方式,降低對海外資產的控製權,與發展中國家進行合資經營甚至非股權參與方式②開始大量湧現。

第三個時期為穩定增長時期(1980 年至今)。進入 20 世紀 80 年代以來,以美國為首的主要西方發達國家的對外直接投資呈緩慢增長勢頭。從總體來看,總規模仍不斷擴大,但增長速度明顯放慢,進入穩定增長時期。當然,與經濟發展的不平衡相一致,各西方國家的對外直接投資增長速度並不一致。對外投資起步早、基數大、經濟發展速度慢的國家的增長較為緩慢。

---

① UNCTC. Transnational Corporations in World Development. New York, 1985: 207.

② 所謂非股權參與方式是指跨國公司在東道國的公司中不參股,只通過與股權沒有直接關係的技術、管理、銷售渠道等各種服務或技術的許可,與東道國公司保持緊密的聯繫,並從中得到各種收益。其主要形式包括:許可證貿易、特許經營、合同製造、管理合同輸出、交鑰匙工程等。

如美國，1981年對外直接投資存量為2283億美元，到了1990年增長為3949億美元，10年間年均增長率僅為17.3%。而對外投資起步晚、基數相對較小的國家的對外投資增長速度仍然較高，如日本對外直接投資存量在1980年僅為365.2億美元，到1990年就猛增到2024.5億美元，年均增幅達51%。

發展中國家以更為積極的姿態參與國際直接投資，但仍處於從屬的地位，其對外直接投資總量僅占全球對外直接投資總量的15%左右。美國、西歐、日本成為了國際直接投資領域的「大三角」，無論是對外直接投資流入量，還是流出量，此「大三角」都占了全球的絕大多數份額。如：1998年此「大三角」的國際直接投資流入量與流出量分別占全世界總額的67.40%和86.79%。而作為對外直接投資的主體、在世界經濟中起著舉足輕重作用的跨國公司，也基本上為此「大三角」所擁有。以1998年為例，全球最大的100家大型跨國公司中，美國26家，西歐51家，日本17家，其他國家僅有6家。①

進入20世紀90年代以來，以美國為主的歐美發達國家開始步入知識經濟時代，信息技術業的發展帶動了整個服務業的發展，並使之成為知識密集程度最高的產業，擁有極強的壟斷優勢。與服務業相比，製造業的壟斷優勢相對削弱，歐美資本開始向服務業大幅傾斜。以美國對外直接投資情況為例，20世紀90年代以來投在製造業的資金比重逐年下降，到1998年已下降到28%；而投在服務業的資金比重逐年上升，到1998年已上升至60%左右。②

隨著知識經濟、信息技術的飛速發展，經濟全球化浪潮的

---

① UNCTAD. World Investment Report 2000 [M]. New York：United Nations Publication, 2000: 76.

② UNCTAD. World Investment Report 2000 [M]. New York：United Nations Publication, 2000: 55-56.

兴起對全球經濟的發展帶來了極大的衝擊，尤其是進入21世紀以來，愈演愈烈的全球化趨勢讓世界各國的聯繫更加緊密，互動性更強；國際直接投資無論是在投資規模、投資流向，還是投資方式、產業分佈等方面，都出現了新的發展、新的特點。

第二節　經濟全球化趨勢中的國際直接投資

經濟全球化是世界各國在生產、分配、交換、消費環節的全球一體化趨勢，是生產力和資源在全球範圍內的轉移活動，這是世界各國通過貿易、資金流動、技術創新、信息網絡和文化交流等方式在世界範圍內的高度融合，形成前所未有的聯繫日益緊密的相互依賴、相互影響的國際政治經濟關係。

經濟全球化是一個動態過程，其主要推動力量是高新技術的迅速發展及貿易和投資自由化的蓬勃興起。經濟全球化包括貿易全球化、生產全球化、金融全球化、市場全球化、世界經濟組織全球化等多個方面，其中貿易全球化和生產全球化是兩個最重要的組成部分。因為經濟全球化的實質就是通過商品和服務貿易、資本的跨國流動以及由此引起的一攬子生產要素的跨國流動，促進資源在全球範圍內的合理配置。而貿易全球化與生產全球化的主要推動力量則是貿易的自由化與投資的自由化，這二者被稱為全球經濟一體化的主動輪。

20世紀80年代后期以來，信息技術的高速發展帶來全球產業技術的大革命、大發展，蘇東劇變、冷戰結束和全球市場化改革的不斷深入，導致全球統一大市場逐步形成，經濟一體化開始在全球範圍內大規模、全方位地展開，給世界各國及整個世界帶來了前所未有的廣泛而深遠的影響。進入21世紀以來，

經濟全球化浪潮愈演愈烈，成為了不可逆轉的歷史潮流。在全球化浪潮的衝擊和影響下，國際直接投資在投資環境、區位、行業和方式等方面出現了一系列重大變化。

一、全球經濟的一體化與國際直接投資政策的自由化

貿易與投資自由化既是全球經濟一體化的產物，又是全球經濟一體化的強大推動力。正是貿易與投資自由化的加速發展推進了世界經濟全球化的進程，反過來，經濟全球化的發展又要求貿易與投資自由化的進一步完善來與之相適應。貿易與投資自由化極大地提高了生產力的發展水平，各國經濟發展的實際情況已經證明，凡是實行對外開放和經濟自由化政策的國家，經濟增長就快，人民生活水平提高也快。

雖然目前關於國際直接投資政策自由化內涵的理解尚存在一定的分歧，但一般認為，國際直接投資政策自由化包括以下動態過程：①減輕或取消由於專門針對（也是歧視性）外國投資者的限制（如設置進入壁壘）以及由於對外國投資者實行給予或拒絕給予鼓勵和補貼所導致的市場扭曲；②加強對外國投資者的某些積極的待遇標準（如：國民待遇、最惠國待遇、公平和平等的待遇等）；③加強市場監管，確保市場的正常運轉（如：競爭規則、信息披露和審慎監管等）。在上述三項因素中，前兩項是核心，但其效應的發揮在很大程度上又依賴於第三因素。國際直接投資政策自由化的目標在於建立消除歧視（或優惠）、充分競爭、有序運行的市場環境。[1]

從20世紀90年代以來，世界各國尤其是發展中國家紛紛從原來的限制外商直接投資政策向歡迎和鼓勵外商投資的政策轉變。從各國外資政策和法規變化來看，1991—2004年，東道國

---

[1] 聯合國跨國公司與投資司. 1998年世界投資報告 [M]. 北京：中國財政經濟出版社，2000：97.

（絕大多數是發展中國家）對外商直接投資管理政策和法規的調整多達2156項，其中有2006項是為了創造對外商直接投資更有利的環境，占總數的93%。僅在2004年就有102個國家進行了271項規制變化，其中有235項對外商直接投資是更有利的（見表3-1）。

表3-1 1991—2004年的世界各國對引資制度實行的改革

年份 項目	1991	1992	1993	1994	1995	1996	1997	1998	1999	2000	2001	2002	2003	2004
投資制度實行改革的國家數目	35	43	57	49	64	65	76	60	63	69	71	70	82	102
規範改革的數目	82	79	102	110	112	114	151	145	140	150	208	248	244	271
其中：更有利於外商直接投資的	80	79	101	108	106	98	135	136	131	147	194	236	220	235
更不利於外商直接投資的	2	—	1	2	6	16	16	9	9	3	14	12	24	36

數據來源：根據聯合國貿易與發展會議在《2005年世界投資報告》中的資料匯編。

在雙邊協議層次上，各國之間簽訂的雙邊投資保護協定（BITs）和避免雙重徵稅協定（DITs）的數量不斷增加。截至2004年年底，雙邊投資保護協定達2392個，避免雙重徵稅協定達2559個，分別是1980年的14倍和3.5倍，其中發展中國家之間締結的此類條約較多。在多邊協議層次上，世界貿易組織、世界銀行、聯合國貿易和發展會議等國際性組織也先後達成了一系列減少市場進出入壁壘、促進投資自由化的協議，如《與貿易有關的投資措施協定》、《服務貿易總協定》等。

國際直接投資政策自由化無疑有助於促進東道國擴大引進外國直接投資的規模，但也不能盲目樂觀。[①] 東道國引進外商直

---

① 李東陽. 國際直接投資與經濟發展 [M]. 北京：經濟科學出版社，2002：26-28.

接投資規模是東道國投資環境中眾多構成要素綜合作用的結果，國際直接投資政策自由化僅是其中的一項構成要素。對於那些國際直接投資政策自由化進程快，但國內投資環境無實質性改善的發展中國家，想要獲得長期良好的外商直接投資產業效應的難度是比較大的。

二、以發達國家跨國公司為主導的國際投資主體的新發展

發達國家的跨國公司一直是國際直接投資的主體，也是推動經濟全球化的主要力量。經濟全球化從本質上來說，就是生產要素在全球範圍內以空前的速度和規模流動，實現資源的優化配置，並為此而逐步削減各種障礙和壁壘。經濟全球化的主要特徵是生產全球化、資本全球化和市場全球化。

可以說，離開了跨國公司，經濟全球化就難以推進。首先，跨國公司在全世界設立工廠，「以世界為工廠，以各國為車間」的全球性生產專業化協作體系的建立，促進了生產的全球化。跨國公司的內部分工與對外經濟活動擴大了世界經濟與東道國、投資母國經濟的聯繫，加深了世界各國之間的生產、流通、銷售、技術、研發等方面的合作。其次，跨國公司的分支機構設立在世界各地，使得跨國公司的資金流動跨越國界。即使在一些對國際資本進行嚴格管制的國家，跨國公司也可以利用其龐大的全球分支機構網絡，通過內部融資、轉移定價等方法來實現資金的跨國流動，這對全球資本市場的一體化起到了極大的推動作用。最后，跨國公司是市場全球化和貿易自由化的助推器，通過跨國貿易公司和跨國零售公司的市場仲介，東道國企業增強了與國外的聯繫，外資企業的本地化使東道國企業加強了與國際市場的聯繫；而跨國公司還可以通過其日益龐大的組織結構實現公司內部交易，繞開貿易壁壘。目前全球跨國公司

內部貿易額約占到全球貿易總額的40%，占國際技術貿易的60%～70%，有力地推動了市場全球化的進程。[①] 此外，近年來跨國公司為應對經濟全球化而進行的大量戰略調整，如進行企業流程再造、強化核心競爭力，大力進行知識型投資，技術研發的國際化以及全球性公司的興起，無疑都加速了全球化的進程。

在對外直接投資中，發達國家的大型跨國公司仍是FDI的主角，其自身規模極大且占全球FDI的比重也很大（見表3-2）。這些跨國公司不僅自身規模極大，一個跨國公司的年產值甚至超過一個中等發達國家的年國民生產總值，已成為一個名副其實的「巨無霸」。另外，這些跨國公司已成為「國際性巨型章魚」，利用其所掌控的資金、技術、品牌、銷售渠道、稀缺生產要素等資源，通過各種渠道對東道國的政治經濟、技術發展、產業結構優化乃至於文化意識等施加影響。

20世紀90年代以來，在經濟全球化、金融自由化浪潮的推動下，跨國併購之風盛行，傳統居於首位的新建投資方式（又稱為綠地投資Greenfield Investment）逐漸居於從屬的地位。在此次的跨國併購浪潮中，發達國家跨國公司占據了主導地位，其相互之間的併購業務多、交易規模巨大、全球性整合特色突出，如1999年全世界超過1億美元的跨國併購案達109筆，前10筆併購交易總額高達2205億美元，其中，最大的一筆為英國沃達豐集團（VG）斥資603億美元收購美國空中通訊（ATC）[②]。據聯合國貿易和發展會議《2000年世界投資報告》的相關數據顯示，1999年全世界併購總額高達7201.09億美元，是1990年

---

① 彭迪雲，甘筱青. 跨國公司發展論［M］. 北京：經濟出版社，2004：30-32.

② UNCTAD. World Investment Report 2000［R］. New York and Geneva：United Nations Publication，2001：234-238.

表 3-2　2003 年全球非金融類跨國公司 25 強（按國外資產規模排名）　單位：百萬美元和雇員人數

排名: 國外資產	TNI[b]	II[c]	公　司	母經濟體	產　業	資產 國外	資產 總計 I	銷售額 國外	銷售額 總計	雇員 國外	雇員 總計	子公司數目 國外	子公司數目 總計	TNI[b] (百分比)	II[c]
1	77	37	通用電氣	美國	電器和電子設備	258,900	647,483	54,086	134,187	150,000	305,000	1068	1398	43.2	76.39
2	7	95	沃達豐集團	聯合王國	電信	243,839	262,581	50,070	59,893	47,473	60,109	71	201	85.1	35.32
3	72	12	福特汽車公司	美國	機動車輛	173,882	304,594	60,761	164,196	138,663	327,531	524	623	45.5	84.11
4	90	65	通用汽車	美國	機動車輛	154,466	448,507	51,627	185,524	104,000	294,000	177	297	32.5	59.60
5	10	78	英國石油公司	聯合王國	石油開採/冶煉/分銷	141,551	177,572	192,875	232,571	86,650	103,700	60	117	82.1	51.28
6	31	41	埃克森美孚公司	美國	石油開採/冶煉/分銷	116,853	174,278	166,926	237,054	53,748	88,300	218	294	66.1	74.15
7	22	80	荷蘭殼牌集團	聯合王國/荷蘭	石油開採/冶煉/分銷	112,587	168,091	129,864	201,728	100,000	119,000	454	929	71.8	48.87
8	68	94	豐田汽車公司	日本	機動車輛	94,164	189,503	87,353	149,179	89,314	264,410	124	330	47.3	37.58
9	16	48	道達爾	法國	石油開採/冶煉/分銷	87,840	100,989	94,710	118,117	60,931	110,783	419	602	74.1	69.60
10	62	69	法國電信	法國	電信	81,370	126,083	21,574	52,202	88,626	218,523	118	211	48.8	55.92
11	14	58	蘇伊士	法國	電、氣、水供應	74,147	88,343	33,715	44,720	111,445	172,291	605	947	74.7	63.89
12	89	34	法國電力公司	法國	電、氣、水供應	67,069	185,527	16,062	50,699	51,847	167,309	204	264	32.9	77.27
13	80	63	E. On 能源	德國	電、氣、水供應	64,033	141,260	18,659	52,330	29,651	69,383	478	790	41.2	60.51
14	85	74	德意志電信	德國	電信	62,624	146,601	23,868	63,023	75,241	248,519	97	178	37.0	54.49
15	59	67	RWE 集團	德國	電、氣、水供應	60,345	98,592	23,729	49,061	53,554	127,028	377	650	50.6	58.00
16	23	23	和記黃埔	中國香港	多種經營	59,141	80,340	10,800	18,699	104,529	126,250	1900	2350	71.4	80.85
17	32	40	西門子公司	德國	電器和電子設備	58,463	98,011	64,484	83,784	247,000	417,000	753	1011	65.3	74.48
18	53	46	大眾汽車集團	德國	機動車輛	57,853	150,462	71,190	98,367	160,299	334,873	203	283	52.9	71.73
19	21	35	本田汽車公司	日本	機動車輛	53,113	77,766	54,199	70,408	93,006	131,600	102	133	72.0	76.69
20	34	89	維旺迪	法國	多種經營	52,421	69,360	15,764	28,761	32,348	49,617	106	238	65.2	44.54
21	42	83	雪佛龍德士古公司	美國	石油開採/冶煉/分銷	50,806	81,470	72,227	120,032	33,843	61,533	93	201	59.2	46.27
22	3	30	新聞公司	澳大利亞	傳媒	50,803	55,317	17,772	19,086	35,604	38,500	213	269	92.5	79.18
23	65	29	輝瑞制藥	美國	制藥	48,960	116,775	18,344	45,188	73,200	122,000	73	92	47.5	79.35
24	93	85	義大利電信公司	義大利	電信	46,047	101,172	6,816	34,819	14,910	93,187	33	73	27.0	45.21
25	50	18	寶馬公司	德國	機動車輛	44,948	71,958	35,014	47,000	26,086	104,342	129	157	54.0	82.17

資料來源：聯合國貿易和發展會議. 2005 年世界投資報告 [R]. 2006, A. I. 9.

a. 除非另有說明，所有數據以公司年度報告為依據。
b. TNI 是跨國性指數的縮寫，用以下三種比率計算：國外資產與總資產比率，國外銷售與總銷售量比率，國外雇員與總雇員比率。
c. II 是國際化指數的縮寫，以子公司數除以總子公司數目計算。
d. 本表中統計的子公司僅指擁有多數股權的子公司。

全世界併購總額的 4.78 倍,其中居於跨國併購前五名的國家或地區,無論是購買方還是出售方,都是歐美日等發達國家,而且從交易金額來看,發達國家分別占 94% 和 89.5%(見表 3-3)。

表 3-3　　　　　1999 年跨國併購的基本情況表　　　　單位:億美元

	1990 年		1995 年		1999 年	
	國家或地區	購買額	國家或地區	購買額	國家或地區	購買額
排名前五的購買國	美國 英國 法國 日本 瑞典	276.27 258.73 218.28 140.48 125.72	美國 英國 德國 加拿大 瑞士	573.43 296.41 185.09 124.91 98.36	英國 美國 德國 法國 荷蘭	2095.43 1124.26 844.21 829.51 484.29
全球總體情況	發達國家 發展中國家 中東歐 未指明國家 全世界	1432.16 70.35 — 3.25 1505.76	發達國家 發展中國家 中東歐 未指明國家 全世界	1737.32 127.79 0.59 0.23 1865.93	發達國家 發展中國家 中東歐 未指明國家 全世界	6772.96 412.45 15.50 0.18 7201.09
	1990 年		1995 年		1999 年	
	國家或地區	出售額	國家或地區	出售額	國家或地區	出售額
排名前五的出售國	美國 英國 法國 德國 加拿大	546.97 291.02 81.83 62.20 57.31	美國 英國 澳大利亞 加拿大 瑞典	532.37 363.92 173.60 115.67 94.51	美國 英國 瑞典 德國 荷蘭	2330.32 1253.03 596.18 419.38 384.94
全球總體情況	發達國家 發展中國家 中東歐 未指明國家 全世界	1324.39 160.52 2.85 — 1505.76	發達國家 發展中國家 中東歐 未指明國家 全世界	1645.89 159.66 59.38 1.00 1865.93	發達國家 發展中國家 中東歐 未指明國家 全世界	6445.90 645.50 91.24 18.46 7201.09

資料來源:UNCTAD. World Investment Report 2000 [R]. New York and Geneva: United Nations Publication, 2001: 240-248.

進入21世紀以來，發達國家仍是FDI的投資主體，但發展中國家的FDI正在崛起。隨著新興工業化國家以及中國、巴西、印度等發展中大國的崛起，發展中國家的吸引外資和對外投資都取得了飛速的發展，成為當前世界對外直接投資的新生力量。一方面，隨著這些國家經濟實力的不斷增強，國際收支出現盈餘，累積了大量的外匯和國內資本，形成了有利於對外投資的國內環境和物質基礎，加上政府的政策鼓勵，開始逐漸增大對外投資規模，引起了世界的矚目。1999年發展中國家和地區對外投資總量占全球國際直接投資總量的21.3%，2004年則上升到了36.0%。[①] 另一方面，發達國家之間的戰略性併購在20世紀90年代風起雲湧之后，很多產業的市場集中度大大提高，併購的余地已經不大了；而且發達國家政府對壟斷的限制與制裁的政策日趨完善與嚴格，也在很大程度上制約了巨型跨國併購的出現。逐利的本性讓歐美跨國巨頭們紛紛把眼光放到了投資環境日益趨好的新興工業化國家和中國、巴西、印度等發展中大國，導致近幾年來歐美企業在發展中國家的併購業務大幅上升。

三、全球國際直接投資的規模與流向特色

20世紀90年代中期以來，發達國家之間的水平投資和發達國家向發展中國家的垂直投資依然保持強勁的增長勢頭，發展中國家向發達國家的逆向投資有了一定程度的起步，但發達國家之間的相互直接投資一直占據主導地位，約占到全球直接投資總量的80%。美國、歐盟、日本這個「大三角」依然保持著舉足輕重的地位（見圖3-1、表3-4）。

---

① 根據聯合國貿易和發展會議在《2005年世界投資報告》中的相關數據計算得出。

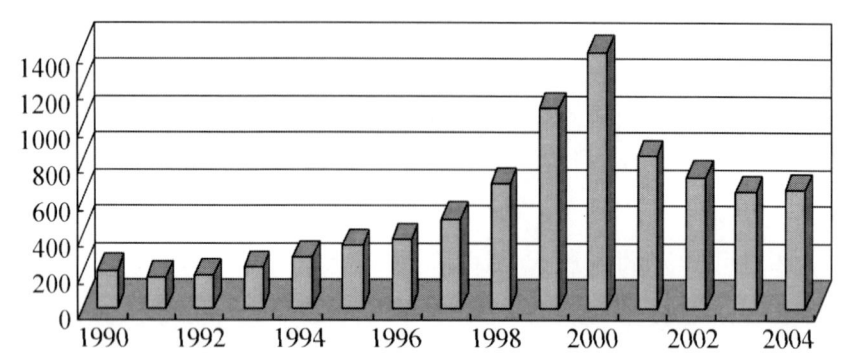

图 3-1　1985—2004 年全球外商直接投资流入规模（单位：10 億美元）

數據來源：根據聯合國貿發會議在《世界投資報告》（1996、2000、2005）中的相關統計數據計算得出。

2001 年美國遭遇「911」恐怖襲擊事件導致全球經濟發展速度放慢，歐美國家在一定程度上陷入了經濟衰退。受此影響，全球國際直接投資在 2000 年達到頂峰后，開始大幅下降，2001 年的國際直接投資量，無論是流入量還是流出量，都比 2000 年銳減四成以上。2004 年，由於流向發展中國家的外商直接投資強勁增長，全球 FDI 流量在連續三年下滑之后略有回升（見圖 3-1）。2004 年的全球 FDI 流入量為 6481 億美元，比 2003 年多 2%，而流入到發展中國家的數額激增了 40%，達到 2332 億美元，從而使發展中國家在世界外商直接投資流入量中所占的份額激增至 36%，達到 1997 年以來的最高點，其中，流入中國的 FDI 達 606 億美元，占發展中國家總數的 26%（見表 3-4）。

2004 年外商直接投資的增長在發展中國家表現突出，是多種因素作用的結果。全球化所帶來的國際競爭日益激烈，強大的競爭壓力迫使企業紛紛探索提高競爭力的新途徑，其中有些途徑是在新興市場經濟國家迅速增長的市場中擴展業務、促進銷量；有的則是在全球範圍內優化配置生產要素以實現規模經濟和降低生產成本等；而發展中國家經濟發展對能源、礦產等初級產品的需求加大，導致此類商品價格的上揚，也促使了發達

表 3-4　1993—2004 年國際直接投資情況一覽表

（單位：10 億美元和百分比）

區域/國家	外國直接投資流入量								外國直接投資流出量							
	1993—1998（年平均值）	1999	2000	2001	2002	2003	2004		1993—1998（年平均值）	1999	2000	2001	2002	2003	2004	
發達經濟體	256.2	849.1	1,134.3	596.3	547.8	442.2	380.0		353.3	1,014.11	1,092.7	662.2	599.9	577.3	637.4	
歐　洲	147.3	520.4	722.8	393.9	427.6	359.4	223.4		218.1	763.5	866.1	451.3	396.9	390.0	309.5	
歐洲聯盟	140.3	501.5	696.3	382.6	420.4	338.7	216.4		200.8	724.6	813.4	433.9	384.5	372.4	279.8	
美　國	86.1	283.4	314.0	159.5	71.3	56.8	95.9		92.3	209.4	142.6	124.9	134.9	119.4	229.3	
日　本	1.3	12.7	8.3	6.2	9.2	6.3	7.8		21.4	22.7	31.6	38.3	32.3	28.8	31.0	
其他發達國家	21.5	32.5	89.2	36.7	39.6	19.6	52.9		21.5	18.5	52.5	47.7	35.8	39.1	67.6	
發展中經濟體	138.9	232.5	253.2	217.8	155.5	166.3	233.2		56.6	88.2	143.2	78.6	47.8	29.0	83.2	
非　洲	7.1	11.9	9.6	20.0	13.0	18.0	18.1		2.3	2.5	1.6	-2.6	0.4	1.2	2.8	
拉丁美洲和加勒比	47.9	108.6	97.5	89.1	50.5	46.9	67.5		12.7	44.7	60.6	29.1	11.4	10.6	10.9	
亞洲和大洋洲	83.9	112.0	146.0	108.7	92.0	101.4	147.6		41.6	41.0	81.1	52.0	36.0	17.2	69.4	
亞洲	83.4	111.6	145.7	108.6	92.0	101.3	147.5		41.6	41.1	81.1	52.0	36.0	17.2	69.4	
西亞	3.5	1.9	3.8	7.1	5.7	6.5	9.8		0.2	1.6	1.4	1.1	0.9	-4.0	0.0	
東亞	51.6	77.3	116.2	78.7	67.3	72.1	105.0		31.7	29.8	72.0	26.1	27.6	14.4	53.5	
中國	38.5	40.3	40.7	46.9	52.7	53.5	60.6		2.6	1.8	0.9	6.9	2.5	-0.2	1.8	
南亞	2.9	3.1	3.1	4.1	4.5	5.3	7.0		0.1	0.1	0.5	1.4	1.1	1.0	2.3	
東南亞	25.3	29.3	22.6	18.8	14.5	17.4	25.7		9.6	9.6	7.2	23.3	6.4	5.8	13.6	
大洋洲	0.4	0.4	0.3	0.1	0.0	0.1	0.1		0.0	-0.1	0.0	0.1	0.0	0.0	0.0	
東南歐和獨聯體	6.6	10.5	9.1	11.8	12.8	24.1	34.9		1.3	2.6	3.2	2.7	4.5	10.6	9.7	
東南歐	1.6	3.7	3.6	4.5	3.8	8.4	10.8		0.1	0.1	0.0	0.2	0.6	0.1	0.2	
獨聯體	5.0	6.8	5.5	7.3	9.0	15.7	24.1		1.3	2.5	3.2	2.5	3.9	10.4	9.5	
世　界	401.7	1,092.1	1,396.5	825.9	716.1	632.6	648.1		411.2	1,104.9	1,239.1	743.5	652.2	616.9	730.3	
備註：占世界外國直接投資流入量的份額																
發達經濟體	63.8	77.7	81.2	72.2	76.5	69.9	58.6		85.9	91.8	88.2	89.1	92.0	93.6	87.3	
發展中經濟體	34.6	21.3	18.1	26.4	21.7	26.3	36.0		13.8	8.0	11.6	10.6	7.3	4.7	11.4	
東南歐和獨聯體	1.6	1.0	0.6	1.4	1.8	3.8	5.4		0.3	0.2	0.3	0.4	0.7	1.7	1.3	

資料來源：聯合國貿易和發展會議．2005 年世界投資報告[R]．2006，B．1．

国家資金進一步流向石油、天然氣和礦產等資源豐富的發展中國家和地區。但從發展趨勢來看，21世紀初期FDI的地區流向仍會以發達國家為主，但流向發展中國家的直接投資將繼續增長。

目前世界經濟發展的一個顯著特徵就是區域聯盟、地區經濟一體化現象日益突出，區內FDI投資額所占比重持續升高。當前區域一體化程度最高的就是歐盟、北美和亞太三大經濟圈。便利的交通、相同或相近的文化背景、區內統一大市場的形成，使得歐盟各國之間的相互投資成為其對外投資的重要組成部分，當前歐盟國家之間的直接投資增長速度已超過區域內的貿易增長速度，投資總額已達到其對外投資總額的一半以上。北美自由貿易區內的美國和加拿大分別成為對方最大的投資夥伴，加拿大對外投資的2/3流向了美國，而美國對外投資的1/5流向了加拿大。而亞太區內的相互投資，尤其是日本、中國和亞洲四小龍之間的相互投資占了這些國家和地區對外投資總量的50%左右。①

從產業流向來看，服務業外商直接投資在全球國際直接投資總額中所占的比重迅速上升並成為國際直接投資的第一大產業，是當前國際直接投資產業流向的最顯著特徵。自20世紀80年代中期開始，發達國家跨國公司對外投資就出現了向服務業傾斜的趨勢，對外投資重點從原來的原料工業向加工工業轉移；20世紀90年代隨著信息技術的飛速發展和知識經濟時代的來臨，跨國公司對外投資重點迅速向貿易服務業、高新技術產業轉移。許多發展中國家也開始調整政策，大力鼓勵外資對國內資本和技術密集型產業進行投資。

由於服務業相對於製造業投資週期短、收益快、經營範圍

---

① 張紀康. 跨國公司與直接投資 [M]. 上海：復旦大學出版社，2005：113.

廣且符合時代發展的趨勢，而發達國家在技術、資金方面具有無可爭議的競爭優勢，從而成為發達國家跨國公司對外投資的重點產業領域。而 WTO 的《服務貿易總協定》和《信息技術產品協定》為各成員國的廣泛接受和推廣，進一步推動了服務業和信息產業的投資自由化，為外商直接投資提供了良好的外部環境，促使服務業的國際投資持續穩步增長。目前，投入到服務業的外商直接投資存量占了世界總存量的半數以上，僅在 2004 年的跨國併購總值中服務業就占了 63%。[①]

四、國際直接投資方式的新特色：從工業經濟向知識經濟轉型

20 世紀 90 年代以來，隨著信息技術產業的迅猛發展，知識化、信息化時代的來臨，以美國為首的發達國家開始了以技術創新推動經濟發展的階段，經濟發展進入了從工業經濟向知識經濟轉型的時期。知識經濟是以知識為基本的經濟，在這種經濟形態中把知識和創新作為重要生產要素，知識密集型產業成為推動經濟增長的主導產業，知識經濟以知識的生產、分配、使用、交換和消費為基本經濟運行機制。這種經濟運行模式中，知識產權得到保護，人力資本高度累積，國民素質普遍提高，技術創新成為國家、產業、企業國際競爭力的核心。與經濟形態變遷相對應的國際經濟聯繫進入了產業結構全球範圍內的轉移和調整階段，企業價值鏈和產業鏈在全球範圍內進行著佈局和重組。

這一時期對外直接投資的發展也出現了一些新特點：投資方式從以國內產業結構轉換導向型和資源開發導向型投資為主，向技術創新導向型投資和產業國際轉移型投資轉變，表現為研

---

① 聯合國貿易和發展會議. 2005 年世界投資報告［R］. 北京：中國財政經濟出版社，2006：5.

究開發和第三產業對外直接投資額迅速增加，投資比例上升。①

　　長期以來，通過對外直接投資占領國際市場、優化生產要素配置一直是跨國公司進行對外直接投資的主要戰略目標。因此，東道國市場規模的大小、市場開放程度、生產要素稟賦情況是跨國公司選擇對外直接投資區位的幾個重要因素。而貿易全球化的迅速發展為跨國公司調整其對外直接投資區位帶來了動力和壓力。貿易全球化的不斷發展一方面使國際貿易通道越來越暢通，另一方面也使國際市場競爭越來越激烈。由於國際貿易環境越來越自由，突破市場壁壘，就地生產、就地銷售作為傳統的影響國際直接投資區位選擇的因素，其重要性大大減弱。而降低生產成本和研發成本，獲得更優質的自然資源、勞動力以及知識、技術、專業人才等「創造性資產」（Creative Assets）提高企業的技術實力和產品競爭力，以適應經濟全球化背景下更激烈的國際競爭顯得更為重要。

　　可以說，在知識經濟時代，跨國公司對外投資的壟斷優勢主要在於技術優勢，擁有先進的技術和技術創新能力是企業競爭力的核心。歐美日等發達國家的跨國公司資金雄厚，技術開發力量強大，為獲得市場競爭優勢，它們十分重視研究與開發工作，世界上先進的生產技術絕大多數都是由這些跨國公司開發、擁有和控製。為保持技術領先優勢，跨國公司往往更傾向於採取高控製的對外投資方式，如採取獨資方式完全控製海外分支機構的生產經營權，採用公司內部貿易來實現技術跨國轉移的內部化。目前，全球500強跨國公司壟斷和控製了世界技術的80%和國際技術貿易的90%，而美國目前的技術轉讓收入

---

　　① 張紀康．跨國公司與直接投資［M］．上海：復旦大學出版社，2005：102－103．

中有八成多來自本國跨國公司向海外分支機構的技術轉讓。①

　　研發國際化是當前對外直接投資的一個新特色。鑒於新技術研發的投入大、風險大、週期長，越來越多的跨國公司在不斷增加自身研發投入的同時，更傾向於通過海外投資與東道國或其他國家的企業或研究機構合作，建立技術合作的戰略聯盟②或直接併購相應企業，以獲得先進的技術，提高自身的技術水平和技術創新能力。發展中東道國在跨國公司的全球研發體系中所占的份額正在增加，但並不均衡，少數國家和地區吸引了國際研發投資的大部分。其中，亞洲在面向國際市場的創新研發活動中占據了主要地位，中國、印度、韓國和臺灣等國家與地區的研發活動在跨國公司全球研發網絡中的重要性與日俱增，像中國天津的摩托羅拉研發中心、印度班加羅爾的微軟軟件研發中心、臺灣的新竹高新技術開發園區都是全球知名的創新研發基地，積聚了大量的研發人才和資金。

第三節　21世紀初國際直接投資與全球產業結構調整浪潮

一、產業全球化與21世紀初全球產業結構調整浪潮

美國學者 D. F. 西蒙（D. F. Simmon，1993）認為，從一定

---

①　張紀康. 跨國公司與直接投資［M］. 上海：復旦大學出版社，2005：307、322.

②　跨國公司戰略聯盟（Strategic Alliances of Transnational Corporation）又稱為公司間協議（Inter‐Firm Agreement）或國際戰略聯盟（International Strategic Alliances），是由美國 DEC 公司總裁簡・霍普蘭德和管理學家羅杰・奈格爾首先提出。其含義是指兩個或兩個以上的跨國公司為實現某一或若干戰略目標，以簽訂長期或短期契約為形式而建立的局部性互相協作，彼此互補的合夥、合作聯繫關係，其主要目的就是「通過外部合夥關係而非內部增殖來提高企業的經營價值」。

意義上說，經濟全球化就是產業全球化，他認為「最好將全球化看作是一種微觀經濟現象，它指的是產業和市場一體化和聯合的趨勢」。[1] 產業和市場一體化聯合的趨勢，反應的是產業結構在世界範圍內的調整和升級，產業組織在世界範圍內的競爭和壟斷，高新技術產業在世界範圍內的崛起和各國產業政策的世界性影響。

產業全球化是產業國際化的高層次表現，它指的是產業的國際化水平發展到了一個新的高度，其產業內的產品生產和銷售已實現高度國際化，產業內主要企業的生產經營已不再以一國或少數國家為基地，而是面向全球並分佈於世界各地的全球一體化生產體系。伴隨著經濟全球化浪潮影響的不斷加強，各國產業之間相互依存、相互滲透的程度不斷加深，產業全球化已成為了不可逆轉的歷史趨勢，它實現了全球範圍內生產、交換、分配和消費等一系列環節的國際經濟大循環和國際產業鏈的形成。在科技和信息革命推動下，全球產業日益成為一種密不可分的全球產業網。在產業全球化浪潮下，沒有哪個國家與地區、沒有哪個企業可以「與世隔絕而獨善其身」。產業全球化推動生產要素以空前的規模和速度在全球範圍內自由流動，全球產業聯繫的互動性日益突出，從而導致全球經濟日益緊密地聯繫在一起，並最終朝著無國界的方向轉變。[2]

國際產業分工的效率和獲取產業比較利益是產業全球化的內在動力，世界市場的形成和產業技術的發展是產業全球化的重要條件。從20世紀90年代末開始，為了適應經濟全球化、技術變革和國際市場競爭加劇等經營環境的變化，在全球範圍內開始實現生產要素的優化配置、生產環節的合理佈局，以實現

---

[1] D. F. 西蒙. 世界經濟體系中的中國 [J]. 國外社會科學, 1993 (3).
[2] 王述英, 姜琰. 論產業全球化和中國產業走向全球化的政策選擇 [J]. 世界經濟與政治, 2001 (10).

生產成本最小、經營績效最好的目的推動著產業全球化的主體——跨國公司不斷地走向海外投資、不斷在全球範圍內佈局並形成全球一體化的生產研發體系，從而最終導致了一場全球性產業結構調整浪潮在21世紀初的興起。

21世紀初全球產業結構調整是在全球範圍內，以跨國公司為主要載體、以國際直接投資為主要方式，通過產業的國際轉移來實現產業資本輸出國和接受國進而是全球的產業結構優化調整。可以說，產業的國際轉移起始於國際直接投資，它是跨國公司海外擴張行為特別是對外直接投資活動所引發和推動的。但與零星的、個別的企業跨國界、跨區域的投資行為不同，它一方面是跨國公司長期海外投資累積的結果，另一方面是在比較優勢和海外壟斷利潤的驅動下，一個產業的大多數企業尋求生產要素空間佈局轉換的共同行為。國際直接投資促使生產要素在國際之間的流動，而國際貿易則促進新的、穩定的國際產業分工關係的形成，這種由產業成長和產業分工而導致的產業結構轉換不僅發生在生產要素轉出國，也發生在生產要素轉入國，並由此促使這些國家或地區的產業結構調整與優化。

二、國際產業轉移的動因

國際產業轉移在20世紀60年代中后期就已經出現，當時歐美發達國家相繼進入了工業化的中后期，開始以對外直接投資的方式將勞動密集型產業轉移到東亞、拉美等地區，后者則通過吸收發達國家轉移的生產能力，開始了自身的工業化道路。但真正大規模的國際產業轉移是在20世紀90年代以后，隨著歐美發達國家逐步從工業經濟向知識經濟轉型，其傳統產業轉移的步伐明顯加快；新興工業化國家與地區也加入到了國際產業轉移的行列，向經濟發展程度更次的國家與地區轉移，從而在全球範圍內形成了一個梯度依次轉移和連鎖變化的動態過程。

关于产业国际转移的动因，理论上有多种解释。弗农（R. Vernon, 1966, 1974）的「产品週期理论」（Product – Cycle Hypothesis）[1]认为，产业国际转移最直接的原因在于各国之间产品生命週期的差异性。一般来说，产品生命週期的竞争优势在国际间会经历如下几个阶段的变化：产品的创新与市场引入阶段（New Product Period），拥有垄断优势的发达国家厂商先在本国国内生产、销售，国内消费市场对支撑新兴产业成长至关重要。生产佈局上形成的区位优势决定了最初的生产总是在国内进行的，然后随着销售市场的逐步拓展，拥有相同或相似消费水平和消费偏好的海外市场需求的出现促使了该产品对外出口业务的开始与发展。产品成熟阶段（Maturing Product Period），随着该产品在国外市场份额的扩大，出口厂商开始到进口国投资设厂，采取出口与就地生产、就地销售相结合的经营方式；而进口国的部分厂商开始了进口替代，利用合资生产或技术转让方式来生产同类的产品，本土厂商凭藉劳动力成本、销售渠道、政府扶持等优势，可能在国内部分市场的销售份额超过出口国厂商，跨国的市场竞争由此产生。产品标准化阶段（Standardized Product Period），进口国厂商与原出口国厂商在第三国市场上展开竞争，导致后者的出口量下降、海外投资量上升。国外厂商的本土化经营，既可以降低交易费用和生产成本，也会因自身技术的转移与溢出而增强了竞争对手的实力。当原进口国厂商凭藉其生产成本、技术和规模优势在其国内市场、第三国市场甚至在原出口国市场上确立领先地位后，原出口国在该产品上的垄断优势就不复存在，竞争优势就转移到了后起国家。

---

[1] R. VERNON. International Investment and International Trade in the Product Cycle [J]. Quarterly Journal of Economics, 1966, vol. 80: 190 – 207.

R. VERNON. The Location of Economic Activity, in J. H. Dunning ed., Economic Analysis and Multinational Enterprise [M]. London: Allen and Uniwen, 1974.

因此，在產業成長過程中，由於各國的生產要素稟賦的不同、經濟發展和產業技術水平的不同，比較優勢會出現動態變化。發達國家一般處於領先的地位，在其中扮演著產品創新和開發的角色，而較發達國家和發展中國家扮演著學習和追趕的角色。這樣，隨著比較優勢的動態轉移，處於高一級發展階梯的國家就會將其因競爭優勢喪失的產業向低一級發展階梯的國家轉移，從而出現比較優勢和產業結構在發達國家、較發達國家、新興工業化國家和發展中國家之間動態化、階梯式的轉移和傳遞現象。比較典型的如紡織業、化工工業、鋼鐵機械、汽車製造業等，都有在發達國家之間和向新興工業化國家間轉移的現象。①

　　在向外轉移產業的選擇上，小島清（Kiyoshi Kojima，1978）在分析日本對外直接投資的基礎上，提出了「邊際產業轉移論」。②。該理論認為，一國對外直接投資應該從本國已經處於或即將處於比較劣勢的產業（即邊際產業）依次進行，投資國轉讓那些已經或正在失去比較優勢的產業和技術，而這些產業在東道國又是具有明顯或潛在比較優勢的部門。一方面，投資企業將因此延長獲利期限，獲得更豐厚的收益；另一方面，投資國通過轉移衰落產業，使自身產業結構得以升級，而被投資東道國則比較容易吸收轉移的技術，從而改善東道國的生產技術，促進其產業結構的調整。

　　從世界範圍來看，當代國際產業轉移主要是由跨國公司推動的，而跨國公司對外轉移資產並不僅僅局限於衰退產業。在很多情況下，跨國公司海外投資的決策更多的是基於戰略層面

---

　　① 陳明森. 產業升級外向推動與利用外資戰略調整 [M]. 北京：科學出版社，2004：29 - 31.

　　② K. KOJIMA. Direct Foreign Investment：A Japanese Model of Multinational Business Operations [M]. New York：Croom Helm, 1978.

的考慮，包括規模擴張、分散風險、與競爭對手爭奪海外市場等。隨著國際產業轉移不斷向縱深發展，產業轉移中以追求全球競爭企業戰略地位為核心的非利潤最大化動機逐漸增強，並由此帶來國際產業轉移方式的多元化。如劉易斯（W. Arthur Lewis，1978）、普雷維什（Prebisch，1983）等發展經濟學家，從一國要素供給條件的變化以及發展中國家工業化戰略等方面對國際產業轉移動因的解釋；威爾斯（L. T. Wells，1983）、勞爾（S. Lall，1993，1997）、坎特維爾（J. A. Cantwell，1995，1998）等學者從局部技術創新的角度對國際產業現象的分析等。這些觀點從不同的角度分析了國際產業轉移的動因，對發達國家之間的水平型產業轉移和產業內部的國際轉移等問題都提出了合理的解釋。

約翰·鄧寧教授（John Dunning，1976，1981，2000）的國際生產折衷理論①是國際直接投資理論中的集大成者。該理論的基礎是要素稟賦理論和市場缺陷理論，其核心是將所有權優勢、內部化優勢和區位優勢三種優勢進行了綜合，把一國在國際產業轉移中的地位與其經濟發展階段緊密聯繫了起來。在經濟發展初期，一國基本上是國際產業轉移的承接國，處於產業單向轉入的階段；隨著經濟發展和人均 GDP 的提高，該國企業的國際生產模式逐步升級，具備了對外直接投資的能力，開始加入國際產業轉移的行列，處於產業雙向流動或產業轉出的階段。

鄧寧構建的「三優勢模式」（OIL Paradigm）和國際投資發展週期理論揭示了產業成長與經濟發展水平的階段性變化對國際化生產的必要條件，從而形成了一種折衷主義或綜合性的觀

---

① JOHN DUNNING. International Production and The Multinational Enterprise [M]. London: George Allen & Unwin, 1981.
JOHN DUNNING. The eclectic paradigm as an envelope for economic and business theories of MNE activity [J]. International Business Review, 2000 (9).

點，對解釋當代國際產業轉移現象提供了較為全面而權威的理論依據。

三、當前國際產業轉移的主要特點

國際產業轉移，既是發達國家調整產業結構、實現全球戰略的重要手段，也是發展中國家改造和調整產業結構、實現產業升級和技術進步的重要途徑。產業國際化的發展、全球化浪潮的推動，為國際產業轉移創造了更加廣闊的空間。

當前國際產業轉移的主要特點表現為：

（1）國際產業轉移往往是從勞動、資源密集型產業轉移開始，進而到資本、技術密集型產業的轉移，是從發達國家轉移到次發達國家，再由次發達國家轉移到發展中國家和地區，具有明顯的梯度轉移、逐層推進的特點。產業轉移的路徑以垂直路徑為主，水平路徑更多針對的是產業內貿易行為。

隨著經濟全球化趨勢的迅速發展和國際競爭的日益激烈，以美國為首的歐美日發達國家為了保持競爭優勢，加快了產業結構調整升級的步伐，重點發展具有高附加值的創新性技術知識密集型產業（如以信息技術為先導的高新技術產業和以金融、保險、專業服務等為核心的現代服務業等），而將附加值較低的一般勞動、資本和技術密集型產業向其他國家和地區大規模轉移，從而不斷形成新的產業轉移浪潮。發展中國家則通過承接產業轉移加快產業升級和經濟發展，發揮后發優勢大力發展傳統加工製造業和重化工業，並以此帶動相關配套產業和服務業的發展，工業化進程明顯加快。

在全球產業調整升級步伐加快的同時，國際產業轉移的層次也在不斷提高，呈現出不斷高度化的新特點。國際產業轉移的重點開始從原材料向加工工業、從勞動密集型產業向資本技術密集型產業、傳統產業向新興產業、製造業向服務業、低附

加值產業向高附加值產業轉變；而且，隨著 21 世紀初知識經濟的迅速發展，國際產業轉移層次高度化、知識化有進一步加強的趨勢。

（2）國際產業轉移呈現多方向、跳躍式發展。20 世紀 90 年代以前，國際產業轉移具有比較明顯的線性、單向的特徵，企業的國際化基本上按照產品生命週期的各階段次序發展，以發達國家向發展中國家轉移其衰退產業為主。儘管這一規律仍然發揮著較大的影響，但近年來，在經濟全球化和國際競爭的驅動下，國際產業轉移不再受特定區位和流向限制，而是在全球範圍內尋求該產業或產業鏈條上特定環節最佳的投資區位。

在這種情況下，國際產業轉移出現了多方向、跳躍式的發展態勢，國際產業轉移不再是發達國家企業的孤立行為。目前，實施國際產業轉移的不僅包括發達國家的跨國公司，而且還包括新興工業化國家和發展中國家的跨國公司。國際產業轉移已從原來單一的從發達國家轉移到發展中國家的模式，演變為發達國家向發展中國家、發達國家之間，甚至部分發展中國家向發達國家的多方向轉移格局。發達國家向發展中國家的產業轉移仍保持著一定的技術梯度，發達國家之間的產業轉移主要集中在高技術和服務領域，而發展中國家向發達國家的轉移則剛剛興起，為少數新興工業化國家中頗具國際競爭力的跨國公司發起。從國際轉移的產業來看，除了傳統的勞動、資源密集型產業外，發達國家開始向新興工業化國家大量轉移高技術產業的製造環節，產業轉移的深度與廣度都得到了極大的拓展，具有一定的跳躍性。

在這種多方向、跳躍式的轉移模式下，國際產業轉移的規模迅速擴大，並使各國的產業發展及其結構調整之間的互動性顯著增強，各國之間的產業關聯和相互依賴程度大大提高。這雖然為各國帶來了更多的分工效益，但同時也在一定程度上削

弱了各國特別是發展中國家產業成長和結構調整的自主性，加大了其經濟運行的風險。[1]

（3）國際產業轉移由不同產業的梯度轉移逐漸轉向產業價值鏈各環節的全球布點。面對日益激烈的國際競爭，跨國公司的海外轉移從以衰退產業的整體轉移為主，轉變為產業價值鏈為基礎的、生產經營各環節的全球布點。在全球佈局的視野下，跨國公司根據其競爭優勢和全球戰略，將產業價值鏈分拆，將研發、製造、銷售、服務等各個增殖環節配置到成本收益比最佳的國家或地區，這不僅在跨國公司內部完成了產業整合，而且還在全球範圍內實現了產業的空間分割，從而大大提高了國際產業轉移的深度和廣度。

目前，基於價值鏈拆分的產業空間分割已成為汽車、電子、通信設備、計算機等行業國際分工及跨國公司生產組織的主要方式。跨國公司價值鏈各環節的全球布點突破了國際產業轉移的梯度限制，使國際產業轉移更趨動態化。隨著中國製造業整體發展水平的提高，跨國公司在向中國大量轉移最終產品加工組裝環節的基礎上，開始向製造業的上游和下游輻射，跨國公司在中國的研發、售後服務、管理投入呈上升趨勢。[2]

（4）國際產業轉移中的產業集聚效應日益突出，產業鏈條的整體轉移並帶動關聯產業協同轉移的現象是當前國際產業轉移中的新特點與新趨勢。

在當今國際分工體系中，產業之間的縱向和橫向聯繫越來越廣泛。近年來，跨國公司產業轉移中的產業集聚現象日益突出，大型跨國公司的海外投資更是產業集群形成的重要平臺，國際產業轉移中出現了產業供應鏈整體搬遷的趨勢。由於跨國公司的社會化協作程度高、橫向聯繫廣，一家跨國公司的投資

---

[1] 楊丹輝. 國際產業轉移的動因與趨勢 [J]. 河北經貿大學學報, 2006 (3).
[2] 呂政, 等. 國際產業轉移的趨勢和對策 [J]. 經濟與管理研究, 2006 (5).

往往會帶動一批相關行業的大量投資。隨著競爭的加劇，跨國公司不再遵循傳統的產業轉移的階段進行投資，而是主動地帶動和引導相關投資，鼓勵為其配套的生產服務企業和供應商一同到東道國投資，加大零部件供給當地化戰略的實施力度，發展配套產業並建立產業群，最終將整個產業鏈搬遷、轉移到發展中國家。① 此時，產業轉移不再是個別企業的孤立行為，而是在國際生產的網絡或體系的基礎上，形成了以跨國公司為核心、全球範圍內相互協調、相互合作的企業組織框架。

同時，國際產業轉移的區域集聚特徵也日益明顯。集群是具有一定聯繫的眾多企業在某一區域內的空間聚集，並形成強勁競爭優勢的現象，它具有明顯的群體競爭優勢和規模經濟效應，能夠產生「1＋1＞2」的效應。這種產業轉移的區域集聚往往帶有明顯的行業特徵、地理特徵，甚至是歷史文化特徵，如在中國，山東半島是韓國產業轉移的重點區域，且主要集中在菸臺、青島、濟南等地；江蘇的臺州是臺商企業密集的重點地區，蘇州的新加坡園區則吸引了大量的新資企業；浙江寧波則是東南亞華僑企業產業轉移的重點地區；珠三角的深圳、順德、珠海等地則是港澳資金密集的地區。這些地區承接的產業集群帶有明顯的國家或區域集群特徵②，並且這種特徵越來越顯著，有進一步擴大的趨勢。

（5）國際產業轉移的方式趨於多元化，生產環節外包成為當前熱點。長期以來，以實物資產轉移為主要特徵的 FDI 一直是國際產業轉移的主要方式。近十多年來，在經濟全球化和跨國公司的推動下，FDI 仍然是實現產業國際轉移的最主要手段，

---

① 孫雅娜. 國際產業轉移的新趨勢與中國的戰略選擇 [J]. 當代經濟管理，2006（5）.

② 宋燕，牛衝槐. 國際產業轉移趨勢與中國的基本對策 [J]. 工業技術經濟，2005（8）.

但外包等新興的轉移方式已經出現。

邁克爾·波特（Michael Porter，1980，1997）的價值鏈理論認為，在一個企業眾多的「價值活動」中，並不是每一個環節都創造價值，且不同的產業、不同的環節，其創造價值的程度是不一樣的；企業的價值主要來自於整個價值鏈上的某些特定的價值活動，這些才是真正創造價值的經營活動，是企業保持競爭優勢的根本，即企業價值鏈的「戰略環節」。正是基於以上考慮，在全球化趨勢日益明顯的今天，跨國公司往往把非核心的生產、營銷、物流、研發等活動，轉包給成本較低的發展中國家企業或專業化公司完成，即外包（Out–Sourcing）。

外包可能伴隨著生產資本的直接投資，也可能僅通過外包合同，以非股權方式將業務分解或把非核心業務轉移，截取價值鏈中的高利潤環節，濃縮經營範圍，將有限的資源集中配置到企業的強勢領域，以降低企業的營運成本，突出企業的競爭優勢。其中，成本削減是絕大多數企業進行離岸外包的主要目的，也是外包帶來的最直接、最明顯的收益。據美國商務部門統計，2003年美國2600萬家企業中採用了項目外包方式的企業已占到了三分之二；同年，全球外包市場達到5.1萬億美元的規模，占全球商務活動總額的14.8%；並且預計全球外包市場將以每年近20%的速度遞增，至2010年將形成20萬億美元的大市場。[①]

作為國際產業轉移的新興方式，外包正在改變著全球資源要素的流向和產業佈局，外包的發展不僅加快了發達國家產業結構調整的進程，而且為發展中國家參與國際分工提供了更多的有利機會。例如，隨著全球外包業務市場容量的增長，亞洲不少國家和地區憑藉豐富的人力資源和日益成熟的技術條件，

---

① 楊丹輝. 國際產業轉移的動因與趨勢［J］. 河北經貿大學學報，2006（3）.

在外包發展中佔有了先機，其中，印度在全球軟件開發外包市場中占據了近八成的份額，僅 2004 年印度的軟件出口額就達到 160 億美元。

四、21 世紀初全球產業結構調整浪潮的趨向與影響

第二次世界大戰后，全球經濟結構經歷了數次大規模的調整。20 世紀 50 年代，美國將鋼鐵、紡織等傳統產業向日本、聯邦德國等國轉移，集中力量發展半導體、通信、電子計算機等新興技術密集型產業。20 世紀六七十年代，日本、聯邦德國等國轉向發展集成電路、精密機械、精細化工、家用電器、汽車等耗能耗材少、附加價值高的技術密集型產業，新興工業化國家和地區獲得了擴大勞動密集型產品出口的良機，實現了從進口替代型向出口導向型經濟的轉變。20 世紀 80 年代以來，全球經濟結構進入了新一輪以「信息技術為核心的新技術廣泛運用」為特徵的結構調整期，美國、日本和西歐發達國家開始大力發展知識與資金密集的產業，新興工業化國家和地區發展技術密集型產業，而勞動密集型和一般技術密集型產業轉向發展中國家。進入 21 世紀以來，這一輪產業結構調整出現了一些比較明顯的新趨勢或新影響，主要體現為：

（1）產業分工日益全球化，產業投資向縱深發展。各國產業的分工正在演變成為世界性的產業分工，傳統的在一國地域範圍內以生產要素為基礎的分工日益發展成為全球範圍內的以現代工藝技術為基礎的分工，從產業各部門間的分工發展到各個產業部門內部的分工和以產品專業化為基礎的更精細的專業化分工，從由市場自發力量決定的分工向以跨國公司為主、區域經濟組織合作與協調的分工發展，出現了產業協議在國際範圍內、跨國公司間的分工。

產業投資活動隨著跨國公司的全球拓展而遍布全球，產業

的區域聯繫向縱深發展。20世紀90年代以來，跨國公司迅猛發展，它們憑藉其雄厚的資金、先進的技術和管理優勢，進行跨國、跨區域、跨行業的全球性投資和生產經營，推動著全球資源的優化配置，使世界產業日益緊密地聯繫在一起。與此同時，區域經濟一體化趨勢的加強也使產業的區域聯繫向縱深發展。典型的如歐盟，歐盟統一貨幣歐元於1999年1月1日的正式啓動以及其后的東擴行動，極大地促進了該區域內各成員國的產業分工與合作的一體化進程。

（2）信息化和科技創新是全球產業結構調整的根本推動力，高信息化、高科技化和高服務化主導著國際範圍內新一輪產業結構的調整。[1] 以現代信息技術、生物技術為核心的新一輪高科技革命，正在對世界產業結構產生著比以往任何時候都更加深刻的、系統的、全面的和綜合的影響，使世界產業結構的大調整出現新趨勢。一是在世界性信息技術革命的帶動下，以信息化為重點，發展網絡經濟，對整體產業結構進行優化升級，為資本、信息、商品在全球範圍內的更便捷的流動，創造了新的模式；二是在科技創新推動下，一批以高新技術為核心的新興產業崛起，成為新的經濟增長點和發展動力，呈現出成為世界產業發展主導的趨勢；三是高技術改造傳統產業成為新趨勢，用信息化和高新技術對傳統產業實施重大改造、重組，對勞動密集型產業進行有針對性的轉移和淘汰，是歐美發達國家產業結構調整的一個主要特點。以美國為例，以信息技術迅猛發展為基礎的「新經濟」在美國引發了一輪新的產業革命浪潮，大力發展知識密集型產業，相應調整和發展金融、資訊等現代服務業，加快轉移傳統的、勞動密集型產業，建立了以技術進步為主要推動力的新產業結構，信息業作用日益加大，服務業比

---

[1] 王述英．當前全球產業結構調整的趨勢和特點及中國產業結構調整對策[J]．南開經濟研究，2001（6）．

重大大提高。

世界產業結構發展的高信息化、高科技化和高服務化也大大增強了國際經濟發展能力,國際產業分工也隨之深化。但由於大部分科技資源仍由發達國家控製,因而產業結構調整中的不平衡性,尤其是發達國家與發展中國家間的不平衡有進一步加劇的趨勢。

(3) 產業結構的調整和升級與產業的國際轉移並行,三大產業結構調整速度加快,產業重點向第三產業傾斜。20世紀90年代中期以來,西方發達國家在利用高新技術改造傳統產業的同時,繼續強化產業結構的調整、升級和轉移,將一些有利於節約本國自然資源的、保護本國自然環境的產業以及能充分利用國外廉價勞動力和市場的製造業轉到國外。在產業轉移過程中,第二產業在這些國家的從業比重大幅度下降,而第三產業從業比重則大幅度上升,達到60%~70%,其中,高新技術產業和現代服務業發展迅速,其所創造的產值已經占到了發達國家國民生產總值的三分之一以上。

在此次全球產業佈局調整浪潮中,服務業向新興市場國家轉移的趨勢也漸趨明顯。服務業國際化轉移表現在三個層面:一是項目外包,即企業把非核心輔助性業務委託給國外其他公司;二是跨國公司業務離岸化,即跨國公司將一部分服務業務轉移到低成本的國家與地區;三是與跨國公司有戰略合作關係的配套服務企業,隨著跨國公司海外業務的延伸而不斷延伸自己的業務,從而出現了一種組團式、產業鏈整體轉移的趨勢。

由於跨國公司向發展中國家轉移技術和產業始終保持著一定的梯度並掌握著主動權,特別是在高技術領域,發達國家在產業轉移中的技術控製一定程度上拉大了各國經濟發展的差距。由於目前發達國家的跨國公司控製了產業價值鏈的關鍵環節,發展中國家在國際分工體系中始終處在不利的邊緣地位。同時,

以現代生產要素分工為主導的國際分工格局中，儘管發展中國家的優勢資源與外來要素結合的機會增多了，但參與分工的風險也增多了。

（4）跨國公司的直接投資有力地推動著產業結構的調整，大規模的企業併購和產業重組是產業結構調整的主要形式。在信息技術革命和全球產業結構變革中，世界各國，無論是發達國家還是發展中國家，都在積極地關注並主動引導本國產業結構的調整，以爭得由高新技術引發的世界性經濟發展競爭的主動權。跨國公司的對外直接投資改變了投資單向垂直性的格局，多向水平性投資格局得到了快速的發展，在20世紀90年代末、21世紀初掀起了一輪跨國併購和產業重組的浪潮。據聯合國貿易和發展會議《2005年世界投資報告》統計資料顯示，2004年全球外商直接投資流入量為6480億美元，其中採用跨國併購形式的占到五分之三以上。這輪跨國併購不僅發生在發達國家之間，而且歐美跨國公司對發展中國家企業的戰略性併購也風起雲湧，如中國當前所面臨的：摩根斯坦利下屬基金收購中國最大的水泥企業——山水集團、美國Best Buy控股中國第四大消費電器連鎖商——五星集團、凱雷集團收購徐工機械等。

跨國公司的直接投資與大規模併購活動，導致了生產要素的國際化和生產組織的全球化，將世界各國都緊緊地拉入了全球一體化的浪潮中，直接而有力地推動了世界產業結構的調整和資產重組。各國、各地區都或多或少地從這輪產業結構調整浪潮中獲益，但與發達國家相比，發展中國家在獲得產業發展機遇的同時，也將面臨產業結構低度化發展、過分依附發達國家生產體系、產業開放與產業安全等諸多問題。這些都是發展中國家不得不積極思考和認真面對的問題。

（5）中國在國際產業轉移體系中的地位不斷提高，積極應對此次全球產業結構調整浪潮是中國產業走向國際化的必然選

擇。20世紀90年代以前，中國吸收國際轉移的產業以勞動密集型的紡織、服裝、食品、普通消費類電子行業為主，以港澳臺以及東南亞華僑企業的資金為主，投資項目集中在東南部沿海地區。20世紀90年代以后，歐美日等發達國家跨國公司開始大規模進入中國的製造業，迅速帶動了中國製造業生產和出口規模的持續擴大，使得中國製造業在國際分工中的地位不斷上升。進入21世紀，隨著中國2001年正式加入WTO，高速增長的中國經濟和日益開放與完善的投資環境使中國吸收外商直接投資的區位優勢進一步凸現，成為歐美日跨國公司對外投資和產業轉移的首選地區，中國吸收外商直接投資連續十多年在發展中國家與地區中居於首位。據商務部統計，截至2005年年底，中國累計批准外商投資企業552,942家，實際使用外商投資金額5,104.7億美元，已連續12年成為FDI流入量最大的發展中國家；僅2005年中國就實際引入外資724.1億美元，占當年全球FDI總流入量的11.17%。

當前，跨國公司對華產業轉移隨著全球產業結構調整浪潮進入了新的階段。世界500強企業都已進入中國市場，直接投資仍是跨國公司產業轉移的主要方式，跨國公司們一方面加大對在中國的製造環節的投資，另一方面紛紛利用併購、外包合作甚至戰略聯盟等方式來增強自己的市場競爭地位。同時，面對潛力巨大的中國市場，跨國公司在華的研發活動日趨活躍，其研發、採購和管理的本土化趨勢顯著增強。而入世后中國服務業對外開放程度的提高，也促使跨國公司對中國服務業轉移的提速，尤其在金融、資訊、物流等現代服務業。

面對這場全球性的產業結構調整浪潮，我們必須樹立產業全球化的思維，應對產業全球化所帶來的不可避免的衝擊與發展的機遇，調整好中國的產業結構。不可否認，當前中國在承接國際產業轉移時仍以製造業為主，並且仍主要集中在勞動密

集程度高、資金和技術含量低的成本競爭型傳統行業。在資金技術密集的產業中，主要集中在技術相對成熟的汽車製造和高能耗、高污染的資源型行業，如石油化工等；在高新技術產業，主要集中在以加工、生產、組裝等技術要求不高的勞動密集型生產環節。可以說，這種狀況雖然有助於鞏固中國作為全球製造業基地的地位，有利於擴大國內就業，在一定程度上起到帶動產業升級的作用，但卻使中國產業總體上處於國際產業轉移的低端和產品價值鏈的低附加值環節，不利於中國在全球分工中的地位和走向產品價值鏈的高端。①

因此，立足產業全球化的視野，在繼續承接國際產業轉移的同時，著重研究外商直接投資對中國產業結構優化調整的作用及其機理，充分利用此次全球產業結構調整浪潮的發展機遇，揚利去弊，將產業的自主發展與國際產業轉移有機結合，促進中國產業結構的優化升級，進一步提升中國在全球分工和國際產業轉移體系中的地位，就顯得十分重要。

---

① 畢吉耀．經濟全球化時代國際產業轉移新趨勢與中國面臨的機遇和挑戰[J]．中國物價，2006（9）．

第四章
FDI促進東道國產業結構優化的效應、機理與制約因素

在上一章裡我們知道，21世紀初全球產業結構調整是在全球範圍內，以跨國公司為主要載體、以國際直接投資為主要方式，通過產業的國際轉移來實現產業資本輸出國和接受國進而是全球的產業結構優化調整。本章，我們將進一步縮小研究視角，集中研究在一般情況下FDI促進產業資本接受國（東道國）產業結構優化調整的問題。

國際直接投資本質上是跨國投資企業將其所擁有的各種優勢資源與東道國的區位優勢有機結合，在全球範圍內尋求資源的最佳配置並以利潤最大化為終極目標的跨國經營活動，它對東道國的經濟活動、產業發展會產生強烈的社會經濟效應。一般而言，跨國公司直接投資通過產業資本形成、技術轉讓與溢出、國際產業轉移、貿易與就業機會的擴大以及競爭、示範等經濟效應來影響東道國產業發展及其結構調整的進程。其中，FDI產業結構優化效應是東道國所關心的重點問題，它是怎麼起作用的，作用機理或效應傳導機制是怎麼樣的，有什麼樣的制約因素，這些將是本章所要研究的問題。

第一節 FDI影響東道國產業發展的經濟效應分析

一、FDI的產業資本形成效應

促進資本形成歷來被認為是跨國公司對東道國（尤其是發展中國家）經濟增長的重大貢獻，這主要是因為跨國公司憑藉其巨大的企業規模和其他特殊資源優勢，通過各種途徑促成了東道國資本存量的增加，從而有助於彌補東道國的期望投資與

國內儲蓄之間的缺口。

（1）海外直接投資的注入增加了東道國的資本存量。一方面，以新建方式注入的外商投資既可以增加東道國的儲蓄，又可以增加其投資，在增加東道國資本存量方面的作用最為明顯；另一方面，以併購方式進入的外商投資雖然並不直接增加東道國的投資，但併購瀕臨倒閉的企業往往提高了被併購企業的生產能力，從而使東道國的資本存量獲益。多數情況下，東道國向外國投資者賣出國內企業所獲資金往往會用於國內再投資，從而間接增加了東道國現有資本的存量。

從當前跨國企業的投資動向來看，跨國公司在發達國家的投資多數採用併購方式，而在發展中國家則主要採取新建投資的方式。據美國商務部相關統計數據顯示，1985年跨國公司對美國直接投資中，新建企業數與併購企業數之比為0.93∶1，新建企業投資額與企業併購開支額之比為0.15∶1；1989年新建企業數與併購企業數之比為0.89∶1，新建企業投資額與企業併購開支額之比為0.19∶1；而到了1993年，上述企業數之比為0.82∶1，金額之比為0.14∶1。在跨國公司對發展中國家直接投資中，綠地投資占主導地位，企業收購形式的投資處於相對次要地位，例如在1990—1992年間，美國對外投資項目數中，新建企業與收購企業的比例在發達國家為0.96∶1，而在發展中國家的上述比例為1.8∶1。[①] 從一定意義上講，海外直接投資的注入對東道國資本存量增加的促進作用，在發展中國家要優於發達國家，因此，跨國公司海外直接投資作為一種穩定的資本投入，尤其有助於彌補發展中國家的「投資—儲蓄」缺口。

（2）無論是綠地投資還是併購投資，一般都會給東道國帶

---

① 肖衛國. 跨國公司海外直接投資對東道國的經濟效應分析［J］. 財經問題研究，1999（9）.

來后續性追加投資，從而有助於增加東道國的資本存量。這主要是因為東道國投資條件的改善和投資政策的自由化（如企業私營化、外資股權比例放寬和政府稅收優惠等）通常會促進連續投資；而跨國公司投資策略的變化（如大多數跨國公司在對新興開放市場進行大規模投資之前，通常會先作一些試探性投資，而此時的投資僅僅是其長期投資策略中的初始階段），也可能促進連續投資；有些東道國促進私營化的投資協議也明確要求外商追加投資，如印度對外國股權比重限定放寬以後，跨國公司在印度的分支機構也相應地增加了自己的放權比例。而拉美國家（如墨西哥、秘魯、委內瑞拉）私營化過程中跨國公司的后續投資尤其具有典型意義，如 1990 年在墨西哥國家電訊公司（Telmex）私營化過程中，美國 Southwestern Bell 公司的初始投資為 5 億美元，一年之內便又追加 5 億美元的投資，最終以 10 億美元的總投資買下了 Telmex 10% 的股權。[①]

另外，如果海外投資中所必需的中間產品在當地無法得到滿意供給時，跨國公司往往會通過母國或其他國家合作夥伴追加投資或輔助投資。由此，跨國公司通過前向和后向聯繫的「乘數效應」，使對東道國的投資進一步擴大。

（3）跨國企業可通過為東道國當地資本市場提供有吸引力的投資機會而動員當地儲蓄，成為引發國內投資的催化劑。若沒有跨國公司的活動，這類當地儲蓄可能閒置或用於非生產性活動，而外商直接投資可刺激跨國公司母國或世界市場的資金流入東道國，這樣既可增加儲蓄，也可增加投資。當然，跨國公司海外直接投資為東道國資本形成所提供的現實或潛在效應，亦可能因各種逆向影響而減少。例如，歐美發達國家的跨國公

---

① 李洪江．跨國公司新發展及其經濟效應分析［M］．哈爾濱：黑龍江人民出版社，2002：97.

司海外直接投資的資本主要來自於利潤再投資，而動員當地儲蓄尤其是從用於其他生產性用途的國內儲蓄中挖來資金，可能有礙於東道國資本存量的增加，這意味著通過吸收外商直接投資來促進資本形成增長是有一定代價的[①]，即跨國公司投資利潤的匯回在長期內將減少當地投資增長的后勁。

反應外商直接投資對東道國資本形成和經濟重要性的主要指標有兩種[②]：一是外商直接投資流量與國內投資之比率；二是外商直接投資存量與國內生產總值的比率。從實際情況看，儘管上述兩個指標均不太高，但無論是發達國家還是發展中國家，該兩項指標大體上呈現出上升趨勢，表明外商直接投資作為外商實際資本流入的一種形式，對東道國資本形成和經濟增長的貢獻是逐步增大的，尤其是對發展中國家而言，外商直接投資對資本形成的重要性越來越明顯（見表4-1、表4-2）。

表4-1　20世紀80年代以來外商直接投資流量占國內固定資產投資的比重　　單位：%

東道國類型	1981—1985年（平均）	1986—1990年（平均）	1991—1995年（平均）	1996—2000年（平均）	2001年	2002年
全球平均	2.3	4.1	4.1	11.8	12.6	12.9
發達國家	2.2	4.6	3.6	13.2	13.5	14.0
發展中國家	3.3	3.2	6.5	7.9	7.8	7.5

資料來源：根據聯合國UNCTAD的《世界投資報告》歷年相關統計數據計算得出。

[①]　肖衛國．跨國公司海外直接投資對東道國的經濟效應分析[J]．財經問題研究，1999（9）．

[②]　陳繼勇．國際直接投資的新發展與外商對華直接投資研究[M]．北京：人民出版社，2004：331．

表4-2　各類國家吸收外商直接投資存量占其國內生產總值的比重

單位:%

東道國類型	1980年	1985年	1990年	1995年	2000年	2001年	2002年
全球平均							
流入	6.7	8.4	9.3	10.3	19.6	21.2	22.3
流出	5.8	6.6	8.6	10.0	19.3	20.4	21.6
發達國家							
流入	4.9	6.2	8.2	8.9	16.5	17.9	18.7
流出	6.2	7.3	9.6	11.3	21.4	23.0	24.4
發展中國家							
流入	12.6	16.4	14.8	16.6	31.1	33.4	36.0
流出	3.8	3.8	3.9	5.8	12.9	12.8	13.5

資料來源：根據2003年聯合國UNCTAD的《世界投資報告》中的相關數據整理得出。轉引自：陳繼勇．國際直接投資的新發展與外商對華直接投資研究［M］．北京：人民出版社，2004：332．

總的來說，外商直接投資在短期內能增加東道國的資本存量和提高資本質量，但對投資母國資本累積可能存在消極影響；而從長期來看，跨國企業的利潤匯回對投資母國資本累積有利，卻有損東道國的資本累積。全球化趨勢中FDI的資本形成效應並無多大改變，以跨國併購為主的外商投資方式對東道國資本形成效應有所削弱，但跨國企業R&D國際化則隨著技術研發投入的不斷增大而有助於提高東道國的資本形成效應。

二、FDI的技術轉移與溢出效應

跨國公司是現代管理技術和組織創新的產物，是當前世界技術創新的主導力量，跨國公司海外投資使得科學技術在世界範圍內的傳播和轉移更加自由。對東道國而言，跨國公司海外直接投資不僅為其帶來了資本，而且更重要的是為其帶來了先進的研發能力、生產技術、組織管理技能等無形資源，有力地

促進了東道國的技術進步，進而為東道國經濟增長做出了巨大的貢獻。

（1）外商直接投資是東道國獲取國外先進技術的重要途徑。從發達國家直接引進先進技術是提升發展中國家技術水平的重要途徑。但由於保持技術優勢是跨國公司獲得壟斷優勢的重要基礎，因此它們往往不會向發展中國家直接轉移先進的技術（現實事實也證明，跨國公司向發展中國家直接轉移的技術往往是屬於淘汰的或失去競爭優勢的一般性技術），更多的是通過跨國公司自身內部組織體系向其海外分支機構進行先進技術轉移（通常還是有所保留的）。因此，對於東道國（尤其是發展中國家）來說，引進跨國公司前來直接投資是獲得先進技術的一個重要途徑。除了獨資或擁有大部分股權的外國直接投資（通常被認為是技術轉移的內部化形式）外，跨國公司還通過一系列外在化形式，主要是非股權方式（包括少數參股合資企業、許可證、管理營銷合同及國際分包等）來向東道國進行技術轉移。

（2）跨國公司海外直接投資促進了先進技術、勞動技能、組織管理技巧等在東道國國內的溢出與擴散。雖然跨國公司往往對先進技術的轉移進行較嚴格的限制，但技術溢出效應卻普遍存在。技術溢出通常是指技術領先者對同行業企業及其他企業的技術進步產生的積極影響，它是經濟學意義上的外部效應。對東道國來講，間接的技術溢出效應的作用在很大程度上超過了直接的技術轉移效應。一般來說，技術溢出效應表現在以下幾個方面：一是跨國公司與東道國本土企業建立的各類經濟往來關係（如本土企業為跨國公司提供原材料、零配件或提供銷售渠道與服務等），形成產業關聯關係，促進了本土企業按照外方要求來改造自身、提高自身技術水平；二是跨國公司先進的技術和質優價廉的產品給本土企業帶來生存壓力，激烈的市場競爭迫使本土企業向外方模仿、學習與改進，想方設法提高自

身技術水平和勞動生產率,實現所謂「干中學」式的技術進步;三是受雇於跨國公司人員向本土企業的流動,將直接導致外方先進技術和管理經驗的溢出,促進本土企業的進步。

(3) 新時期跨國公司研發活動國際化趨勢的加強,導致其研發機構的全球佈局,增強了研發所在地國家的技術溢出效應。為更適應全球化發展的要求,在全球範圍內優化配置研發生產要素,從而使跨國公司的研究與開發活動日趨國際化,其實質上是跨國公司組織國際技術資源進行技術開發,這必然直接加快技術溢出,尤其是對研發所在國家或地區。例如,1982—1992年,美國跨國公司國外分支機構研究與開發費用占跨國公司總研究與開發費用的比重由9%上升到12%;而在澳大利亞、比利時、加拿大、德國、印度、韓國、新加坡和英國等國家的全國研究與開發總費用中,外國分支機構的比重在20世紀80年代就超過了15%。而且至今,跨國公司體系內的研究與開發活動已經擴散到那些能夠提供必需資源(特別是技能和知識)的許多發展中國家,如中國。跨國公司研究與開發活動的分散化,有利於東道國研究與開發中心的形成和持續,為東道國帶來集聚經濟(Economies of Agglomeration)的外部效應。例如,跨國公司子公司通過與當地科研機構、大學、生產資料供應廠家進行科研合作使東道國得以接近國際化的人才庫,促進了其科研活動的發展和開發能力的提高;同時,研究與開發活動中管理人員培訓中心的建立,不僅為東道國帶來了大量的組織管理技巧,而且通過促進東道國人力資源開發,為東道國直接或間接提供了大量可利用的中高級經營管理人才和掌握了先進勞動技能的熟練工人等。

當然,東道國能否從跨國公司海外直接投資的技術轉移與溢出效應中獲取利益以及獲取多少利益,取決於東道國自身的條件以及跨國公司技術轉移的條件、技術的適用性等因素。例

如，跨國公司決定在哪些國家進行研究與開發往往取決於東道國研發設施、科技人員、工程師等的可供條件及其他諸多因素；跨國公司海外直接投資所帶來的技術、技能和管理技巧一般是根據母國自身需要而發展起來的，其適用性如何取決於東道國吸收、消化和創新的能力；跨國公司的技術轉移戰略中總是力圖把先進技術和新技術控製在體系內部，而將陳舊技術逐步轉移海外（如根據產品生命週期變化進行的產業外移）。可見，吸收外商直接投資（包括跨國公司的非股權參與）並非所有國家特別是發展中國家技術與技能提高的萬能藥。不僅如此，跨國公司海外直接投資亦可能給東道國技術進步帶來不利影響，如跨國公司海外子公司可能挖走東道國相當數量的高級科技人才、專門管理人才及熟練技術工人，導致東道國人才流失；對於那些過度奉行「以市場換技術」的發展中東道國而言，跨國公司可能通過激烈競爭打垮當地生產企業，從而讓東道國不僅市場出讓了，而且獲取技術的計劃也落空了。[①]

三、FDI 的國際產業轉移效應

跨國公司對外直接投資的過程，也是產業國際轉移的過程。外商直接投資帶動了產業的國際間轉移，轉移產業的先進程度取決於跨國公司的技術水平。產業的國際轉移無論對發達國家還是發展中國家的產業優化升級，都有一定的促進作用。但由於跨國資本的逐利本性和發展中國家的技術差距，發達國家和發展中國家在國際產業轉移中所獲得的收益和付出的代價是截然不同。

對發達國家來說，由於投資雙方經濟發展程度、技術水平都較高且相互間的經濟、技術差距不大，往往是各有千秋，外

---

① 肖衛國. 跨國公司海外直接投資對東道國的經濟效應分析 [J]. 財經問題研究，1999（9）.

來資本很難對東道國某一產業形成絕對優勢的產業控製或市場控製。因此跨國公司在發達國家之間的相互投資，一方面是促進了相互間新興產業的發展，彌補了各自產業結構的缺陷，推動了相互間產業結構的優化升級；另一方面，也加劇了各國之間的產業競爭，迫使了競爭手段的多樣化和競爭層次的不斷提高。英國經濟學家尼爾·胡德和斯蒂芬·揚（Stephen Young）解釋這種效應的原因在於：①發達國家一般有能力提供更有效的抵消力量對付外國跨國公司，因此對於外商直接投資所引發的主權和自主問題並不突出；②由於發達國家資金比較充裕、顧客消費能力較強，所以發達國家間的國際直接投資一般不存在產品適宜性和技術適宜性問題；③發達東道國的當地企業具有更大的潛力吸引外來企業的技術與技能，也有較強實力和較豐富經驗與外來者進行激烈的競爭。①

對發展中國家來說，跨國公司投資所帶來的國際產業轉移效應卻存在著較大的差異。一方面，產業的國際轉移在一定程度上確實能夠促進投資雙方國家產業結構的優化升級。對發展中東道國而言，國際產業轉移為發展中國家產業結構調整、升級提供了發展的機遇和動力，跨國公司對當地企業的產業關聯效應和競爭示範效應都能有力地促進當地企業技術提升，為發展中國家產業自立發展累積了技術基礎。而對發達的投資國而言，發達國家將失去或即將失去比較優勢的產業轉移到海外，置換出資本和勞動力可以用於發展附加值更高的新興產業，為本國的產業結構優化升級創造了條件。據日本研究機構的一項調查結果顯示，1998年日本五大電子公司將其產品線中近40%的產品轉移海外生產，而把節約出來的資源轉向通訊信息產業，大力發展計算機、移動電話、液晶顯示屏、GPS衛星導航系統

---

① 尼爾·胡德，斯蒂芬·揚. 跨國企業經濟學 [M]. 葉剛，等，譯. 北京：經濟科學出版社，1990.

等高新技術產品的研發與生產，極大地促進了日本國內產業結構的高度化發展。[1]

另一方面，產業的國際轉移也給投資雙方國家產業結構優化帶來了負效應。發達國家轉移出來的產業不僅會減少國內生產，造成國內該產業競爭能力的下降和失業人數的增加，而且易於產生產業空洞化現象，所謂產業空洞化是指一國將某產業向海外進行轉移而導致本國該產業的萎縮甚至消失，如果該國不能及時發展高級產業予以彌補，將導致該類產業在本國產業結構中的空缺，形成「空洞現象」，這將給該國經濟發展和產業安全帶來較大的負面影響。

與發達國家相比，國際產業轉移對發展中東道國的負面效應更嚴重。這主要表現在：①國際產業轉移會進一步加大發達投資國與發展中東道國之間的產業級差，過分依賴跨國公司的產業轉移效應將固化雙方之間的產業級差，發展中東道國將在不利的國際產業分工中陷入「比較優勢陷阱」的惡性循環中，進一步增加雙方的產業級差，從而成為發達國家產業發展的依附。②過度依賴國際產業轉移來提升國內產業發展，易於受制於跨國公司的自身發展戰略，壓抑當地企業的發展，從而導致國內產業控製和市場控製的失控，造成國內產業結構和市場結構的非均衡發展，進而對本國的產業安全造成嚴重的威脅。③發達國家向發展中國家轉移的產業大多是在其國內已經失去優勢或即將失去優勢的產業，以高污染、高能耗產業為主，這些產業的國際轉移將給發展中東道國帶來極大的環境問題和相應的諸多社會問題，等等。

---

① 李洪江. 跨國公司新發展及其經濟效應分析［M］. 哈爾濱：黑龍江人民出版社，2002：125－128.

四、FDI 的就業效應

就業問題一直是國際社會與各國政府所密切關注的問題。聯合國跨國公司投資與管理司 1994 年以「跨國公司、就業與工作環境」為主題，專門研究了外商直接投資對投資雙方國家的就業的影響。表 4-3 為其中的一項研究成果：外商直接投資對東道國就業的潛在效應。

表 4-3　　外商直接投資對東道國就業的潛在效應

影響表現	影響領域	就業數量	就業質量	就業區位
直接效應	積極效應	創造直接就業機會	工資福利待遇較好，生產力水平較高	為高失業區增加新的和更好的就業機會
直接效應	消極效應	併購可能導致「合理化」裁員	在雇傭和晉職等方面引進不受歡迎的各種國際慣例	城市擁擠加劇地區不平衡
間接效應	積極效應	通過關聯效應創造間接機會	向國內企業傳播「最佳營運」工作組織方法	促使供應商轉移到勞動力可得地區
間接效應	消極效應	依賴進口或擠垮現有企業會降低就業水平	在國內競爭時降低工資水平	擠垮當地企業，導致地區性失業惡化

資料來源：聯合國跨國公司投資管理司. 1994 年世界投資報告 [R]. 北京：對外經濟貿易出版社，1995：231. 本書略有修改。

表 4-3 列出了外商直接投資對東道國在就業數量、質量和區位等方面的直接效應和間接效應，說明了外商直接投資對東道國的就業產生了較大的影響。但該研究結論更多的僅是一種靜態效應的分析，並未說明外商直接投資對一國勞動力市場的根本影響，因為這要取決於該國產業的具體宏觀經濟因素，以

及面對跨國公司活動導致的競爭與產業分工變化、東道國企業作何反應等所帶來的動態效應。從實際情況來看，跨國公司投資對東道國就業的擠出效應往往非常明顯，尤其是在發展中東道國，而這是該研究報告所忽略的。由於發展中國家企業的競爭力普遍比較弱小，外資的大量湧入不可避免帶來當地同類企業的破產倒閉、工人失業，產生就業的擠出效應。

外商直接投資的就業效應主要是受投資行業和經營戰略兩個因素的影響。從投資行業的角度來看，製造業對外直接投資將減少投資母國的就業數量和提高就業質量；而服務業的對外直接投資一般不會給母國就業帶來消極影響，而往往會增加母國的就業數量和提高就業質量。對於東道國來講，接受跨國公司直接投資對就業會產生雙重影響，一是直接或間接地增加就業數量和提高就業質量，二是如果東道國當地企業競爭力低下，可能會產生嚴重的擠出效應。

從跨國公司海外經營戰略的角度來看，跨國公司採取獨立子公司戰略（即海外子公司是一個相對獨立的經營體，具有比較完整的生產銷售體系）一般有比較明顯的生產替代效應，導致母國就業數量降低而東道國就業數量增加；跨國公司採取海外投資一體化戰略（即海外子公司為母公司總體戰略的一個組成部分，僅承擔某種業務功能）時，將會導致東道國從事低附加值生產的就業數量增加而母國從事高附加值生產以及為海外提供服務的就業機會增加；而當跨國公司實行全球化經營戰略時，研發、生產、消費的區位被按照職能分工，跨國公司在其國際化生產體系內實現全球資源的優化配置，從而形成全球化的組織網絡體系，放大了就業的直接效應和間接效應，其影響主要取決於各國區位競爭優勢，競爭優勢強的國家（企業）將獲得高附加值生產過程的工作職位和較好的就業質量，競爭優勢弱的則只能獲得低附加值生產過程的工作職位和較差的就業

質量。因此，在全球化浪潮中努力培養本國（企業）的國際市場競爭能力非常重要。

五、FDI 的貿易促進與國際收支效應

關於對外投資與對外貿易之間究竟是替代關係還是互補關係，理論界一直爭論不休。經濟學大師蒙代爾（R. A. Mundell, 1957）最早提出 FDI 對投資母國的出口替代效應，認為在滿足要素價格均等化條件的基礎上 FDI 的增加將會減少東道國與投資母國之間的貿易總量；約翰遜（Johnson, 1967）、巴格瓦蒂（Bhagwati, 1973）以及拜爾德鮑斯和斯留瓦根（Beldelbos and Sleuwaegen, 1998）的研究都支持了蒙代爾的結論，認為在東道國存在貿易保護的情況下，FDI 會替代東道國進口貿易。而更多的經濟學者，如小島清（K. Kojima, 1973）、坎普（Kemp, 1966）、斯文森（Svensson, 1984）、馬庫森（Markusen, 1985）等則對蒙代爾的 FDI 出口替代模型作了進一步的修訂與驗證，認為國際直接投資並不是單純的資本流動，而是包括了資本、技術、經營管理經驗等一攬子生產要素的轉移，並引入了國家之間技術差異等變量，得出 FDI 可以在東道國和投資母國之間創造新的貿易機會，進而得出 FDI 與出口貿易之間不是替代性而是互補性的結論。而聯合國貿易與發展會議（UNCTAD）的《1996年世界投資報告》從產業角度總結了 FDI 與貿易的關係，得出了貿易與投資之間的關係是因部門而異的結論，認為對特定產品在一定時期內，外商直接投資與貿易可能會產生替代效應，但是從部門和國家層次上，外商直接投資對一國貿易的互補效應大於替代效應。凱夫斯（Caves, 1996）進一步認為 FDI 對東道國貿易的促進效應有兩個方面：一是直接效應，即 FDI 企業自身的出口帶動東道國的出口；二是間接效應，即 FDI 通過對當地企業的影響（如跨國公司與當地企業建立前向或后向聯

繫來促使當地企業生產技術能力的提升等）促進其出口的作用。

外商直接投資對東道國國際收支的影響效應，在短期和長期上表現差異較大。在短期，東道國可以從外商直接投資中獲得明顯的收益，即外資流入可以迅速彌補東道國的外匯缺口，改善本國國際收支狀況。但這種往往是一次性的外資注入，僅有明顯的短期改進效應。在長期，外商直接投資返還期一般是5～10年，隨著投資收益源源不斷地匯回投資母國，將對東道國的國際收支狀況造成較大的不利影響。而對於投資母國來說，外商直接投資對其國際收支水平的影響正好相反。應該說，無論是投資母國還是投資東道國都會為國際直接投資對其本國國際收支的影響而擔憂，只不過投資母國擔心短期不利影響，而東道國則更擔心長期不利影響。

除了以上我們所探討的幾種主要的經濟效應外，FDI對東道國經濟發展還有其他的經濟效應，如制度變遷、產業安全效應等，我們將放在以后章節專門論述。

第二節　FDI對東道國產業結構演進的優化效應及作用機理

一、FDI對東道國產業結構演進的影響

外商直接投資，無論對發達國家還是發展中國家的產業結構調整與演進都發揮著十分重要的作用。理論界對如何看待FDI給東道國產業結構的影響有兩條主要的發展路徑：一類是以弗農的產品生命週期理論（1966）、小島清的邊際產業轉移理論（1987）和區域經濟學的梯度轉移理論為代表的東道國被動影響論。這類理論認為產業轉移源自經濟發展層次較高的發達國家，

且發達國家進行產業轉移主要是為了尋求海外廉價資源和市場，以及充分釋放本國資源進行高科技研究開發活動；而接受投資的東道國接受並採用了相對先進的生產技術，能使潛在的比較優勢顯現出來，因而 FDI 向東道國傳遞和轉移先進生產要素，經由前向和后向關聯效應，會對東道國的產業結構演變產生積極的影響。

另一類是以赤松要的雁行形態論（1936）、筱原三代平的重工業化理論和動態比較費用論（1957）、赫爾希曼的不平衡發展理論（1991）以及關滿博的「全套型的產業結構」理論（1993）為代表的東道國主動接受論。這類理論從動態的角度出發，認為一國應合理分配本國資源，採用適當政策謀求產業結構的優化進程。如日本式的技術引進基本是：進口設備→學習技術→消化吸收→改進提高→國產。其被形象地比喻為「一號機組進口，二號機組國產」。動態比較費用論認為國家應積極扶植目前暫時處於幼小地位但收入彈性高、需求增長快且生產率上升潛力大的產業；不平衡發展理論認為發展中國家應集中有限的資本和資源，優先發展一部分具有戰略意義的、聯繫效應強的產業；全套型的產業結構論理論則從產業技術角度解釋一國不可能發展全套型的產業結構，而只能與他國相互依存、發揮其各自特色，以彌補自身技術缺陷。

具體來說，FDI 對東道國產業結構的影響，宏觀上講存在兩方面促進作用：一方面，FDI 通過對東道國企業的兼併與收購，可以將低質量的資產存量變成高質量的資產存量，從而達到加速企業技術改造、產品更新和產業升級的積極效果；另一方面，FDI 通過設立新企業，可以形成高質量的新增資產，從根本上改變產業結構形成的物質基礎，進而提高整個產業的資本和技術的密集度。

從全球化背景下 FDI 的實際發展來看，跨國公司的海外直

接投資極大地推動了東道國傳統工業的技術改造、新興工業的發展，進而促進了東道國產業結構的優化調整。如：歐美跨國公司對亞洲「四小龍」的直接投資和技術轉讓與「四小龍」的高技術戰略相呼應，積極推動了其產業結構由勞動密集型向資本和技術密集型產業轉變，進而促進了其產業結構的日趨高級化、合理化。

當然，外商直接投資的促進作用也並不是總會存在的。如果跨國公司採用與東道國技術水平相等或相當的生產技術，或是在東道國實行壟斷經營，或是利用其自身壟斷優勢排擠、壓制東道國本土企業，那麼，外商直接投資對東道國產業結構優化促進效應就非常有限，甚至是負效應了。為此，我們應清醒地認識到，我們利用外商直接投資來推動自身產業結構的優化調整時，必須注意幾個問題：①跨國公司推動東道國產業結構調整的正面效應總是有一定的經濟和社會代價的（如某些部門被外資控製、本土企業破產倒閉、失業率提高等），東道國政府必須對跨國公司行為加以引導和必要控製。②其正面效應不會永無止境，一旦東道國總體經濟和產業條件惡化，跨國公司會縮小生產和經營規模乃至撤離東道國（如 1997 年的東南亞金融危機以及其後的數年蕭條導致外資進入東南亞地區的減緩以及某些投資轉移）；因此對東道國而言，創造、增強和保持一國區位優勢的政府政策是至關重要的。③必須在公開和競爭性市場以及技術、技能和組織管理技巧可得條件下利用外商直接投資，以推動結構調整，否則產業結構調整的積極效應將是暫時的，調整的結果將經不住國際市場競爭的考驗，調整的過程也將是不完善的。①

---

① 蔣選. 面向新世紀的中國產業結構政策 [M]. 北京：中國財政出版社，2003：341-342.

二、FDI 影響東道國產業結構的效應分析

FDI 的產業結構效應是近年來國際直接投資理論研究的重要方面。所謂產業結構效應，是指產業結構變化的作用對經濟增長所產生的效果，即對經濟增長發揮著一種特殊的作用。產業結構的高變換率之所以能夠導致經濟總量的高增長率，是因為產業結構的特殊功能，即產業結構效應在起作用。促進產業結構優化有利於發揮產業結構效應，推動和保持經濟的增長率。[1] FDI 對東道國產業結構的影響主要表現在兩個方面：一是產業結構優化效應，二是市場集中度效應。

1. 產業結構優化效應

FDI 對東道國產業結構優化的效應主要表現在四個方面[2]：①通過資本、技術等「一攬子」生產要素的流入，改變東道國的投資結構，進而直接促進東道國的產業結構優化；②因 FDI 流入而帶來的經濟增長效應使得東道國居民的收入水平提高，改變了東道國的消費結構，從而間接地促進了東道國產業結構優化；③跨國公司進入東道國市場而對當地企業所形成的競爭與示範雙重效應，也可在一定程度上促進東道國產業結構優化；④跨國公司生產的產品對東道國居民的消費需求所帶來的引導作用，也會在某些程度上促進東道國產業結構優化。

外商直接投資對東道國的產業結構優化效應來源於其有效地開發了東道國的比較優勢。FDI 所帶來的「一攬子」資源，尤其是技術資產和管理技能，不僅有助於東道國建立新興產業，還能使傳統產業升級，使內向型的產業向出口導向型、更具有國際競爭力的產業演進。更為重要的是，作為 FDI 投資主體的

---

① 蘇東水. 產業經濟學［M］. 北京：高等教育出版社，2005：281－282.
② 楊大楷. 國際投資學［M］. 3 版. 上海：上海財經大學出版社，2003：292－293.

跨國公司具有資本以及技術或管理要素密集的優勢。如果沒有外商直接投資，東道國新興產業的生產或傳統產業的改造也許不會發生，也許會相當緩慢，並且需要相當大的代價。第二次世界大戰后國際直接投資的發展實踐對此已做出了有力的佐證。

　　第二次世界大戰后國際直接投資的重點呈現出從資源開發業向製造業再向服務業轉移的態勢，在目前流向發展中國家的投資中，仍以製造業所占的份額最大。在製造業中，外商直接投資主要集中在電子業、家用電器業、辦公用品業、食品製造業、儀器儀表業、制藥業和紡織服裝業等。在跨國公司進入以前，發展中東道國的這些行業要麼基本上是空白，要麼只能生產少數中低檔次的產品，這是因為缺乏競爭壓力和技術進步的刺激，技術與產品更新緩慢；有限的競爭力主要集中在成本競爭上，因此不能從整體上提升產業結構。外資進入後，使用更先進的技術，生產更高檔次的產品，競爭向強調產品差異化的方向發展，從而與產品質量改進、不斷求新求異的設計、改進售前售後服務等方面結合起來，使產業結構的提升體現在生產、營銷的各個方面。

　　產業結構的優化不僅體現在製造業內部，還體現在高質量服務的發展上。實踐證明，發展中國家服務業與發達國家服務業之間發展水平的差距，要大於二者在製造業的差距。因此，吸引跨國公司對服務業投資是發展中國家優化產業結構的重要手段。服務難以分解又不宜進行內部跨國貿易，跨國公司母公司關於服務方面的所有技術與訣竅都要向海外分支機構傳遞，從而能夠明顯地提升東道國相關行業的水平。服務業水平的提升，對於本國製造業國際競爭力的提高和吸引更多大型跨國公司前來投資，都有重要意義。對一國產業來講，要融入國際分工體系，最大限度地從國際分工中受益，必須具備高質量的生

產服務體系。①

但實證研究也表明，FDI 對東道國產業結構優化效應的產生有賴於兩個因素：一是 FDI 的資本和技術密集程度。我們知道，經濟增長主要來源於資本等生產要素的技術應用，而不僅僅是這些要素的存量。如果外資與當地企業以同等生產效率進行生產，或 FDI 所帶來的生產活動使附加值更低，那麼 FDI 的流入反而不利於東道國的產業結構優化。二是當地企業的特徵和政府政策是否有助於使東道國的生產資源經由外資企業而被納入跨國公司的國際化生產體系。借助於生產要素由投資母國向東道國的轉移，跨國公司使不同國家間的產業重組得以連通，有利於協調調整過程。實現結構進步和產業重組成功的國家更容易吸引 FDI，由此形成了 FDI 與東道國產業升級正向互動的良性循環。這就表明，當地生產要素與外來生產要素的有效融合可使 FDI 對東道國產業結構的優化產生最大限度的正效應。

2. 市場集中度效應

作為與產業結構優化密切相關的一個重要問題，FDI 流入對東道國市場結構也會產生不同程度的影響。在市場結構中，最重要的問題是市場集中度問題。

國際直接投資的實踐表明，大型跨國公司更樂於在市場集中度較高的行業進行投資。外商直接投資的流入必然會影響東道國特定行業生產者的數量及其銷售額，因而對東道國特定行業的市場集中度產生影響。這種影響主要取決於以下具體因素的綜合作用：①東道國市場中外商投資企業的數量和經營規模。一般而言，外資企業的平均規模都大於東道國當地企業。如果東道國某行業進入的外資企業數量少而規模大，則極可能導致東道國該產品市場集中度的提高。大型跨國公司具有雄厚的資

---

① 李東陽. 國際直接投資與經濟發展 [M]. 北京：經濟科學出版社，2002：166 - 167.

源優勢，有能力進行巨額的后續投資和大規模購並東道國本土企業，在較短的時間內大幅度擴大其在東道國的市場份額，進而導致市場集中度的提高。如果東道國某行業進入的外資企業數量多而規模小，而東道國同類企業相應擴大規模，則有可能使東道國該產品的市場集中度降低或保持不變。②東道國同類企業對外國跨國公司進入的反應。當外來直接投資大規模進入時，東道國當地企業可能採取擴大規模和範圍、提高效率、提高產品質量、降低產品價格、經營區位多元化等防禦性戰略，也可能因難以與之抗衡而退出該行業，其結果是外國直接投資的進入導致東道國市場集中度的提高，形成市場壟斷。如果東道國企業有能力進入新產品市場，或有更多的生產此類產品的外資企業進入東道國，則會降低該產品的市場集中度；反之，則會維持該產品的市場壟斷格局。③外資企業對東道國當地企業的影響。FDI 的進入往往加劇了東道國市場競爭的程度，外資企業的示範效應和溢出效應也會促進東道國企業提高生產效率，使之仍保持一定的市場份額，則市場集中度保持不變或有所下降；如果東道國企業在與外資企業的競爭中銷售額下降或倒閉，則市場集中度可能會提高。在東道國企業技術進步較快的條件下，外資企業的比較優勢往往會弱化，當地企業的市場份額可能會增加，進而降低整個市場的集中程度。④外資企業的市場運作。當某一家或幾家外資企業在東道國市場中處於主導地位（即獲得較大的市場份額）后，有可能通過專利技術保護、規模經濟效應等方式來提高市場進入壁壘，從而使市場保持較高的集中度。①

外商直接投資對東道國市場集中度的影響還與東道國的經濟發展水平和經濟規模密切相關。聯合國跨國公司和投資司在

---

① 楊大楷. 國際投資學 [M]. 3 版. 上海：上海財經大學出版社，2003：293-294.

《1997年世界投資報告》中指出，實證研究表明，FDI的進入通常會使發達大國的市場集中度略有降低或保持不變；而對發達小國和發展中國家而言，FDI的進入通常會導致市場集中度的提高。按照國際標準衡量，大多數發展中國家製造業的生產結構分散，生產集中度較低，尤其是在規模經濟效益顯著的行業中，較少有企業能達到規模經濟的要求。這種狀況即與東道國有限的市場容量有關，也與投資能力和技術水平有關，還與市場的分割有關。跨國公司在東道國的生產經營活動與投資國、東道國的市場結構特徵密切相關，大規模的直接投資可能將投資國的相應市場結構複製到東道國，導致東道國市場建立在外資企業高市場佔有份額基礎上，使市場集中度提高，甚至形成壟斷。

至於FDI所引起的東道國市場集中度提高的利弊，目前還是一個頗有爭議的問題。對一些經濟發展水平較低、人口較少和國內市場狹小的東道國來講，較大規模的外商直接投資引起的高市場集中度，有可能因較高的壟斷程度甚至寡頭壟斷而導致壟斷利潤的產生，損害當地消費者的利益，也有可能引發對當地企業的壓制效應。而對發展水平相對較高、人口較多和國內市場容量較大的東道國來講，外國直接投資在適當提高市場集中度的同時，往往有助於增強東道國市場的競爭程度，防止壟斷局面的出現。

除市場集中度效應以外另一個值得注意的問題是，外商直接投資有可能在東道國（尤其是發展中國家）形成力量不均衡的二元市場結構。[①]「一元」為外國跨國公司占支配或主導地位的主要產業群體，在這些產業群體中，外資企業或處於市場主導地位，或表現為主要由若干外資企業一同構成寡頭壟斷或寡頭競爭的市場格局，如墨西哥、巴西的汽車整車行業即是如此；

---

① 楊大楷. 國際投資學 [M]. 3版. 上海：上海財經大學出版社，2003：294.

另「一元」為聚集著大量中小企業並不同程度上依附於前一類產業群體的產業，此類產業中的大多數企業處於前一類產業中外資企業的上游，具有高度的依賴性，因而深受「買方」壟斷勢力的盤剝。這種市場結構的不合理配置，必然對東道國經濟發展和本國民族產業的成長帶來負效應。[1]

三、FDI 產業結構優化效應的作用機理

外商直接投資進入東道國市場，可以促進市場競爭的加劇和效率的提高，但最實質的影響是改變了東道國資源的配置和生產效率，從而對產業成長發生作用。跨國投資相對於國內投資而言，總是伴隨著一攬子生產要素轉移，以資本為紐帶，將跨國公司的產品、技術、經營管理模式以及附加在上的文化，通過要素轉移和要素滲透改變一國產業的運行，在促進技術、資金行業發展的同時，還帶動了國外、國內相關配套產業的發展，並推動著這些行業內部產品結構的升級，優化著國內產業組織結構。這種對產業成長的廣泛而深遠的影響是通過外商投資的技術轉移與溢出、產業關聯、競爭與示範等多種效應途徑表現出來的。[2]

1. FDI 的技術轉移與溢出效應

FDI 的產業結構優化效應主要是通過技術轉讓與溢出、競爭示範效應以及直接或間接的資本增量與存量調整等途徑來發揮作用的。其中，作為產業結構優化效應的決定因素，FDI 的技術轉讓與溢出是其產業帶動作用的核心，它可以直接或間接引起特定經濟區域內的要素重組和要素生產率的提高。

---

[1] 由於本書探討的問題是 FDI 對東道國的產業結構優化效應，故 FDI 對東道國的市場集中度效應不作為本書研究的重點。

[2] 參見：許慧青. 利用外資與產業結構優化 [D]. 中國學術期刊網，2004：11–13.

FDI 促進東道國技術進步的途徑有兩條：一條是直接作用，即通過與當地企業合作，直接向合作方轉移先進的技術；另一條是間接作用，即主要是通過技術溢出效應來間接地提高東道國企業的要素生產率，引起組織創新，提高管理水平。出於保持自身技術領先優勢的考慮，跨國公司往往通過技術轉讓的內部化（如實施海外獨資子公司戰略），讓技術的國際轉移僅限於本公司組織體系內，通過專利保護等手段來防止先進技術的外溢。而向東道國（尤其是發展中國家）所轉移的技術往往是已經或即將失去競爭優勢的技術，對其自身威脅較小，但對東道國的技術促進作用有限。

相對於直接促進作用，FDI 對東道國的技術溢出效應作用更明顯。所謂溢出效應，是指由於外商直接投資資本內含的先進技術、人力資本、R&D 投入等因素通過各種渠道導致技術的非自願擴散，促進了當地生產率增長，進而對東道國長期增長作出貢獻，而跨國公司又無法獲取全部收益的情形。其中，來自人員流動的技術外溢效應最為明顯。

跨國公司向海外子公司轉移技術不僅通過機器、設備、專利、外籍管理者和技術人員，還通過培訓東道國當地員工，尤其是跨國公司在實施本土化策略時則更為必要。這種培訓幾乎影響所有層級員工，且培訓類型從在職培訓到研討會甚至到海外教育，這根據技術需要而定。跨國公司的專有技術知識往往必須依附在特定的勞動力身上。但隨著這些員工的離職並為國內企業工作時，這些技術知識也將隨之移動。由於很難用實證手段來研究人員流動對 FDI 技術外溢效應的重要性，比如很難測度從跨國公司向東道國當地企業的人員流動的多少，而對於估計這種人員流動在提高當地企業生產率中的作用就更難了。因此，目前的研究主要集中在跨國公司的員工培訓、研發及人

員流動數量來間接反應這種技術外溢效應。[1] 如 Pack、Wong 等人（2004）在研究臺灣地區 IT 人員流動在技術擴散中的重要作用時，發現臺灣地區的 IT 領先企業中，有一半以上的高管人員、近 40% 的 IT 工程師和技術熟練工人都曾有過在歐美日等跨國企業的工作經歷。

2. FDI 的產業關聯效應

FDI 的產業關聯效應是一種產業間外溢效應，分為前向聯繫和后向聯繫。前向聯繫是指跨國公司子公司與其下游客戶企業之間的聯繫，即跨國公司子公司向東道國企業出售產品並作為這些企業生產過程的投入要素所產生的經濟聯繫，這有利於解決當地企業生產中的瓶頸制約。后向聯繫是跨國公司子公司與其上游供應商之間的聯繫，即跨國公司向東道國企業購買產品並作為自己的生產要素而產生的經濟聯繫，這種聯繫可以創造對當地企業的需求，從而刺激當地產業的發展以及實質性的投資活動。

通過建立一定廣度和深度的產業關聯，與東道國經濟內部建立一體化的生產過程，可以使 FDI 的產業結構效應不僅僅限於引進外資的部門，在經濟中的其他環節也能產生一種反應機制。通過跨國公司生產和銷售過程中的前后聯繫，通過與市場進入有關的溢出效應和外在效應，這類影響被擴散到其他企業中，這是 FDI 通過生產方法或結構方面的級差對發展中國家產生的一種外部經濟效果。經由后向與前向關聯而帶動相關產業，進而促進產業結構的優化升級，這是很多國家對主要外資項目規定國產化率要求的重要原因。在前向關聯過程中，當地企業通過購買和使用跨國公司高質量的產品，可以促進自身生產工藝和產品質量提高，經由售后服務和培訓產生技術擴散。在后向關聯過程中，國內企業通過以分包零部件和提供服務的方式

---

[1] 韓燕. FDI 對東道國外溢效應及影響因素研究綜述［J］. 產業經濟研究，2004（4）.

而與外資形成一種長期性交易關係，這不僅會帶動中間產品生產，提高國產化率，而且更重要的是：①作為供應商的國內企業可以以較低的代價獲得外商較全面的技術支持，這對於提高國內企業產品質量和生產工藝、促進新產品開發意義重大；②隨著國產化率的提高，大批企業順利納入跨國公司國際分工體系，從而使其生產經營方向能夠同大公司引導的產業結構變動保持高度的相關性。這一切都會最終使外資與國內企業的技術轉讓得以最完整、最徹底地完成，從而通過技術這一核心要素推動產業升級，實現產業結構的有序發展。

以中國當前的家用轎車行業為例（見圖4-1），歐美汽車巨頭紛紛投資於中國家用轎車製造行業並在當地銷售，由於外商對原材料和零配件的品質、規格及配送速度等要求較高，會迫使其上游的原材料（如鋼鐵行業）和零配件生產企業（以當地企業為主）改進技術，提高勞動生產效率，這在客觀上促進了當地供應商的技術改進和效率提高，這是產業的后向關聯效應。這種技術促進效應甚至可以進一步波及更上游的行業，如鐵礦開採。再看前向關聯效應，外資的大量進入導致國內轎車行業的生產迅速發展，為下游的產品銷售與服務環節提供了更多更新更高品質的產品，從而刺激和帶動了下游的汽車銷售與服務以及公路建設等基礎設施的發展，創造出了新的市場需求；而以前必須依靠進口才能滿足這種需求，但受到進口關稅、政策調控等因素的制約而易於形成發展的「瓶頸」，外資的進入在很大程度上緩解了這種「瓶頸」狀況。

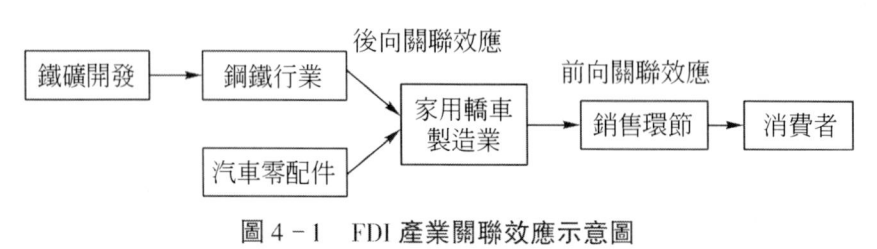

圖4-1　FDI產業關聯效應示意圖

总的来说，FDI后向关联效应比前向关联效应要明显，尤其是跨国公司子公司在东道国当地进行大量采购时会产生很强的后向关联效应。这种作用途径一般包括：跨国公司向当地供应商的直接技术转移，如向当地供应商提供技术支持以提高产品质量或促进革新；跨国公司对产品质量及配送的更高要求，对国内供应商升级其生产管理和技术提供动力；由于跨国公司进入而导致对中间产品的更大需求，从而允许当地供应商享有规模收益；由于跨国公司收购国内企业可能导致重新选择国外原材料来源，从而打破已有的供求网络关系，增强了中间产品市场的竞争。

当然，跨国公司和当地经济存在广泛联系并不能说明FDI对当地经济增长就一定有促进作用，只有在其产生的联系作用高于其取代的当地企业的联系效应时，才能提高福利水平；否则FDI的大量进入将对发展中国家经济造成损害，并在发展中国家形成相对独立的「飞地经济」（Rodriguez Clare，1996）。[1]

3. FDI的竞争效应与示范效应

外资的进入一般都会给东道国市场带来竞争效应。当跨国公司进入高壁垒或强垄断的东道国市场时，此类市场上的当地企业或因政府的强力扶持或因技术、资源、自然垄断等因素，以前难以受到国内同类企业的有效竞争，生产效率普遍不高；而现在外资巨头的进入，原有的垄断优势迅速消失，市场竞争日益激烈。迫于外来竞争压力，这些企业必须更有效地利用现有的技术和资源，或被迫寻求新的、更有效的技术，提高生产经营效率，以维持和扩大其市场份额，这种竞争效应的结果是提高了该产业的资源配置效率，促进了产业结构的调整。可以说，中国银行、电信、航空、汽车制造、流通等行业近几年来

---

[1] RODRIGUEZ CLARE. Multinationals, linkages, and economic development [J]. American Economic Review, 1996 (4), Vol. 86.

迅速發展的主要原因就在於中國對外開放程度的不斷加深以及由此帶來的不斷增強的國際競爭壓力。

競爭效應還可以發生在其他相關產業,既包括子公司所在產業的上游產業,也包括下游產業。此外,FDI還有助於促使東道國低效率乃至無效率的當地企業的破產或轉型,釋放部分資源用於更有效的渠道,如將資源轉向擁有先進技術的跨國公司,或有效的新市場進入者(國內和國外),或用於經濟的其他產業。

大量研究表明競爭和技術溢出效應存在正相關關係。比如,Wang和Blomstrom(1992)構建了一個跨國公司子公司和當地企業的策略互動模型,結論是競爭越激烈越能刺激子公司引進更先進的技術,從而產生技術溢出效應的潛力越大。然而,也有研究表明存在來自競爭的技術溢出的負效應。Markusen(1997)認為FDI能導致激烈競爭,改變大量相關產業的供求狀況。雖然當地企業可以受益於一定的技術外溢效應而降低平均成本,但因為跨國公司擴大市場份額或將需求從當地企業轉到其他企業,從而使當地企業維持低成本所需要的生產規模無法實現,結果是企業實際生產的單位成本仍很高,甚至高於跨國公司進入以前的成本,從而導致技術溢出的負效應。①

通常情況下,外商投資企業在規模、產品技術及市場開發等方面比東道國企業擁有更大的經濟優勢,往往會利用其優勢來提高東道國產業的市場集中度,競爭者將面臨較高的進入壁壘,致使產業壟斷性加強。當然,競爭效應與外商投資企業的進入方式和東道國產業市場發展的特點密切相關。如綠地投資將增加東道國該產業的企業數量,若為一般性競爭產業則會增加市場競爭強度;如果採取收購或兼併方式,若收購的是當地

---

① 韓燕. FDI對東道國外溢效應及影響因素研究綜述[J]. 產業經濟研究,2004(4).

的大型企業，則往往會增加該產業部門的壟斷程度。

競爭效應往往會引發示範效應。所謂示範效應主要是指由於跨國公司與東道國企業之間存在技術差距，導致東道國本土企業有一種逐步採取與跨國公司相似生產技術的趨勢，即東道國企業希望通過學習和模仿跨國公司行為而提高自身的技術和生產水平。最重要的是，跨國公司在企業文化方面有一整套制度和理念，可以為東道國企業管理提供有益的借鑑。尤其是跨國公司具有的生產、質量、財務、人員、銷售、售后服務等一整套管理制度，對東道國企業及東道國都會產生巨大的溢出效應。

當跨國公司子公司帶來新技術和管理實踐並運用到市場中時，往往會對東道國企業產生一定的示範效應。東道國企業可通過對外商投資企業生產和管理技術的感應、模仿、吸收和創新，在不同起點、不同層面上與原有生產和產品結構產生衝擊與推動作用，並結合自身情況進行技術改造和吸收，在此基礎上進行革新，從而降低自身技術創新的風險和不確定性，並逐步通過各產業間投入、產出關係的相互傳導推動產業升級。此外，外商獨特的管理、競爭、營銷技巧也會產生良好的示範效應，使得國內企業相應地取得后發優勢，從而刺激和帶動國內企業改變經營現狀，並提高相關產業素質和帶動產業結構調整；同時，在外資集中的區域，因收入提高和消費示範效應，可在一定程度上引起需求結構的變化，這種需求拉動效應顯然會推動產業結構向高級化發展。

4. FDI 的資本促進效應

FDI 的資本促進效應主要表現在對東道國產業結構的增量改善和存量調整兩個方面。

在增量改善方面，外資的注入能直接彌補東道國的資金與技術缺口，改善資源配置格局和效率，促進東道國特定產業的發展和整體產業結構的優化。首先，外商直接投資設立新企業，

往往可以形成高質量的新增資產，跨國投資的技術含量一般都明顯高於東道國同類企業，生產要素的轉移對東道國（尤其是發展中國家）產業的長期發展至關重要。而跨國投資的較大份額投向資金技術相對密集的產業，能有效地提升與改善東道國的產業結構，跨國投資企業的規模往往較大，較之本土企業更能體現出規模經濟效益。對體制轉軌國家來說，利用外資對改善資源配置格局和效率的作用更為明顯，這些國家雖然以往儲蓄率較高，但資源配置效率較低，存在著大量的虧損企業，產業整體效益水平較低；由於跨國企業具有較完善的經營管理體系和嚴格的資金預算約束，其進入將在一定程度上提升特定產業的整體效益水平。

其次，外資企業的成立與發展有利於資源的相對集中配置，為東道國優勢部門的發展創造了條件。外資企業尤其是跨國巨頭一般傾向於投資具有綜合優勢的產業部門，這些部門往往是東道國尚需進一步發展的部門。外資企業的進入一定程度上緩解了東道國發展中的技術和資金的相對短缺，同時又吸引了其他資源向這些部門的相對集中。由於外資企業具有技術、資金和管理制度方面的優勢，使得他們對東道國國內資源具有較強的吸引力，外資企業容易取得擴大規模和進一步發展的各種資源，進而形成產業結構的聚集化。①

在對東道國的資產存量調整方面，外商直接投資通過對東道國企業的兼併收購，可以將低質量的資產存量變成高質量的資產存量。跨國投資之所以被稱為「一攬子創造性投資」，就是因為隨著資金的轉移，觀念、技術、管理、營銷、市場網絡等都會隨之移向受資方。沒有這些綜合因素的跨國轉移，東道國國內企業即使投入大量資金，也難以明顯改善其產業的質量。

---

① 陳繼勇. 國際直接投資的新發展與外商對華直接投資研究 [M]. 北京：人民出版社，2004：340-342.

此外，外商直接投資還可以通過資金和技術扶持的方式提升東道國關聯產業的存量資本和新形成資本的質量。當跨國公司向東道國企業購買原材料和零配件時，對其質量、技術和性能將提出較高要求，往往會提供相應的技術標準和技術援助，甚至是資金扶持，從而提升這些關聯產業的技術與產品水平。

但是，從根本上講，跨國企業本質上都是逐利的，東道國能否享受到 FDI 的資本促進效應，在很大程度上取決於東道國在產業結構調整方面對 FDI 的利用效率和相關政策。如果 FDI 的利用效率長期偏低，那麼不僅會導致產業投資結構性的傾斜，而且會使國內資金缺口隨著外資企業利潤的匯回而進一步加大，使得該國經濟越來越依賴外國資本，陷入到「中心—依附」的惡性循環之中。

根據以上分析，我們做出 FDI 促進東道國產業結構優化的作用機理示意圖，如圖 4-2 所示。

第三節　FDI 產業結構優化效應的制約因素

不容置疑，產業資本的國際性流動，從其本性上來看是逐利的，並不是以東道國的利益出發的。因此，FDI 的產業優化效應（也稱為產業帶動效應）是非自願的行為，它不是平均分散在產業或國家之間的，FDI 的產業結構優化效應在發達國家中往往比在發展中國家中更為明顯。有關研究表明，外商直接投資對發展中東道國產業結構的優化效應是有限度的，總是在跨國公司的利益目標和發達國家產業調整範圍之內的。

利用外商直接投資促進一國產業結構優化升級的局限性表現在：①外商直接投資雖有助於發展中國家建立和增加一些現

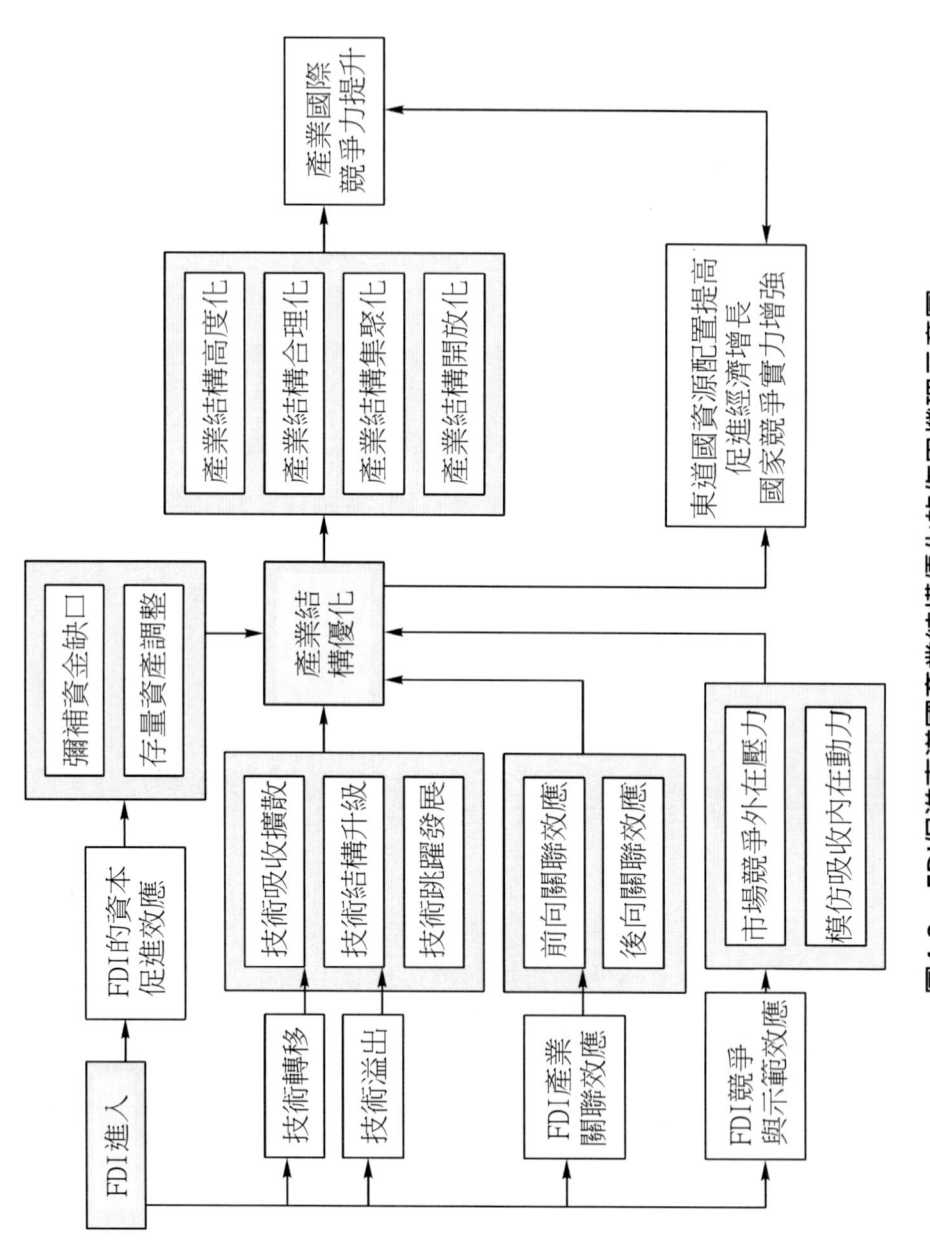

圖4-2　FDI促進東道國產業結構優化的作用機理示意圖

代化工業部門和企業，促進產業結構升級，但是難以成為發展中東道國的主導產業。外商資本的逐利性導致其投資的方向、規模、可持續性等方面是不以東道國政府的意志為轉移的，因此其產業優化效應總是有限的。②發展中東道國不可能完全依靠外商直接投資來解決所謂產業級差問題。自從國際分工發生之后，國家之間的產業級差就存在，不同經濟發展水平的國家在國際分工體系中處於不同的層次；國際分工格局對外商投資的流向、結構會產生導向誘致的效應。國際分工生產過程中分工級差將越來越普遍，生產過程的分工級差成為國際產業級差的內在決定因素（冼國明，1994）。③發展中東道國從國際產業轉移中所得到的利益與代價未必對等。發展中國家可以通過承接發達國家轉移的產業來提升自己的產業結構技術水平，但如果這些產業屬於發達國家有害工業轉移，以環境惡化為代價，則將產生嚴重的外部不經濟。而且，由於產業級差和技術級差的存在，發展中國家在全球產業結構調整浪潮中的利益分配也處於不利的地位。①

總的來說，FDI 產業結構優化效應的大小和範圍主要受到東道國和跨國公司兩方面因素的影響與制約，東道國方面因素包括東道國產業結構與產業轉移承受能力、當地市場與企業稟賦、東道國投資環境與政策等；跨國公司方面因素則包括跨國公司的投資戰略、對海外子公司的產業控製及其內部化策略、外資項目的產業關聯性等。

一、東道國的產業結構與產業轉移承受能力

外商直接投資產業選擇或產業進入並非完全由跨國公司本身所決定，而要受到東道國許多因素的影響。東道國的經濟發

---

① 蔣選. 面向新世紀的中國產業結構政策 [M]. 北京：中國財政出版社，2003：158－159.

展總量與潛力、自然稟賦、人力資源與素質、技術水平、基礎設施建設及相關政策在一定時期都會不同程度地影響外資流入的產業或部門。研究表明（崔新健，2001），外商直接投資行業決定因素主要包括轉軌制度因素、投資母國與東道國相比的工業優勢、產品特點和投資動機。尤其值得關注的是，東道國已有的產業結構也影響著外商直接投資的產業選擇。跨國公司在對外投資決策時，往往選擇那些與其在國內生產經營相同或相近的產業進入，這樣，跨國公司可以利用已具備的熟練勞動力、技術和富有國際競爭經驗的管理人才，伴隨資本移動而在東道國迅速形成組合，達到規模經濟、降低成本或把國內已經落後的生產線作為投資轉移到國外，延長企業生產能力的使用壽命，創造更大利潤。因此，在其他條件一定情況下，東道國的產業結構就成為 FDI 產業結構優化效應的重要影響變量。①

運用國際產業轉移浪潮來調整自身的產業結構，東道國必須具有一定的產業接受能力。產業轉移過程中的各種差距是客觀存在的，特別是在文化、社會背景不同的情況下，產業轉移過程還會產生相當程度的制度和文化方面的衝突。東道國在產業轉移中縮小技術與結構差距，往往需要一個較長時間的增長要素累積和學習的過程，這就要求東道國首先必須要有一定的產業基礎。在產業升級過程中，原材料、零部件、機械設備、勞動技能等與原產業結構下的生產技術所要求的不同，而且更加專業化。東道國如果不能生產外商投資企業所需要的產品，就難以吸納具有先進生產技術的國際直接投資。其次，東道國還應有消化吸收和推廣應用跨國公司先進技術的能力，這包括對先進技術的選擇能力、消化吸收能力、根據市場需求和生產要素供給情況作出適應性調整的能力以及東道國基礎教育和熟

---

① 蔣選．面向新世紀的中國產業結構政策［M］．北京：中國財政出版社，2003：160．

練勞動力、科技和管理人才的配備狀況等多個方面。

二、東道國當地市場與企業稟賦狀況

東道國市場及當地企業狀況能夠直接影響到 FDI 的技術溢出效應，即跨國公司在多大程度上向子公司轉讓技術，以及當地企業在多大程度上吸收外溢的先進技術和管理經驗，在很大程度上直接取決於東道國市場狀況及當地企業的實力。東道國市場結構與競爭狀況將在下面專門論述，此處主要討論東道國經濟發展水平、當地企業與跨國公司技術差距狀況、東道國企業的投資努力以及當地企業規模等因素的影響。

正如前面所分析的，FDI 對東道國產業結構優化效應發揮是需要有一定基礎的，其中東道國經濟發展水平是一個最基本的制約因素。有研究成果表明，只有當東道國與投資母國的經濟發展水平大致相當或差距不大時，FDI 的產業優化效應才能得到較好的發揮；反之，當雙方經濟發展水平差距過大時，東道國過於落後的人力資本和基礎設施建設等瓶頸問題將嚴重制約 FDI 產業優化效應的正常發揮。目前尚沒有證據表明外商直接投資在最貧窮的發展中國家存在溢出效應（Blomstrom，1994）。

當地企業與跨國公司之間的技術差距狀況以及當地企業的學習更新能力也是制約 FDI 產業優化效應的重要因素。出於維持市場競爭優勢的考慮，跨國公司往往都會對其擁有的先進技術的轉移與溢出進行嚴格的限制。東道國當地企業要想獲得跨國公司的先進技術，主要依靠對 FDI 技術溢出效應的有效利用，要實現這一點，當地企業自身的技術水平和學習更新能力是關鍵。

關於當地企業與跨國公司之間的技術差距大小對 FDI 技術溢出效應的影響，目前理論界尚有爭議。有學者認為，外資企業和當地企業技術差距越大，外溢效應越大（Findlay，1978；

Sjoholm，1999）；也有學者認為技術差距越大，技術溢出效應越小，只有適當的技術差距才會發生正溢出效應（Kokko，1994；Girma，Wakelin，2001）。儘管如此，筆者認為，東道國企業對跨國公司先進技術的學習和消化吸收能力才是有效利用 FDI 技術溢出效應的最關鍵的因素。

此外，東道國企業的規模在一定程度上也影響著 FDI 技術溢出效應。現有的研究表明，小型當地企業更能充分享受 FDI 技術溢出效應。大型當地企業，尤其是大型出口商可能已經具有競爭力且在較高效率上經營，它們受到國際市場競爭的壓力往往更大些，而小型當地企業可能還未暴露於外國競爭壓力之下，並在次優效率上經營，於是當地跨國公司在與之接觸時能為它們提供急需的生產技術和管理經驗。因此它們更可能受其跨國公司的影響，並分享更高的 FDI 溢出效應。①

三、東道國的市場結構與市場競爭狀況

跨國投資理論自其形成階段起就認為，跨國公司海外投資的一個主要目的是控製不同國家內的企業，消除競爭，使其自身處於有利地位，獲取超額利潤。海默（Hymer，1960）認為跨國公司的海外投資實質上就是其壟斷優勢的擴展，本身就是一種市場扭曲，它會產生反競爭的不良效應。凱夫斯（Caves，1982）進一步認為，跨國公司在投資母國和東道國都有壟斷意願，但其在海外比在母國更易於形成壟斷行為，這主要是因為海外市場上競爭對手較少，串謀容易，企業就會產生串謀的意願和行為②，通過串謀，可使跨國投資企業獲得更高的收益。

---

① 韓燕. FDI 對東道國外溢效應及影響因素研究綜述 [J]. 產業經濟研究，2004（4）.

② 串謀是產業組織理論中的一個重要概念，指在不完全競爭的市場中，主要廠商之間組成公開默認的價格同盟，對市場進行人為分割的行為。

當跨國公司在東道國市場上佔有較高的市場份額時，易於形成外資企業一家獨占或少數幾家外資企業寡占的市場格局，此時外資企業普遍存在壟斷動機和壟斷行為，典型的表現是不開發不引進先進技術、產品更新換代慢和產品價格居高不下。以中國引進外資利用先進技術的具體情況來看，由於中國在改革開放初期所實行的「以市場換技術」戰略所出現的偏差（即一個行業只向少數幾家跨國公司開放），導致中國相當部分行業為外資投資企業壟斷控製，如轎車製造業中的德國大眾、無線通訊設備製造業中的摩托羅拉、洗滌用品行業中的寶潔、聯合利華與德國漢高；直到20世紀90年代中后期，在華外商投資企業中，使用了母公司先進技術的僅占14%，使用了比較先進的占53%，而未採用先進技術的占到33%。但隨著中國在20世紀90年代後期對引資戰略的調整，開始大規模放開市場、引入競爭后，在華外資企業採用先進技術的熱情空前高漲，僅到2001年採用母公司先進技術的就占到42%，比較先進技術的占到45%，而未採用先進技術的比例下降到了13%（江小涓，2002）。①

中國的事實說明，外商投資企業在壟斷性市場中，普遍缺乏技術更新的意願和動力，新產品新技術的引進與開發速度都較慢；並且出於維持和擴大壟斷利潤的原因，還會採取專利技術保護、設立技術轉移與溢出壁壘等手段來壓制東道國企業的技術進步，其外資產業帶動效應是相當有限的。反之，競爭性的市場結構能夠引導外商投資企業的行為合理，加速新產品、新技術的開發與引進，通過不斷改進技術、降低成本和價格，以求在激烈的市場競爭中生存與發展。

從中國的實踐看，雖然跨國公司規模巨大，在海外投資中

---

① 江小涓. 跨國投資、市場結構與外商投資企業的競爭行為［J］. 經濟研究，2002（9）.

普遍具有壟斷意願和壟斷行為，但與許多國家早期的封閉狀況相比，進口商品的競爭、多家跨國企業之間的競爭以及東道國本土企業的競爭，將會大大減少少數巨型企業在東道國市場上居於壟斷控製地位的現象。在一國經濟的全球化程度已經較高、特別是外商投資企業已占到較高市場份額時，東道國政府如果對國內產業實施較高的保護措施和限制國外投資者的數量，這實際上是保護了現有的國外投資者的利益，使其能獲得比在母國市場上更強的壟斷力量，其對東道國的產業帶動效應會變得很有限。

四、東道國政府的外資政策選擇與管理

東道國政府的政策和管理是影響 FDI 產業結構優化效應的一個重要因素。各國政府產業政策的變化對產業結構升級起著重要的促進作用，它引導外資在不同部門、不同地區間的配置。產業政策是一國產業發展戰略的具體表現，各國在不同經濟發展時期有不同的產業政策及相關產業的配套發展措施。

由於各國的經濟發展水平不同，各國的具體產業政策也有差距，對外商直接投資流向的引導也具有不同特點。尤其在一些具體部門表現得更為明顯，如發展中國家工業化初期，由於勞動力、土地、資源相對低廉，外資企業往往集中於勞動密集型產業；隨著經濟發展，勞動密集型的優勢基礎逐漸失去，建立資本技術密集型產業的條件逐漸成熟。與此同時，為適應購買力的變化，產業政策會特別刺激一些需求旺盛產業的發展，如把汽車行業作為支柱產業予以扶持，把住宅建築業作為新的經濟增長點，通過政策鼓勵，引導外資流入這些部門，也是一個普遍現象。①

---

① 蔣選. 面向新世紀的中國產業結構政策 [M]. 北京：中國財政出版社，2003：162.

FDI產業優化效應的有效發揮還有賴於政府正確的政策選擇和恰當的管理。在不完全競爭的市場中，存在許多妨礙產業帶動的現象，如信息的不對稱會妨礙外資尋找適宜的合作夥伴和選擇恰當的投資方向，較低的競爭壓力使外資的技術轉讓陳舊而緩慢，外資的過度壟斷及其造成的產業侵蝕、不公平競爭（如侵犯知識產權）對跨國經營的損害等，這些都需要政府的管理和政策引導。

　　從促進外資產業帶動效應角度，政府需要：①提供具體的產業政策和相關的各種輔助性政策（如對需優先發展的產業實施財政、稅收和金融優惠），從而在產業組織方面刺激本國市場中的外資企業間的競爭，實現規模經營；在產業技術方面刺激外資採用關鍵性或高新技術，鼓勵其在當地的研究與開發活動。②完善競爭規則，加大對各種不公平競爭行為的管理力度。③通過行業協會對企業實行間接調控，從而打破條塊分割，擴展外資前向與后向關聯的空間。④按規模經濟要求，調整中小企業政策，通過完善行業規則、推行國際標準，以及實施各種獎勵與限制措施，鼓勵和引導中小企業同跨國公司建立穩固的供應關係，全面提升本地企業的專業化協作水平，等等。①

五、跨國公司的海外投資策略與產業控製

　　從理論上講，東道國以市場換技術有兩種方式，一是進口商品或產品銷售代理，引進先進技術產品並加以仿製及研發，間接掌握其先進技術以及售後服務方面的管理技術；二是引進外商直接投資，通過跨國公司生產過程中的技術轉移和技術溢出效應，東道國直接獲取先進技術。通常所說的「以市場換技術」一般是指第二種方式。相比較而言，后者是東道國希望的

---

　　① 許慧青. 利用外資與產業結構優化［D］. 中國學術期刊網，2004：15.

最佳方式。然而，僅就 FDI 而言，外商是否願意在其投資中直接向東道國轉移技術，幾乎不取決於東道國的意願，而是取決於外商的投資意向和東道國的投資環境。根據鄧寧的綜合折衷理論（OIL）模式，企業之所以跨國投資，是因為其具有東道國所不具備的技術（資產所有權）寡占優勢與內部化優勢，並能據此獲得在東道國投資的最大收益；同時，外商之所以選擇在東道國投資，是因為東道國具有外商所看重的投資區位優勢。從本質上講，選擇投資和接受投資的過程是投資雙方依據各自競爭優勢進行博弈的過程。究竟誰能在博弈中爭取主動，又與跨國公司的海外投資策略直接相關。[1]

跨國公司的海外投資可分為兩大類：獨資經營、合資或合作經營。在這兩類投資經營方式中，獨資經營為跨國公司所首選。因為在這種方式下，外商除了需要遵守國際公約及滿足東道國引資政策外，對其如何投資、如何轉移技術以及轉移什麼技術具有完全的自主決定權。相比之下，東道國政府除了能以本國的投資政策與相關產業政策來約束投資商外，對其具體投資行為往往沒有什麼干涉或控製的權力，外資的技術溢出效應普遍較低，FDI 的產業結構優化效應也十分有限。反之，以合資或合作經營（包括許可證經營、股份制經營和合作開發項目等）的海外投資方式，跨國公司的自主權受到一定程度的限制，往往在高級設備輸出、先進技術轉移、高級人才培養、東道國國產化比例以及本地生產要素供給等方面都有比較明確的規定，從而導致 FDI 的技術溢出效應非常明顯，對東道國的產業結構調整升級的促進作用突出。國內外的實證研究也表明，對發展中國家而言，以合資或合作方式利用外資，FDI 的產業結構優化效應明顯，並且可以在一定程度上控製外資的流量和流向，是

---

[1] 閻敏. FDI 經營方式選擇實證分析 [J]. 經濟經緯，2006（1）.

「以市場換技術和換管理」的較為理想的方式和途徑。

　　另外，跨國公司對投資產業的控製程度也是影響 FDI 產業結構優化效應的關鍵因素。由於對外投資都有培養潛在競爭對手的直接或間接效應，所以跨國投資企業都有盡可能將其所有權資產的利益內部化的傾向，往往對關鍵性技術進行控製或對先進技術轉讓持保守態度，這已成為了跨國公司的一種本能性策略。當這種策略轉換為一種無所不在的過程控製的時候，便會大大削弱外資的技術溢出效應，使東道國追求國產化的努力成為依賴跨國公司的技術規程和路徑的一種複製過程，進而形成所謂的依賴性工業化（Jenkins，1977）。一旦因技術依賴而形成複製型生產結構，便無法充分分享跨國公司的規模經濟利益和技術溢出效應，使東道國的國產化蒙受成本懲罰、技術懲罰和規模懲罰（劉恩專，1998）。① 這些似乎過於嚴重的估計，確需人們認真對待。為此，東道國在營造良好投資環境的同時，必須努力提高談判能力，力爭獲取更多的軟件技術和戰略信息，並大力強化研究與開發。

　　一般來說，跨國公司對投資產業的控製程度與其自身的企業規模直接相關。Dimelis 和 Louri（2002）② 的研究結果表明：小型跨國公司比大型跨國公司更易於產生 FDI 外溢效應。由於大型跨國公司本身具有更強的經營管理能力和更高的生產效率，因此有能力依賴自身力量在相對封閉的環境下經營；而小型跨國公司本身效率不如大型跨國公司，往往缺乏對產業的控製能力，因此需要更多地與東道國當地企業接觸並建立各種業務關係，從而產生更大的技術溢出效應。

---

　　①　許慧青. 利用外資與產業結構優化 [D]. 中國學術期刊網，2004：15.
　　②　DIMELIS, LOURI. Efficiency Spillovers form Foreign Direct Investment in the EU Periphery: A Comparative Study of Greece, Ireland and Spain [R]. FEDEA, DP series 2002.

六、跨國公司投資項目產業關聯繫數的高低

前面我們強調了同外商建立供應關係、提高國產化率的重要性，其基本前提是外資項目產業關聯繫數的高低。一般說來，外資項目產業關聯繫數越高（尤其是后向關聯效果越明顯），同國內企業建立供應關係的可能性就越大，產業帶動效應也就越明顯。另外，凡是產業關聯繫數高的項目，其資本和技術的密集度也高；同時，由比較優勢和競爭優勢等因素決定，這些產業捲入國際分工、從事跨國經營的程度也較高。因此，大力引進此類高關聯度項目，對一國加速技術進步和工業化進程意義重大。當今世界中，汽車、信息技術、生物工程和航天工業等作為主導產業，其產業關聯繫數極高，分別高達10.1、11.5、9.0和8.5（房漢廷，1996）[1]，而且國際化程度也很高。在這些由跨國公司主宰的主導產業群中，一種企業層次上的複合一體化國際分工體系已經形成（聯合國跨國公司項目，1993），它正在越來越大的程度上決定和引導著全球產業結構的變化。最大限度地納入這一體系早已成為各新興工業化國家成功的基本經驗，它們幾乎無一例外的都是以汽車、信息產業等關聯效應強的產業為龍頭而實現經濟起飛的。因而，中國利用外資的一個基本戰略導向，應該是積極引進高產業關聯度的項目。

總的來說，FDI的產業結構優化效應可通過多種渠道來發揮作用，但在具體實施過程中卻非自動發生的，而是受到東道國和跨國公司兩方面諸多因素的影響與制約。但無論如何，東道國引資環境與政策、本土企業自身的能力（尤其是討價還價能力、技術吸收能力），才是最終決定利用外資產業優化效應的根本因素。只有當地企業有能力並有動力向跨國公司學習並投資

---

[1] 房漢廷. 外商投資效應分析 [J]. 中國工業經濟, 1996 (5).

新技術時，FDI 的產業結構優化效應才能變成現實。但在現實中，FDI 產業結構優化效應不佳的原因，除了東道國產業技術水平低、產業基礎設施發展滯后等，常常還有深刻的制度原因，如：中國計劃經濟體制下所遺留的重硬件輕軟件、重生產技術輕組織技術的陳舊觀念，受政績動機驅使的重引資數量輕引資質量的傾向，因市場機制和企業機制不健全而缺乏競爭壓力，以及缺乏完善的研發機制和有效的人員培訓制度等，這些都會從根本上阻礙外資技術的吸收，使 FDI 的產業優化效應大打折扣。

因此，東道國應在制度建設層面上有所創新，採取適當措施來提高本土企業的學習能力，鼓勵當地企業加強其吸收外國先進知識和技術的能力，提高其積極性。如鼓勵當地企業為學習而進行的投資努力，鼓勵當地企業採用靈活的人才政策，拓寬跨國公司和當地企業之間的人員流動渠道，為當地企業提供公平的競爭機會，充分發揮東道國中小企業的成本優勢和靈活生產優勢，與跨國公司建立廣泛的前向聯繫和后向聯繫等。

同時，東道國政府還應努力進行基礎設施現代化建設，提高教育和勞動力技能水平，並改進整體投資環境，如提高政策透明度、規範市場行為、杜絕腐敗等，給所有投資者以穩定的收益預期。只有這樣才能長期吸引並保持高效的 FDI，並最終促進當地產業的成長和發展。[①]

---

① 韓燕. FDI 對東道國外溢效應及影響因素研究綜述 [J]. 產業經濟研究, 2004（4）.

第五章
全球化背景下 FDI 對中國產業結構的優化

在前面章節中探討了一般情況下FDI對投資東道國產業結構優化的效應、機理與制約因素，本章將從實證的角度，立足於中國的具體國情，研究FDI促進中國產業結構優化的具體情況。

作為處於轉軌時期的發展中大國，中國的產業結構演變一直備受國內外理論界所關注。進入21世紀以來，中國經濟在總量規模持續快速擴張的同時，正面臨著嚴峻而又緊迫的結構性調整問題。歐美發達國家的經驗表明，國民經濟的總量增長與結構變遷是密切聯繫在一起的，產業結構的演變往往能成為推動經濟總量持續擴張的基礎性的因素。面對經濟全球化進程的加速和知識經濟時代的臨近，我們應當也需要在進一步擴大對外開放的過程中來加速產業結構調整的步伐，努力構建與開放型經濟體系運行相適應的產業結構，在日益激烈的國際競爭中更好地拓展國民經濟的成長空間。

第一節　經濟全球化中的中國產業結構

一、對外開放與中國的產業結構

1. 對外開放與產業結構

產業結構是一國經濟增長的基礎，對外開放是促進產業結構調整和升級的重要動力。結構變遷與總量增長之間的相互聯繫，在當代各國經濟日益開放的條件下顯得愈來愈密切，相對而言，前者的地位和影響更為重要。隨著經濟全球化進程的加速、知識經濟時代的日益臨近，產業結構的調整越來越多地成

為啓動和維持經濟總量增長的前提條件；一國或一地區能否有效地進行產業結構的調整，實現產業結構的優化升級，對整個國民經濟的發展和產業國際競爭力的提升都有著舉足輕重的作用。

實行對外開放勢必引起一國市場供求關係的巨大變化，對社會利益集團的分配模式產生影響，進而對該國的產業結構演變發生重大影響。但這種影響並不一定都是有利於東道國的經濟增長，尤其是對發展中國家來說關係則更為複雜。有的發展中國家在對外開放中經濟發展迅速，逐步進入發達國家行列；有的則在對外開放中雖獲得一定的發展，但深層次矛盾卻在不斷累積，進而成為持續發展的障礙；還有的國家則可能在對外開放中日益陷入發達國家依附的惡性循環之中。

究其原因，一個重要的因素在於各自內部的產業結構發展的差異。從市場經濟運行的角度來分析，在實行對外開放的條件下，一國的產業結構調整需要解決好資源配置方面一些深層次的問題，才能為本國經濟的發展奠定良好的基礎。正如陳飛翔（2001）的研究結果所表明的，這些深層次的問題包括：

（1）現有生產資源的重新組合。發展中國家實行對外開放，意味著要根據比較優勢原則進行生產資源的大規模重新配置。對外開放會導致市場需求和供給兩方面發生變化。通常情況下，發展中國家供給相對充裕的是勞動力、土地和自然資源，在勞動密集或資源密集型商品的生產上具有競爭優勢，可以利用國際市場需求來擴大生產規模。但是，發展中國家要將潛在的比較優勢轉變為現實的市場競爭優勢，就需要對產業結構進行改組，把在給定時間上可用的生產資源轉移到具有比較優勢的產業部門中來。為此，發展中國家往往就需要在吸收到外部的資本、先進技術和管理方法等之後，才能較快地和比較有效地完成生產資源的重新配置。應當說，對外開放之後的一國資源重

組,是其在開放進程中增進公眾福利水平,加快國民經濟發展步伐的根本保障。不過,這種資源重組往往要付出相應的成本,有時候這種成本代價是相當高的。

(2) 技術要素的累積和更新。發展中國家的經濟落後,最深層次的制約還在於技術創新的不足,產生這個問題的原因可以從需求與供給兩個角度來分析。一方面,發展中國家經濟結構往往是以對初級資源和簡單勞動力的利用為主,社會生產過程中技術含量普遍比較低,因而導致市場對知識和技術創新的有效需求不足;另一方面,發展中國家能夠投入到知識和技術創新中去的資源少,往往沒有在社會上形成一個有活力的和有效率的技術創新體系,這直接導致技術創新的供給偏少、成本高而水平低,進而嚴重制約了發展中國家產業結構的多樣化和高級化進程。實行對外開放之後,發展中國家通過外貿和引進外資等活動,能夠較快地吸收到外部的先進技術,但技術創新不足仍可能是一種長期性的制約。現實生活中不難看到,技術引進並不能保障發展中國家有效地縮小存在的差距,而是容易陷入技術依賴型經濟的困境,即在技術追趕的過程中需要不斷地引進發達國家的技術,而在核心技術的創新方面則長期處於落後的狀況。應當說,技術要素的存量不足、質量偏低,是發展中國家產業結構優化升級過程中最難以解決的問題之一。

(3) 外部經濟循環的規模擴張。發展中國家在對外開放過程中進行經濟結構調整,很大程度上取決於其國際經濟循環的參與。比如,出口貿易的規模直接影響到生產資源朝具有比較優勢產業部門的轉移速度,沒有快速的出口增長,就難以實現較快的結構調整。同時,出口貿易的增長也直接制約著一國的進口支付能力,後者對發展中國家的技術引進和投資規模等都有重大的影響。發展中國家的經濟成長到一定階段時,企業也要走上跨國投資的發展道路,這對於發展中國家擴大出口貿易

的規模、吸收國外先進技術等很有幫助，從而也有利於推動產業結構的調整。在很大的程度上我們可以說，發展中國家實行對外開放后的經濟結構調整進度是與其參與國際經濟循環的規模擴張速度成正比的，兩者之間是相輔相成的關係。①

2. 對外開放對中國產業結構的影響

改革開放以來，中國的對外開放程度不斷提高，這不僅意味著開放地域的不斷擴大，更是對外開放產業領域與對外技術經濟合作方式與渠道的不斷拓展。以積極促進商品出口和大規模引進外資為主要特徵的對外開放對中國產業結構的演變發生了顯著而深刻的影響。

改革開放以來的二十多年是中國產業結構變動最快的一個時期。一方面，對外開放以來整個國民經濟的工業化進程加快了，三大產業之間的比例明顯趨於協調，中國原有的「重工業過重、輕工業過輕」的畸形產業結構得到了極大的改善，提高了國民經濟的整體運行效益；另一方面，產業發展的高級化進程也明顯加快，這表現為國民經濟各個主要產業部門的技術水平都有相當的進步，通過引進國外的資金、資源、先進技術、設備和管理經驗，加快了國內企業的技術改進和組織再造，機械、電子、航空、航天、石化、汽車以及紡織、輕工等行業或有重新改造，或有全新發展，都極大地實現了技術進步和產業優化升級。

從資源利用的角度來看，近些年來中國產業結構調整中出現的是豐裕要素對短缺要素的有效替代，是按照比較利益原則的迴歸。② 這具體表現在以下三個方面：①工業部門資本與勞動之間的比例相對降低，如輕工業的上升和勞動密集型加工產品

---

① 陳飛翔. 對外開放與產業結構調整 [J]. 財貿經濟，2001 (6).
② 蔣選. 面向新世紀的中國產業結構政策 [M]. 北京：中國計劃出版社，2003：105.

出口的增多，這在開放初期表現尤為突出；②第三產業在整個國民經濟的比重有明顯提高，顯著提高了勞動要素在國民收入中的貢獻份額；③農業部門土地實際投入的有效勞動量大大增加，農村的生產總值規模快速擴張。中國的基本國情是勞動力資源相對豐裕，對外開放之後經濟結構才真正朝著有效利用勞動力資源的方向發展，並由此加速了資本和技術要素的存量累積。

應當說，二十多年來的改革開放促使了中國產業結構向著利用現有資源優勢的方向發展，同時也大大地加快了中國資源稟賦狀況轉變的步伐，這對中國未來的產業結構演變具有重大影響。

二、入世后的中國產業結構

2001年年底中國正式加入世界貿易組織，標誌著中國的對外開放進入了一個新的歷史階段。這主要表現為：①從有限範圍和有限地域的開放轉變為全方位的開放；②從政策性開放轉變為在法律規則框架下的可預期的開放，即按照承諾時間表的逐步開放；③從單方面的自我開放轉變為WTO成員國之間的相互開放。中國與世界各國的經濟聯繫將從以國際貿易為主的淺層次聯繫向以國際投資生產以及生產要素國際流動配置為基礎的深層次聯繫轉變，中國的產業結構將因此而發生重大的轉變。這種轉變既包括入世所帶來的種種發展機遇與好處，也包括深層次的開放所帶來的產業發展的衝擊與壓力。

從受衝擊的產業來看，不僅涉及面比較廣泛，而且影響程度很深。WTO專家喬治·恩布里（2000）認為，入世將對中國的產業發展帶來全新的挑戰，其對不同的產業、不同的部門所產生的影響是不同的，即使對同一產業、同一部門的長期影響和短期影響也是不同的；對農業、汽車業、電信業、傳統的大

菸卤工業（如鋼鐵、化工、採礦業）、金融業產生程度不同的衝擊，而國內整個消費品生產部門將面臨激烈的市場競爭，航空、鐵路、航運等運輸業的壟斷格局將有所改變。李善同等人（2001）的研究認為，國內受到較高保護的農業部門和資本密集型產業，如汽車、儀器儀表、棉花、小麥等部門的產出水平將有較大程度的下降，農業和汽車部門是兩個受到較大衝擊的部門；而勞動密集型產業，如紡織、服裝、家具等傳統的出口大戶行業則是主要的受益者。但也有學者（洪銀興，2001）認為，入世確實給中國紡織品、服裝、家具等勞動密集型產品的出口打開了很大的海外市場，但這種比較優勢缺乏長期可持續性的發展，往往會導致低水平產業結構的發展停滯與固化。中國目前的進出口結構仍然具有發展中國家的明顯特徵，其基本說明因素是，中國的行業內貿易在很大程度上與加工貿易相關，建立在加工貿易基礎上的行業內貿易所取得的出口效益並不高，這是與中國國內產業結構的特性密切相關的。

從產業比較優勢①的角度來看，當前中國的產業比較優勢主要體現在以下 10 個產業：紡織服裝業、文體用品業、皮革業、食品加工和製造業、普通家電業、家具製造業、金屬製品業、橡膠製品業、非金屬礦物製品業、塑料製品業。這 10 個行業均屬於勞動密集型產業。與此同時，中國的比較劣勢產業主要集中在以下 10 個產業：普通機械製造業、黑色金屬冶煉及壓延業、化工業、交通運輸設備製造業、電子業、造紙及紙製品業、有色金屬壓延及冶煉業、石油加工及煉焦業、煤氣的生產及供應業、化纖業。比較劣勢行業基本上都是加工程度較高的技術

---

① 反應產業比較優勢的一個基本指標是貿易競爭指數，貿易競爭指數是反應一國某一產業產品淨出口額或淨進口額的規模係數，一般用淨出口額表示。

密集、資金密集或技術資金雙密集型行業。①

不可否認的是，在擴大和深化對外開放中，目前中國產業結構本身仍存在著嚴重的結構性制約②：一是滯后的產業結構嚴重影響資產資源重新組合，從而制約整個經濟生活開放度的擴大。整體上講，現有產業結構既不適應國內市場需求的變化（過剩和短缺並存），也不適應國際市場的激烈競爭（未能有效地拓展發展空間）。二是由於傳統產業部門在國民經濟中仍然占重要地位甚至是主導地位，導致落后的產業結構嚴重地妨礙經濟運行中的技術創新，降低了國內企業參與國際分工的能力。現有的產業結構形成相對封閉的經濟流程，不利於對國內資產資源進行動態組合，很不利於推進整個產業結構的高級化。三是松散的產業結構無法形成良好的產業關聯帶動效應，導致對外開放進程中利益矛盾上升。產業結構不合理和調整的滯后，使在對外開放中獲得的利益無法通過市場機制進行有效傳導和擴散。產業結構二元化問題沒有得到有效解決，已經成為當前中國經濟對外開放進一步深化時各種矛盾的焦點。

加入 WTO 以後，中國將削減關稅，減少非關稅壁壘，這意味著許多失去保護的產業和企業將面臨巨大的衝擊。當前，中國尚處在經濟體制轉軌期，完善的社會主義市場經濟體制尚未建立起來，國內產業和企業尚未建立起適應市場變動的機制。在這種情況下進入一個競爭日益激烈的全球市場環境，無疑會給經濟結構調整帶來國內和國外雙重壓力。從 WTO 的規則來看，中國現有體制和產業結構調整政策中還存在著諸多不適應性。

第一，產業調整方式的不適應性。受長期計劃經濟的影響，

---

① 蔣選. 面向新世紀的中國產業結構政策 [M]. 北京：中國計劃出版社，2003：114-115.
② 陳飛翔. 對外開放與產業結構調整 [J]. 財貿經濟，2001 (6).

中國產業政策往往帶有濃厚的政府政策偏好，具有明顯的傾向性、歧視性和短期性。如對國家產業政策支持的重點部門和國有企業，中央和地方政府提供了大量的優惠政策，而這些優惠政策對於非重點部門和非國有企業是無法享受的。又如各地政府以行政指令方式給予外資企業的「超國民優惠待遇」。顯然，這種具有明顯傾向性、歧視性的政策與 WTO 規則是不相符合的，必須加以調整。

第二，市場化程度的不適應性。目前在中國國內的一些重要市場中（如商品市場、資本市場、勞動力市場）都或多或少地存在著各種形式的市場封鎖和地方或部門保護主義，由於市場封鎖和地方、部門的壟斷，不僅使得資本、信息、技術、商品、勞動力等生產要素難以在市場內自由流動，市場交易的成本很高，而且往往造成盲目和過度價格競爭，損害了市場效率。這種狀況顯然與開放型經濟格格不入。此外，出於加入 WTO 之後一些發達國家對中國實施的歧視性貿易限制（如針對中國的「特殊保障條款」、「非市場經濟的反傾銷條款」等）在短期內還不會取消，這種市場分割還將破壞國內競爭秩序並影響經濟結構調整。

第三，管理體制的不適應性。受中國現有政體和經濟管理體制的影響，中國政府管理仍存在著較多的直接管理，人為因素制約較多。不少經濟領域中仍然存在著嚴格的審批制度，政策制定和執行的隨意性較大，對經濟活動限制過多。特別是中國各級政府長期習慣於使用「紅頭文件」、「內部規定」調控經濟，這些內部制度往往不為外部人所知，制定和執行權力掌握在少數人手中，缺少外部的有效監督。這與 WTO 所倡導保證政策透明度的基本原則是不相符合的，也必須加以改進。①

---

① 蔣選. 面向新世紀的中國產業結構政策 [M]. 北京：中國計劃出版社，2003：118－119.

入世意味著中國參與國際分工,分享經濟全球化帶來的收益,是中國未來經濟發展的一個基本趨勢。但入世帶來的收益並不是在各產業部門間平均分配,因此加入世界貿易組織意味著較大的經濟結構調整,而結構調整必然帶來相應的調整成本,不同的產業所面臨的機遇和衝擊是不同的。當前,中國面臨的產業結構調整問題就是抓住全球化的發展機遇,積極參與國際產業經濟大循環,不斷地提高自身在國際產業分工中的層次和地位,實現從目前的比較優勢向國際競爭優勢的轉變,在全球產業結構調整浪潮中推進本國產業結構的優化升級。

第二節 FDI對中國產業結構優化的實證分析

經過改革開放以來二十多年的發展,外商直接投資已經成為中國產業投資的主要資金來源之一。改革的實踐表明,外商投資產業結構的變化是中國產業結構轉變的重要影響因素,外資的流入與所帶來的先進技術和現代化管理知識,以及產生的溢出效應,促進了中國各產業部門的技術進步和勞動生產率的提高,也直接推動了中國產業結構的優化和升級。

一、FDI對中國產業結構演變的影響

自改革開放以來,中國引進外商直接投資從無到有、從小到大,隨著中國對外開放的不斷深化和社會主義市場經濟體制的逐步建立,先後經歷了起步、發展、高速增長與調整發展等不同的階段。在不同的經濟發展階段,外商直接投資對中國產業結構演進所起的優化效應是有所差異的。但總的來說,中國產業結構在外商直接投資的促進下呈現出不斷優化的態勢。

从产业结构调整的战略来看，在中国改革开放的初期，由于当时农业、轻纺工业和服务业发展的严重滞后，产业结构超越需求结构而超前演进，造成中国产业结构畸形，必要日常消费品供应严重不足，产业结构处于较被动的适应性调整阶段。1978年中国三次产业的 GDP 构成为：28.1：48.16：23.74（见表5－1、图5－1）。1979—1991年是中国引进外商直接投资的起步和发展阶段，外商直接投资的规模小，且主要集中在东南沿海地区，跨国公司处于瞭解和熟悉中国市场的阶段，中国与世界经济的接触仍以国际贸易方式为主。在这一阶段，外资来源以港澳台地区资金为主，占同期外商直接投资总金额的70%左右；在来自其他国家的资金中，也有相当部分是海外华人的投资，尤其是东南亚国家的华人企业。在这些投资者中，掌握先进技术、拥有较大市场份额和雄厚资金的制造业大型跨国公司较少，中小型制造业、服务和房地产开发企业居多；其在华投资领域集中在第二、第三产业，且基本上都集中在劳动密集型项目上，第二产业主要集中在纺织、服装、食品饮料、塑胶制品、电子元器件等加工制造产业，第三产业主要集中在旅游、商业、饮食、宾馆和娱乐设施等一般服务行业。

以港澳台地区和海外华人企业为主的外资在很大程度上弥补了国内轻纺工业发展的不足，在一定程度上纠正了中国长期以来的「重工业过重、轻工业过轻」的畸形产业结构。但由于其自身技术水平较低且集中在劳动密集型产业，其外资产业结构优化效应并不显著，只在国内引资的第二个阶段（1987—1991年）有所显现。

表5－1　　　　　中国 GDP 的产业构成情况　　　　　单位:%

年 份	第一产业	第二产业	第三产业
1978	28.10	48.16	23.74
1979	31.17	47.38	21.45

表 5-1（續）

年份	第一產業	第二產業	第三產業
1980	30.09	48.52	21.39
1981	31.79	46.39	21.82
1982	33.27	45.01	21.72
1983	33.04	44.59	22.37
1984	32.01	43.31	24.68
1985	28.35	43.13	28.52
1986	27.09	44.04	28.87
1987	26.79	43.90	29.31
1988	25.66	44.13	30.21
1989	25.00	43.04	31.95
1990	27.05	41.61	31.34
1991	24.46	42.11	33.43
1992	21.77	43.92	34.31
1993	19.87	47.43	32.70
1994	20.23	47.85	31.93
1995	20.51	48.80	30.69
1996	20.39	49.51	30.09
1997	19.08	49.99	30.93
1998	18.58	49.29	32.13
1999	17.63	49.42	32.95
2000	16.35	50.23	33.42
2001	15.84	50.09	34.07
2002	15.33	50.37	34.30
2003	14.58	52.26	33.16
2004	15.17	52.89	31.94

資料來源：根據《中國統計年鑒》相關年度的資料計算。

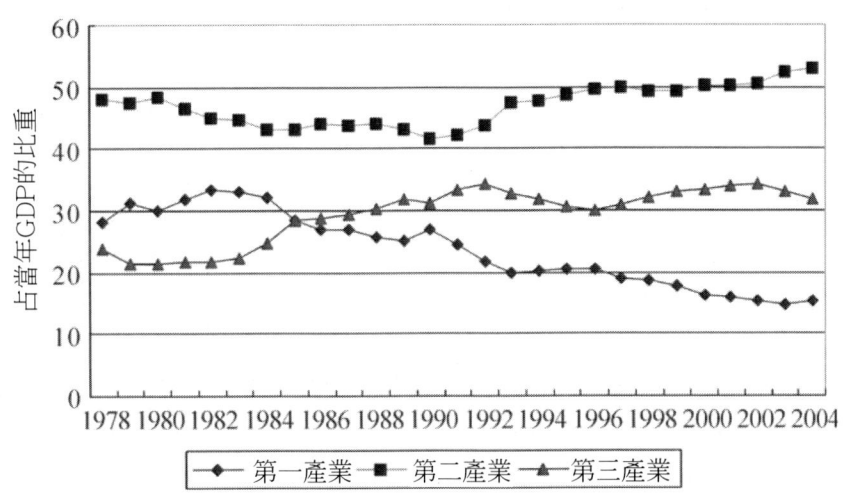

圖 5-1　1978—2004 年中國 GDP 三大產業構成變動圖示

資料來源：依據表 5-1 數據製作。

　　1992 年中國確立建立社會主義市場經濟體制的目標，掀起了改革開放的「第二春」，政策的深化使中國外商投資環境發生了根本性的改變，極大地提高了外商的投資熱情，從而使中國進入了引進外資的高速增長時期（1992—1995 年）。從這一階段開始，歐美日等大型跨國公司開始大量在華投資，其投資金額已超過港澳臺及東南亞華人企業的投資。較之港澳臺企業和東南亞華人企業，這些跨國公司的投資集中在電子與通信設備製造業、儀器儀表製造業、醫藥、化工、電氣設備製造業等資金、技術密集型行業；投資項目普遍規模大，技術先進，產業關聯性強，內部管理和運作較為規範，合同履行情況較好。尤其是大型製造業跨國公司的進入，使技術含量高、附加值大的行業中的外商投資幅度增加，對中國加工製造行業的競爭、示範及帶動效應比較明顯。

　　同期，外商對中國服務業投資的力度明顯加大，投資的產業結構呈現高級化發展趨勢。1979—1991 年，外商投資在第一、第二、第三產業的投資占外商對華直接投資總額的比重分別為

2.2%、75.4%和22.4%；而1992—1995年間，三次產業所占比重則分別變為1.8%、58.8%和39.4%。[①]

這一階段，隨著中國國民經濟的快速發展，人民收入水平的逐步提高，中國市場的巨大潛力逐漸為外商所認可，市場主導型的外商投資蜂擁而至，使中國的外商直接投資數量劇增，中國從1993年起成為發展中國家中外資流入量最多的國家。同時，隨著中國外資產業政策的放寬，外商更加看重投資企業的控製權，不僅在新建項目中獨資傾向日益明顯，而且對前期投資企業普遍存在增資擴股現象。外資企業在華的迅速擴張，對國內企業形成了強烈的市場衝擊；加之中國「以市場換技術」外資產業政策的偏差，導致部分行業被外資企業所主導，甚至出現了一定程度的壟斷，如日用產品、洗滌用品、感光材料等行業。

在這個階段，以發達國家大型跨國公司為主體的外商直接投資對中國產業結構的優化效應是比較明顯的，國內資金和技術密集產業開始得到發展，中國產業結構的高度化進展明顯，其中第二產業尤為突出。但外資企業先進技術溢出效應有限，產業發展的不均衡現象比較突出，外資產業結構優化效應的負面影響開始顯現。

為了適應國內外形勢的變化要求，自1995年下半年開始，中國對利用外資政策進行了重大戰略調整，利用外資的重點開始從注重數量向注重提高質量、效益和優化產業結構方向轉變。這些政策調整主要有：①國家計委、經貿委和對外貿易經濟合作部於1995年6月聯合頒布了《指導外商投資方向暫行規定》和《外商投資產業指導目錄》，將外商投資項目劃分為鼓勵、允許、限制和禁止四類；②調整了外商投資企業的減免稅政策，

---

① 陳繼勇．國際直接投資的新發展與外商對華直接投資研究 [M]．北京：人民出版社，2004：364．

從 1996 年 1 月 1 日起逐步取消對外商投資企業的資本性貨物進口的稅收優惠政策；③開始在全國範圍試點並推廣加工貿易臺帳制度，並規定於 1997 年 7 月 1 日起全國推行。①

與中國外資政策調整相適應，外商對華直接投資進入了調整和低速穩步發展階段（1996—2001 年）。1997 年，東南亞金融危機的爆發則進一步減少了外資對華的流入。這一階段，儘管中國仍然是發展中國家中引進外商直接投資最多的國家，但外資的流入大幅降低，1999 年竟出現 11.1% 的負增長（參見表 7-1）。

儘管這一階段外資流入數量有較大下降，但在華外商投資企業對中國經濟增長和產業結構優化調整的貢獻卻比較突出。以工業為例，工業是中國對外資開放較早、開放領域較寬的產業，是吸收外商直接投資最多的產業。截至 2000 年年底，外商在工業領域的投資占全部合同外資金額的 60.87%。外商集中投資於工業領域，使外商投資企業對工業增長的貢獻尤為突出。2001 年，全國工業增加值為 26,950 億元，其中外商投資企業提供的工業增加值為 6,622 億元，占全國工業增加總值的 24.57%。當年全國工業增加值同比增長了 9.9%，外商投資企業增長了 11.9%，在全國工業增加值增長的 9.9 個百分點中，外商投資企業貢獻了 3.908 個百分點（見表 5-2）。如果假設工業增長速度為 1，則外商投資企業的貢獻率達到 39.1%。而 2001 年中國 GDP 增長了 7.3%，其中工業增長貢獻了 3.8 個百分點，貢獻率達 52%，則外商投資工業企業對中國 GDP 的貢獻率為 20.3%，即當年 GDP 增長的五分之一。②

---

① 楊大楷．國際投資學［M］．3 版．上海：上海財經大學出版社，2003：381．

② 江小涓．中國的外資經濟對增長、結構升級和競爭力的貢獻［J］．中國社會科學，2002（6）．

表5－2　　　　　外商投資企業提供的工業增長值　　單位：億元、%

年度	全國			外商投資企業	
	占全國比重	工業增加值	同比增幅	工業增加值	同比增幅
1998	20,046	8.8	3835	12.7	19.13
1999	20,307	8.9	4201	12.9	20.69
2000	23,685	11.4	5333	14.6	22.51
2001	26,950	9.9	6622	11.9	24.57

資料來源：根據國家統計局和外經貿部相關網站數據計算得出。轉引自：江小涓．中國的外資經濟對增長、結構升級和競爭力的貢獻［J］．中國社會科學，2002（6）．

這一階段的在華外商投資，尤其是大型跨國公司的投資，主要集中在資本和技術較為密集的行業，這對加快中國產業結構的高度化發展起到了積極的作用。中國社會科學院國際投資研究中心組織的一項分析大型跨國公司在華投資行為和影響的研究表明（2000），全球500強企業在華投資的行業主要集中在電子及通訊設備、機械、交通運輸設備、化學原料及化學製品等資本、技術密集型產業，500強企業在上述四個行業中的投資金額占到其在華投資總額的55%；而在紡織、服裝等勞動密集型產業的投資則相當少，僅占到其在華投資總額的2%。[①] 江小涓2001年主持的一項高新技術產業調研課題表明，外商在華投資已成為推動中國高新技術產業發展的主要動力之一，1996—2000年中國高新技術製造業年均增長21.2%，高於同期全部工業產值增長速度11個百分點；而外商投資企業是中國高新技術產業發展的主力軍，以2001年為例，當年外商投資企業出口的

---

① 王洛林．2000年中國外商投資報告：大型跨國公司在中國的投資［M］．北京：中國財政經濟出版社，2000：9－10．

高新技術產品在中國高新技術產品出口總額中占82%。①

2001年年底，中國正式加入世界貿易組織（WTO）。入世表明中國開始進入到了一個全新的、更深層次的對外開放階段（2002年至今），標誌著中國開始全方位地與國際規則與慣例相接軌，這無論是對中國還是對外商投資都是極大的機遇與挑戰。中國政府對原有的外資產業政策進行了重大的修改與調整，2002年4月1日開始實施新修訂的《指導外商投資方向規定》和《外商投資產業指導目錄》。新的產業政策和目錄明顯加大了對外商投資的開放力度，鼓勵類外商投資項目由186條增加到262條，而限制類則由112條減少到75條，放寬了外商投資的股本限制，原來禁止外商投資的電信、燃料、熱力、供排水等首次對外開放，進一步開放銀行、保險、商業、外貿、旅遊、運輸、會計、審計、法律等服務貿易領域，放寬了外商投資中西部地區的股本和行業限制。②

投資軟硬環境的改善以及中國經濟的持續良好發展極大地增強了外商投資的信心，外商對華直接投資出現急遽上升之態。2002—2005年間，除2003年受美國遭受911恐怖襲擊事件導致全球經濟下滑的影響外，其餘各年引進外資額年均增長率都在兩位數，引資總額占到所有發展中國家吸引FDI總額的三分之一強，並依然保持著十分強勁的增長勢頭。

這一輪外資的大量湧入對中國產業結構的調整正產生著深遠的影響，第三產業成為了外商投資的主要領域，銀行、保險、商業流通與運輸等行業正成為外商投資的熱點；第二產業中，汽車、通信設施設備、精密機床等大型製造業項目明顯增加，

---

① 江小涓. 中國的外資經濟對增長、結構升級和競爭力的貢獻 [J]. 中國社會科學，2002（6）.
② 楊大楷. 國際投資學 [M]. 3版. 上海：上海財經大學出版社，2003：382.

促進了中國高新技術密集和資金密集型產業國際競爭力的提升。

從總的趨勢來看，外商直接投資對中國產業結構的優化升級起了積極的促進作用。從三次產業的變化來看，中國產業結構的演進是基本符合一國產業結構變化的一般規律，即第一產業比重逐年下降，第二產業呈上升態勢，第三產業變化不大（見表5-1）。但隨著中國入世效應的逐步顯現，估計第三產業將會出現較大幅度的增長。從產業技術水平提升的角度來看，中國產業結構正從傳統的低技術、勞動密集型產業向高技術、資本密集型和知識密集型產業轉變；在這些轉變過程中，外商直接投資起到了重要的促進作用。

但是，外資的大量湧入導致在華外資規模的急遽膨脹，正產生著日益嚴重的問題，一方面是外商直接投資的產業績效開始進入拐點區（金潤圭，王浩；2006），外資產業結構優化效應開始降低，負面影響正逐漸增強；另一方面，這一輪外資進入過度集中在短期收益明顯的房地產等行業，對中國物價上漲起到了推波助瀾的作用，使中國部分行業出現了泡沫經濟的趨勢，在一定程度上威脅到了中國產業經濟的安全和可持續發展。

二、FDI對中國產業結構優化的效應表現

前面我們探討了外商直接投資對中國產業結構演進的影響，下面將從產業結構優化效應的表現角度來具體探討外商直接投資對中國產業結構的優化情況。

1. 在華FDI的資本形成與促進效應

資金短缺和外匯短缺是長期制約中國經濟發展的一個主要因素。正如錢納里的「雙缺口理論」所指出的，外商直接投資能夠彌補東道國經濟起飛所需的資本缺口和外匯缺口，提高國內投資水平，促進國內資本開放和存量資本的優化，從而加速東道國經濟增長，具有明顯的資本形成與促進效應。

改革開放以來，中國引進外商直接投資規模從小到大，在20世紀90年代中期之後就達到了相當的規模，成為促進中國經濟增長的重要因素。截至2004年年底，中國吸引外商直接投資項目共508,941個，合同利用外資總額10,966.10億美元（見表5-3）。外商直接投資的大量進入直接促成了中國產業資本的形成，形成了高質量的新增產業生產能力，迅速地彌補了中國長期以來所存在的產業資金投入的不足，並在20世紀90年代中期解決了「雙缺口」制約因素。

表5-3 中國吸收外商直接投資產業統計（截至2004年年底）

產業	項目數(個)	比重(%)	合同利用外資金額（億美元）	比重(%)
總計	508,941	100	10,966.10	100
第一產業	14,463	2.84	213.07	1.94
第二產業	381,701	75.00	7,486.31	68.27
第三產業	112,777	22.16	3,266.71	29.79

資料來源：根據《中國商務年鑒2005》統計資料計算。

外資的進入，不僅增加了中國產業資本形成的數量，而且改善了中國產業資本質量。1995年第三次全國工業普查的統計資料顯示，外商投資企業的產值/投資比率明顯高於全部工業和國有企業，外商在華投資企業（無論是新建項目，還是對國內企業的併購改造）在新產品開發、先進生產技術運用、現代化管理能力與經驗、國際市場渠道開拓等方面都明顯優於國內企業（尤其是國有企業），其投資項目的市場競爭力較強，形成了高質量的產業資本。以2001年中國工業統計數據為例，當年在華外商投資企業的資產僅占全部工業資產的10.54%，但其所提供的工業增加值占24.57%，工業利潤總額占29.19%，應交增值稅占25.69%，利潤總額占31%。也就是說，外商投資企業以

十分之一的資產，創造出了全國工業四分之一的增加值和近三分之一的利潤。①

由於在華外商直接投資存在著明顯的行業傾向性，外資產業分佈具有明顯的不均衡性，外資的流入基本上都集中在第二、第三產業，而流入到中國第一產業的外資則非常少，僅占到在華外資總額的 1.94%（見表 5-3），其對第一產業的資本形成與促進效應也很小。在地區分佈上，在華外商直接投資也表現出明顯的「東高西低」的不均衡性，外資過於集中在中國東部地區尤其是東南沿海地區，而中國中西部外資則明顯不足，這在一定程度上加劇了中國地區產業結構的不平衡性。

2. 在華 FDI 的技術轉移與溢出效應

中國引進外商直接投資一個主要的原因是利用外資提高自己的產業技術水平。大量外商直接投資湧入中國，除了巨額資金的流入，還帶來了先進技術、管理經驗、高素質勞動力等一攬子生產要素。1992 年以前，中國外商直接投資以港澳臺中小投資企業為主，投資項目規模較小，且主要集中在紡織、服裝、電子元器件組裝等技術含量較低的勞動密集型產業，FDI 的技術轉移與溢出效應都十分有限。據統計，1991 年中國外商投資企業中，被認定為技術先進的企業僅占 2% 左右，技術先進企業的投資額也僅占全部外商直接投資額的 5% 左右。20 世紀 90 年代中期以來，隨著歐美日等大型跨國公司在華投資的增加，在華外商投資企業的技術水平明顯提高。據江小涓（2001）的調查研究表明：①以跨國公司母公司的技術水平作為參照，絕大多數跨國公司投資企業提供了母公司的先進和比較先進的技術。其中，使用了母公司最先進技術的企業占調研樣本總數的 42%，使用母公司較先進技術的企業占調研樣本總數的 45%，而使用

---

① 江小涓. 中國的外資經濟對增長、結構升級和競爭力的貢獻 [J]. 中國社會科學，2002 (6).

母公司一般技術的企業僅占調研樣本總數 13%。②以國內企業的技術水平作為參照，外商投資企業的技術被劃分為填補國內空白技術、國內先進技術和國內一般技術。其中，65% 的跨國公司投資企業提供了填補國內空白的技術，35% 的企業使用了國內先進技術，沒有一家企業使用了屬於國內一般水平的技術。①

大型跨國公司是中國引進國際先進技術的主要來源。由於大型跨國公司自身資金和技術研發實力強大，且傾向於在技術密集、資本密集、規模經濟顯著和產業全球化趨勢明顯的行業投資，其對外投資的技術轉移效應明顯，對中國的產業技術進步有直接的促進作用。從中國高新技術產業的發展來看，1996—2004 年中國高新技術產品出口占總出口的比重逐年上升，由 1996 年的 8.4% 上升到 2004 年的 27.9%。從表 5－4 中我們可以看到，這一結構的變化主要得益於外資企業高新技術產品出口比重的逐年增加。在九年時間裡，外資企業在高新技術產品中的出口比重由 1996 年的 58.6% 增長到 2004 年的 87.3%，推動了中國出口結構的優化，提高了中國高新技術產品在國際市場上的競爭力，在其自身快速發展的同時也帶動了中國高新技術產業的發展，促進了中國產業結構的高度化發展。②

與外商直接投資對中國技術轉移所產生的直接效應相比，間接的技術溢出效應可能更大。③ 這種間接的 FDI 技術溢出效應主要通過人才流動、與當地企業關聯配套、與國內企事業機構的技術交流與合作等途徑獲得的。

---

① 江小涓. 跨國投資、市場結構與外商投資企業的競爭行為 [J]. 經濟研究，2002（9）.
② 劉亞娟. 外國直接投資與中國產業結構演進的實證分析 [J]. 財貿經濟，2006（5）.
③ 李東陽. 國際直接投資與經濟發展 [M]. 北京：經濟科學出版社，2002：266－267.

表 5-4　外資企業對中國高新技術產品出口的推動

單位：億美元、%

年 份	總出口額	高新技術產品總出口額	外資企業高新技術產品總出口額	高新技術產品出口占總出口的比重	高新技術產品出口中外資企業所占比重
1996	1,510.48	126.6	74.2	8.4	58.6
1997	1,827.92	163.1	109.2	8.9	66.9
1998	1,837.09	202.5	149.4	11.0	73.8
1999	1,949.31	247.0	187.8	12.7	76.0
2000	2,492.03	370.4	299.7	14.9	80.9
2001	2,660.98	464.6	378.8	17.5	81.5
2002	3,255.96	678.7	356.6	20.8	82.2
2003	4,382.28	1103.2	942.6	25.2	85.5
2004	5,933.26	1655.4	1445.9	27.9	87.3

數據來源：根據《中國統計年鑒》相關年度和中國投資指南網的外資統計數據計算得出。轉引自：劉亞娟．外國直接投資與中國產業結構演進的實證分析［J］．財貿經濟，2006（5）．

（1）人才在外資企業和內資企業之間的流動，是跨國公司技術外溢的一條重要途徑。跨國公司先進的管理經驗和專有技術知識往往必須依附在特定的勞動力身上，國際經營本土化戰略的實施要求跨國公司必須重視對中方雇員的培訓工作，因此在華外資企業大都投入了巨額的雇員培訓費用，對其中方雇員進行系統的培訓與教育。中方雇員在外資企業工作期間累積的各種知識與技能，隨著這些員工的跳槽或自立門戶就會產生技術溢出效應。

（2）在全球化運作思路下，跨國公司的對外直接投資往往具有很強的產業關聯帶動效應。一方面，大型跨國公司往往都

是生產全球化程度很高的公司，在國際市場上都有比較成熟的配套網絡系統；當一個大型跨國公司到中國投資，往往會帶動其相關配套企業的追隨性投資，為中國帶來相關配套技術。如：據成都市高新技術出口加工區（Chengdu Hi-tech Exporting Processing Zone）相關負責人介紹，自美國 Intel 公司芯片封裝測試投資項目於 2003 年選址成都市高新技術出口加工區后，短短三年多時間內就吸引了美國莫仕（Molex）公司、美國芯源系統（CDMPS）股份有限公司、菲律賓 PSI 科技控股公司、馬來西亞友尼森（Unisem）公司等三十多家相關企業入駐該出口加工區，累計投資額高達 30 多億元人民幣；2006 年 1～7 月，該出口加工區累計實現對外貿易進出口總額 4.6 億美元，位居中國中西部地區出口加工區之首。[1]

另一方面，為降低生產成本和充分利用當地的生產要素，跨國公司還會提高本土化程度，與中國當地企業配套協作。當技術標準較高的跨國公司向中國企業購買零部件和原材料時，往往會對配套產品的質量、技術和性能提出較高要求，同時，還可能提供相應的技術標準和技術援助，以保證供貨企業的技術與產品水平達到配套要求，通過產業關聯效應直接或間接地促進了國內企業技術水平的提升。

（3）隨著跨國公司研發國際化趨勢的加大，跨國公司除強調一般性投資要素的注入外，近幾年來還紛紛在華設立研發機構。這些研發機構有的是外商獨資，有的是與國內企業、科研機構或高等院校合作建設的，如加拿大北方電訊公司與北京郵電大學合作設立的北郵—北方電訊電信發展研究中心、美國羅克韋爾公司與清華大學等 10 所高校合作建設的聯合實驗室等。這種研發力量的合作與中外機構間的技術交流，在很大程度上

---

[1] 數據來源：四川新聞網 2006 年 9 月 14 日相關新聞報導。

促進了中國產業技術水平的提升。

當然，我們也不應過分高估利用外商直接投資的技術轉移與溢出效應。一是它受到外商直接投資所帶來的技術的先進程度的制約。為了保持壟斷優勢，跨國公司在對華直接投資中一般不會向中方直接轉移一流的先進技術，往往將先進技術掌控在自己母公司或在華的獨資子公司中，並採用嚴格的專利技術保護措施以防止技術的外泄。二是外商直接投資的技術轉移與溢出效應的好壞還受到中方消化、吸收和創新能力的局限，落後的產業技術基礎和創新意識已成為了目前制約中國吸收先進技術的障礙。

3. 在華 FDI 的示範效應與競爭效應

外資企業進入中國市場後產生了雙重效應：一是示範效應，外資企業一般採用更為先進的技術和管理經驗，對國內同類企業產生顯著的示範效應；二是競爭效應，外資企業的進入加劇了中國市場的競爭程度，對國內同類企業產生顯著的競爭效應。這雙重效應都增加了國內企業技術進步、提高勞動生產率的外部壓力，在相當程度上促進了中國產業結構的優化升級。

在華 FDI 的示範效應在中國的服務業中表現比較突出。在服務業領域，發達國家跨國公司與發展中國家企業在產品設計、技術訣竅、管理技術和服務水平等方面的差距，要大於在製造業方面的差距。加之服務業的所有業務都要通過對客戶的服務來實現，很難進行技術保密，母公司與海外子公司的技術水平基本相當，不可能像製造業那樣，將「技術水平高」的業務留在母公司。因此，與製造業相比，服務業的跨國流動往往會產生更明顯的示範和帶動作用，推動中國企業技術水平的提升和服務業內部結構的升級。例如，中國保險業在外資進入後打破了原有的壟斷局面，外資帶來的先進保險技術、管理經驗、優質的產品和售後服務等，已成為推動中國民族保險業創新的主

要推動力。①

在競爭效應方面，外資企業的大舉進入打破了國內市場缺乏競爭或低效競爭的原有格局。在外商投資企業質優價廉的先進產品衝擊下，國內企業不得不努力提高技術水平，改進產品質量，在日益激烈的市場競爭中求生存，求發展，學會「與狼共舞」。激烈的市場競爭既帶來了國內眾多弱小企業的破產倒閉，也促使眾多國內企業的再生，並不斷地發展壯大。依然以中國的高新技術產業為例，雖然外資企業在中國高新技術產品出口中占了相當高的比重（見表5-4），但經過激烈的市場競爭，中國內資企業也獲得了較大的發展，其高新技術產品出口額占內資企業總出口額的比重呈不斷上升態勢，從1996年的5.85%上升到2004年的8.22%（見表5-5）。

表5-5　中國內資企業高新技術產品出口情況

單位：億美元、%

年份	全國總出口額	外資企業總出口額	內資企業總出口額	內資企業高新技術產品總出口額	內資企業高新技術產品出口增長率	內資企業高新技術產品出口額占內資企業總出口額的比重
1996	1,510.48	615.06	895.42	52.42	—	5.85
1997	1,827.92	749.00	1078.92	53.95	2.92	5.00
1998	1,837.09	809.62	1027.47	53.12	-1.54	5.17
1999	1,949.31	886.28	1063.03	59.29	11.62	5.58
2000	2,492.03	1,194.41	1297.62	70.76	19.35	5.45
2001	2,660.98	1,332.35	1328.63	85.76	21.20	6.45

---

① 劉亞娟. 外國直接投資與中國產業結構演進的實證分析[J]. 財貿經濟，2006（5）.

表 5-5（續）

年 份	全國總出口額	外資企業總出口額	內資企業總出口額	內資企業高新技術產品總出口額	內資企業高新技術產品出口增長率	內資企業高新技術產品出口額占內資企業總出口額的比重
2002	3,255.96	1,699.85	1556.11	122.13	42.41	7.85
2003	4,382.28	2,403.06	1979.22	160.76	31.63	8.12
2004	5,933.26	3,386.07	2547.19	209.50	30.32	8.22

數據來源：根據《中國統計年鑒》相關年度和中國投資指南網的外資統計數據計算得出。轉引自：劉亞娟. 外國直接投資與中國產業結構演進的實證分析［J］. 財貿經濟，2006（5）.

外商投資不僅帶來了激烈的競爭，更帶來了先進的市場運作機制和開放的觀念意識，對促進中國現代企業制度建設、推動宏觀管理體制的改革與政府職能轉變等都有著積極的作用。當然，過度的競爭，外商投資企業對國內弱小民族企業的排擠和一定程度上的市場壟斷，也對中國產業結構的優化升級起著種種負面影響。

三、FDI 對中國產業結構優化升級的影響程度

在以上的研究裡，我們知道外商直接投資對中國產業結構優化有積極的推動作用，但這種優化效應的促進程度是如何的呢，我們現在做一個簡要的分析。

國內對於外商直接投資對中國產業結構優化影響程度的研究還不多見，現有的研究多停留在就 FDI 進入對中國產業結構產生的利弊作用上作一般的邏輯推理和規範分析，但這種研究結果缺乏建立在數量分析基礎上的實證檢驗的支持。鑒於以上研究的不足，國內已有部分學者開始採用計量分析工具，結合中國相關統計數據來做計量實證分析，並取得了一些比較有代

表性的結論。

陳迅、高遠東（2006）① 採用 1982—2003 年全國的時間序列數據，運用現代協整理論，對中國產業結構變動和外商直接投資之間的長短期關係進行了格蘭傑因果關係檢驗（Granger Causality Test）。結果表明：第一，中國的產業結構變動和外商直接投資之間存在著長期的雙向格蘭傑因果關係；即中國產業結構的變動與外商直接投資具有直接相關性，改革開放二十多年來，外資的流入確實推動中國產業結構的優化升級；而中國產業結構的不斷優化升級又反過來促進了外資的進一步流入。從長期來看，達到了中國產業結構優化和外商投資之間的良性互動發展關係。第二，在短期內，中國產業結構的變動對外商直接投資的變化則僅具有單向的格蘭傑因果關係；即中國產業結構的變動對促進外資流入的增長具有正的影響，但外商直接投資的變化並不是推動中國產業結構變動的主要原因。因為就短期來看，中國正處於從傳統計劃經濟向市場經濟的轉變之中，完善的市場運作與調節機制尚未建立起來，還不能充分發揮市場對資源配置的主導調節作用，中國產業結構的變動在很大程度上仍是政府主導的，不會因外資流入量或流入方式的變化而迅速發生改變，所以在短期內 FDI 對中國產業結構的影響是不顯著的。

趙紅、張茜（2006）② 也採用現代協整理論（Engle Granger 協整檢驗）和格蘭傑因果關係檢驗方法，運用 1983—2004 年的時間序列數據，對外商直接投資對中國產業結構的影響進行了實證研究。計量分析的結果也顯示，外商直接投資對中國產業

---

① 陳迅，高遠東. 中國產業結構變動和 FDI 間的動態關係研究 [J]. 科研管理，2006（5）.
② 趙紅，張茜. 外商直接投資對中國產業結構影響的實證研究 [J]. 國際貿易問題，2006（8）.

結構的變動存在著較顯著的效應，對中國產業結構的優化升級有一定的推動作用；但外商直接投資與中國產業結構變動之間不存在長期穩定的關係，並不是中國產業結構變動的主要推動力量，在一定程度上還加大了中國三大產業之間的結構偏差。

　　陳迅、趙紅等人的研究主要是從外商直接投資與中國產業結構的相關關係程度的角度來判斷外商直接投資對中國產業結構變動的影響程度。而姜睿（2004）的研究則進一步深入到外商直接投資對中國三次產業之間的結構變動影響情況。[①] 姜睿結合了黃冠華（2002）、田素華（2004）等的方法，以三次產業的產值占國內生產總值的比重來衡量產業結構的變化，以中國存量外商直接投資規模為解釋變量，以三次產業占國內生產總值的比重為被解釋變量，運用 1982—2002 年的全國三次產業產值統計數據，通過計量迴歸方程運算和格蘭杰因果關係檢驗來分析外商直接投資對中國產業結構的優化效應程度。

　　計量分析的結果表明，外商直接投資對中國產業結構的優化效應顯著，但對不同產業，外商直接投資的優化效應是不一樣的。對於第二、第三產業，外商直接投資與中國第二、第三產業的增加值比重變動之間存在雙向因果關係，中國實際利用外商直接投資每增加 100 億美元，中國國內生產總值中第二產業所占比重將增加 0.189%，第三產業所占比重將增加 0.129%。而中國的工業化進程是吸收外資的主要影響原因，第二、第三產業所占比重的增加還可能是中國吸收外商直接投資變化的重要原因。對於第一產業，外商直接投資與中國第一產業增加值比重變動之間是單向因果關係，即外商直接投資對中國第一產業結構變動的影響效應不顯著，但第一產業產值結構的變動將引起外資流入量的變化（第一產業增加值比重每減少 0.318%，

---

① 姜睿. 產業結構、市場結構與外國直接投資 [D]. 中國學術期刊網，2004：53-58.

中國吸收外商直接投資將增加100億美元)。

綜合國內現有的研究成果,我們必須承認,改革開放二十多年來,外商直接投資的大量進入確實在一定程度上促進了中國產業結構的優化升級,而這種優化效應主要集中在中國第二、第三產業結構的調整升級,尤以第二產業為突出。但由於中國正處在經濟轉軌時期,決定中國產業結構優化調整的因素是多方面的,外商直接投資並不是推動中國產業結構優化升級的最主要的因素,其對中國產業結構優化的效應是有限的。

第三節 當前在華FDI的產業與區域分佈特點及演進趨勢

一、當前FDI在華的產業分佈特點與演進趨勢

1. FDI產業分佈結構演進的理論闡釋

從開放條件下產業結構演變的發展歷程與演變趨勢來看,FDI投資重點是隨著產業結構的一般演變趨勢,逐漸從第一產業向第二產業轉移,再轉向第三產業的。這是由於各產業之間附加值的相對差異造成的,現實經濟生活中第二產業的附加價值一般高於第一產業,而第三產業的附加價值高於第二產業,隨著資金、勞動力從低收益產業向高收益產業的轉移,產業結構的比重重點就按著第一、第二、第三產業呈現順次梯度推移。

在當今國際投資市場激烈競爭中,對外投資者需要擁有雄厚的資金和技術實力,而具備這種條件的投資者往往集中於製造業、電子通訊業、服務業等第二、第三產業,根據產業內同向投資理論(主要觀點是:對外投資者在向國外發展時,往往把資本投向與其國內產業發展相同或相近的國外某一產業),國

際戰略投資者往往將資本集中於他國的第二、第三產業，從而導致國際產業結構的變化。隨著經濟全球化和新經濟的發展，全球產業結構的變化趨勢會繼續沿著這一路徑演變，國內產業結構的演變將進一步介入到國際分工體系中，並與國際產業的轉移產生互動。

2. 中國 FDI 產業分佈的非均衡特徵

改革開放以來，外商對中國的直接投資主要集中在第二產業尤其是工業製造部門，對第一產業的投資比重一直很低，對第三產業的投資比重也相對偏低。在外商協議投資中（以合同金額計），1979—1990 年，第二產業的比重為 60.3%，第一產業的比重只有 2.9%，第三產業的比重為 36.8%；1991—1998 年，外商對第二產業的投資比重上升為 65.4%，其中工業的比重高達 62.5%，而第一產業的比重下降為 1.7%，第三產業的投資比重也降低為 32.9%；截至 2004 年年底，外商投向第二產業的比重仍然高達 68.27%，第一產業 1.94%，第三產業進一步下降到 29.79%。

從外商直接投資在中國的產業分佈變動圖（見圖 5-2）中，我們可以看到，外商直接投資在華的變動有一個有趣的現象：第一產業所占比重極低，且基本穩定在 1%~3%，第二、第三產業所占比重則隨著中國經濟發展趨勢的變化而有一個此消彼長的過程。當中國經濟發展前景趨好時，往往促使外資向中國第二產業的迅速集中，如 1992 年中國改革開放迎來「第二春」；2000 年中國的入世（準備期），分別帶來了 1993—1996 年、2000—2003 年外資在第二產業比重的大幅上升，而與之對應的是第三產業比重的下降。反之，當中國經濟發展出現問題時，外資則向第三產業集中，第二產業所占的比重則下降，如 1989 年政治風波所導致的 1990—1992 年的第二產業比重下降、1997 年東南亞金融危機所導致的 1997—1998 年的比重變動。但

不管怎樣變動，中國外商投資結構向第二產業特別是向工業傾斜的特徵很突出。

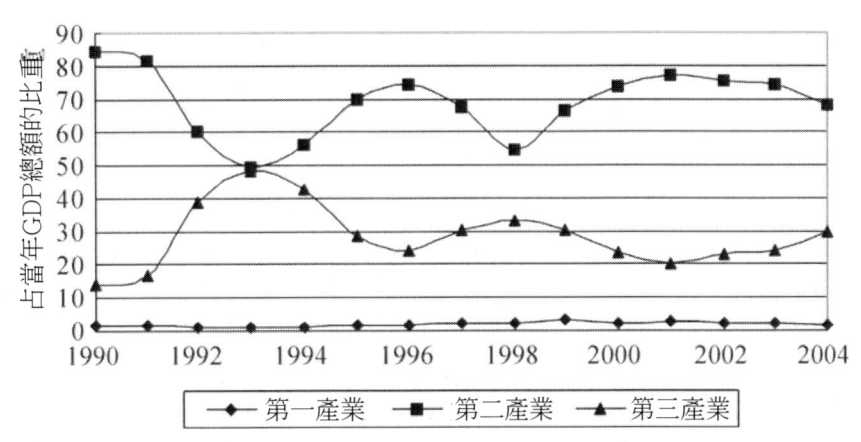

圖 5－2　外商直接投資在中國的產業分佈變動圖（1990—2004 年）

　　外商直接投資的結構性傾斜，與中國產業對外開放度有關。隨著中國加入 WTO 之後第三產業開放領域的擴大，外商對第三產業的直接投資增長較快，投資比重將逐步上升，而對第二產業尤其是工業的投資比重將相應下降，從而引起三次產業投資結構的變化。

　　從外商直接投資的產業分佈看，全球範圍內對第三產業的投資比重 20 世紀 90 年代以來迅速上升，第三產業的投資在外商直接投資的存量和流量中的比重由 20 世紀 80 年代的不足 30% 提高到目前的 50%～60%。就發展中國家與地區平均水平來看，第一產業的投資比重穩定在 20% 左右，第二產業的投資比重由 20 世紀 80 年代的 60% 以上下降到目前的 50% 左右，而第三產業的比重則由低於 25% 上升到 30% 以上。也就是說，與全球性 FDI 的產業結構變動趨勢一樣，發展中國家與地區中第三產業的 FDI 增長率大幅度高於第二產業，其中製造業的外資比重和相對增長率都明顯降低。

　　從中國三次產業結構的變動看，20 世紀 90 年代以來第二產

業尤其是工業的比重升幅過大，第三產業的實際比重不合理下降，使結構偏差變得突出起來，並對經濟增長產生了較大影響；產業結構偏差的加深，與外商投資過多地向工業部門傾斜有一定關係。「十一五」時期中國產業結構調整的基本要求是加快第三產業的發展並提高其比重，相應地降低第二產業特別是工業的比重。從這個角度看，外商投資產業結構的變動態勢與中國產業結構調整的要求是一致的，有利於中國產業結構調整進程的推進。

但目前，在華 FDI 的產業分佈出現如下突出的非均衡特徵：

（1）行業分佈結構失衡。除了以上在三大產業之間的分佈結構不均衡外，在各產業內部的分佈也欠均衡。截至 2002 年年底，交通運輸、倉儲及電信行業外商直接投資的合同金額共占比例僅為 2.27%，衛生、體育和社會福利所占比例僅為 0.62%，而教育、文藝、廣播電影電視、科學研究和綜合技術服務總共所占比例不足 1%；而在 FDI 在華投資大項中，房地產及公用服務業所占比例達 21.87%，製造業占 63.32%。即使在製造業中，2003 年外商投資主要集中在電子及通訊設備、化工原料及化學製品、交通運輸設備、機械設備、非金屬礦物製品業，占整個製造業利用外資比重的 46.32%，可見外商投資產業過於集中、低水平重複引進造成資源浪費和效率低下。而在第三產業中，外商投資於房地產行業的比重過高，2004 年投向房地產的外資達 59.5 億美元，占服務業引資總額的 42.34%。外資過多地集中於製造業和房地產業，不僅是造成中國近幾年來經濟發展受基礎設施行業發展滯后的瓶頸制約、房地產價格飛漲、經濟泡沫頻頻出現的一個主要原因，而且這與中國「十一五」規劃中大力發展高新技術產業和第三產業的戰略相悖，在相當程度上加劇了中國產業結構的偏差。

（2）規模及技術結構的失衡。目前中國外商直接投資項目

表現為「三多三少」現象，即勞動密集型項目多，資金技術密集型項目少；中小型項目多，大型項目少；一般加工項目多，高附加值、高技術含量項目少。外商投資項目平均規模偏小，並且呈現下降趨勢，1996 年平均項目規模為 298.4 萬美元，2000 年為 279.1 萬美元，2001 年為 264.7 萬美元，2002 年為 242.2 萬美元，項目規模偏小限制了技術水平和管理水平的提升。再者，外商投資多集中在中低技術檔次的輕工、紡織、食品、中低檔機電產品等，與國內商品技術差距並不大，大多屬於同質產品，激烈的市場競爭往往使國內企業陷入困境。而支撐起東南沿海地區外貿工業的加工貿易，又往往是原料、市場「兩頭在外」，與國內企業產業關聯度很小，對上下游企業的產業帶動效應很微弱。

　　探究中國外商直接投資產業分佈結構失衡的深層原因，筆者認為，傳統計劃經濟體制下我們長期推行的「重重工業、輕輕工業」戰略，導致中國消費品長期處於供不應求的短缺經濟中，產品數量比質量和品牌在滿足人民的消費需求方面顯得更為重要，經濟總量比經濟結構和比例更受關注，導致結構意識淡薄。在引資過程中，引資博弈使患有「資金饑渴症」的地方政府往往行政意識超過市場意識，出現個人政績和地方利益之爭。一方面，對外資提供「超國民待遇」的優惠政策；另一方面，搞條塊分割和地區封鎖，客觀上造成外資產業結構分佈的失衡。而以利潤最大化為終極目標的外資更是看重週期短、利潤高的一般加工工業。出於自身利益考慮，外資往往會避免和限制重要技術特別是核心技術在東道國的過快溢出。國內不完善的要素市場和產品市場結構也使得國內企業憑藉自身規模、技術、管理水平和產權結構對跨國公司外溢技術的吸收能力有限。中國政府雖然頒布了《指導外商投資方向暫行規定》、《外商投資產業指導目錄》等相關條例，但制定政策的初衷與政策

的實施效果存在偏差，政策的配套和組織實施尚存在缺陷，激勵監督機制不健全，對鼓勵類產業傾斜力度不夠，對禁止類產業監控剛性不足，也直接導致了中國外商投資產業分佈結構性矛盾。[①]

3. 在華 FDI 產業分佈結構的變化趨勢

國際產業結構的演變規律說明了 FDI 在三次產業間分佈的梯度推移趨勢是世界經濟發展的大趨勢。根據聯合國的相關統計，20 世紀 50 年代全球服務業的外商直接投資只占外商直接投資總額的五分之一，70 年代中期主要工業化國家對外投資總額中服務業所占的比重就上升到 30%～40%，進入 21 世紀後該比重已上升到了 50% 以上。在全球經濟日益進入信息化和知識化的后工業化時代，服務業仍然具有進一步發展的空間。

加入 WTO 之後，中國將對外商開放更多的投資領域，其中開放度變化較大的是第三產業領域，這將導致外商對第三產業的投資較大幅度增加，投資比重上升。從第三產業利用外資的合同項目數來看，中國已從 1998 年的 1,634 個增加到 2002 年的 3,418 個，進而快速增長到 2004 年的 11,003 個，取得了飛速的發展。這表明在未來一段時期內，在華外商直接投資雖然仍將以製造業為主，尤其是 IT 信息產業成為投資重要的增長點，但第三產業的發展將成為國際產業轉移的重點。

二、當前 FDI 在華的區域分佈特點與演進趨勢

1. FDI 區域投向的影響因素

跨國公司對外直接投資必須具備兩個基本前提條件：企業優勢與區位優勢。企業優勢決定了跨國公司對外直接投資的能力，因為跨國公司在異國他鄉投資，與東道國企業相比，往往

---

① 丁明智. 中國外商直接投資產業分佈非均衡結構探析 [J]. 特區經濟, 2005 (6).

處於不利地位。為此他們只有在規模經濟、研發能力、分銷渠道、原材料控製以及經營管理等方面擁有相對的比較優勢，才能保證自己在與當地企業的競爭中立於不敗之地。而區位優勢則決定了國際資本的空間配置。在國際資本流動中，國際資本的空間配置是非均衡的，外商直接投資在世界各國的分佈差異是很大的，發達國家或地區所吸收的國際資本數額較多，而發展中國家或地區所吸收的國際資本額則少得多，這主要是由區位條件所決定的。[1]

資本區域之間流動的驅動力，來源於區域之間的資本邊際收益差異，即區位優勢的差異。區位優勢是影響跨國資本區位選擇的重要因素，只有東道國或地區的區位優勢足夠大時，才會產生對FDI的區域引力。區位優勢主要是由以下幾個因素決定的：

（1）區域的自然資源禀賦和生產要素的價格差異。成本因素是全球化背景下跨國公司對外直接投資的首選戰略考慮，生產要素的價格是決定生產成本並進而決定資本效率的首要因素，因此是決定對外直接投資的首要因素。對外投資總是從生產要素價格相對高昂、邊際收益率較低的區域流向生產要素價格相對低廉、資本邊際收益較高的區域。但隨著技術的進步，製造業中單位產品資源消耗量下降，替代品迅速出現，產品中所需要的非熟練勞動力和原材料因素所占的比重日益下降，因此跨國資本在進行地區選擇時，東道國的廉價勞動力是不可能保持長久優勢的。

（2）投資環境。它是支持資本營運的一切外部條件的總和，既包括基礎設施建設、產業鏈條、市場潛力等投資硬環境，也包括政策法規、制度安排乃至社會人文習俗等投資軟環境。相

---

[1] 陳明森. 產業升級外向推動與利用外資戰略調整 [M]. 北京：科學出版社，2004：45.

比較而言，全球化趨勢中，在基礎設施等硬環境條件基本具備的情況下，跨國公司更看重的是投資軟環境。一國或一地區的政策法規和制度安排，往往成為了該國或該地區引資競爭力的重要方面。隨著全球各區域合作步伐的加快，各國的投資政策會更趨於開放，一般認為，進行更為廣泛的宏觀經濟改革，完善財稅政策，改善企業制度結構，擴大民間資本和國外資本進入領域，開放金融市場，提高政策透明度等，都是吸引國際資本的重要政策條件。

（3）資本所在地與資本吸納地的空間距離。二者之間的空間距離既會影響到產品的運輸費用，又會影響到資本的流動費用，從而影響跨國資本的國際流動。一方面，產品運輸費用與兩地距離成正比，距離越遠運輸成本就越高，產品的售價也會相應增高，在其他條件不變的情況下必然導致產品銷量的下降，企業就將在出口貿易與對外投資中作出選擇。另一方面，空間距離因素也會影響到資本的流動費用，如交通運輸費、信息通訊費等，造成資本市場的運行規則、交易規則差異，易於形成兩地市場的排斥與摩擦。由此，國際資本流動往往都是從具有較低交易費用、市場同質性較大的周邊地區開始的，逐步向半徑更大的市場輻射、延伸。[①]

我們可用如下公式來表示資本空間流動驅動力：

$$F = \frac{f(e_2, c_2) - f(e_1, c_1)}{r^b}$$

其中，c_1表示投資母國資本邊際收益率，c_2表示東道國資本邊際收益率，e_1表示投資母國投資環境系數，e_2表示東道國投資環境系數，r表示資本流動距離，b表示資本流動中的空間摩擦系數（它與兩地市場的同質性、聯繫互動性等有關，並呈負相

---

① 陳明森. 產業升級外向推動與利用外資戰略調整 [M]. 北京：科學出版社，2004：46-47.

關關係)。

陳明森(2004)指出,資本區域之間的流動數量,主要取決於資本流出區域的資本供給量和資本流入區域的資本需求量。資本流動的實際數量受到資本供給量與資本需求量的約束。如果以 B 表示兩地資本的實際空間流量, P_1 表示供給地資本的有效供給量, P_2 表示需求地的資本有效需求量,則資本實際流量公式為: $B = \min|P_1, P_2|$。而資本需求量與資本供給量往往又與一國或一地區的國土幅員、人口數量,特別是經濟發展水平與經濟發展規模成正相關關係,因此經濟大國往往成為資本需求或資本供給的大國或地區。[1]

而筆者從另外一個角度考慮認為,資本區域之間的實際流動數量,主要取決於資本流出區域的有效資本供給量和資本流入區域的有效資本需求量的對比[2]。資本流動的實際數量受到有效資本供給量與有效資本需求量的約束,可以表示為兩者比值的函數。如果以 A 表示跨國資本的實際空間流量, A_1 表示供給地資本的有效供給量, A_2 表示需求地的資本有效需求量,則跨國資本實際流量與供給地資本的有效供給量和需求地資本的有效需求量之間的關係可以用下面的函數關係來簡單描述:

$$A = a \times f\left(\frac{A_1}{A_2}\right)$$

其中 f 表示兩地資本的實際空間流量與 $\frac{A_1}{A_2}$ 之間反向變動的函數關係, $f\left(\frac{A_1}{A_2}\right)$ 相當於需求地的引資價格,因此 $f\left(\frac{A_1}{A_2}\right)$ 成為引

---

[1] 陳明森.產業升級外向推動與利用外資戰略調整 [M]. 北京:科學出版社, 2004: 49.
[2] 參照經濟學中對商品有效供給(需求)的解釋,有效的資本供給(需求)量是指有意願的且有實際供給(實際支付能力)的資本供給(需求)量。

資價格函數，與跨國資本的供求比例 $\dfrac{A_1}{A_2}$ 成反向變動關係；a 是跨國資本空間流動系數，由跨國資本流入和流出國的國土幅員、人口數量、市場狀況，特別是經濟發展水平與經濟發展規模等因素綜合決定；跨國資本實際流量 A 由跨國資本空間流動系數 a 和需求地的引資價格函數共同決定。

當然，以上公式所反應的是外商直接投資決定因素的一般因素，實際上不同來源、不同結構的外商資金，以及東道國發展的不同階段，FDI 對投資引資選擇的側重點又是有所不同的。張長春（2002）[1] 的研究成果顯示，影響外商直接投資的因素中，市場因素占 29.27%；成本因素占 23.73%，投資環境因素占 19.87%，貿易障礙因素占 8.04%，其他因素占 19.15%。

2. 當前在華 FDI 區域投向的分佈特點

FDI 的區位變化規律：一般是先集中，后隨時間逐步擴散。就發達國家而言，如在美國、英國、德國和西北歐，FDI 主要集中在經濟發達地區：一般先在大都市地區集聚，后向其他地方轉移；發展中國家的外資多集中於主要經濟中心，尤其是全國首都和地方中心城市及沿海發達地區，這種集中分佈的外資會隨時間逐步向其他地區擴散。以中國為例來說，外資集中在沿海地區，形成了三大熱點投資區：珠江三角洲、長江三角洲、環渤海投資區，而且以開放城市、中心城市和經濟特區最為密集。從區域層面上看，這種大集中的格局中又形成了以經濟開發區、大都市內高級賓館和會議中心區、大都市郊區交通便利的地區最為集中的小集中格局。這種集中分佈的外資企業，在 20 世紀 90 年代后期開始從南向北移動，從東部沿海向內地推進，形成「北移西進」的態勢，這種擴散在中國具有明顯的特色，與中國對外開放的時序和空間層次：經濟特區、沿海開放

---

[1] 張長春. 影響 FDI 的投資環境因子分析 [J]. 管理世界，2002 (11).

大城市、沿江、沿邊、沿線（鐵路）、全國全方位開放相一致。從微觀區位層面上看，也出現從城市區向郊區、從中心城市向二級城市和鄉鎮的擴散。①

從整體區域分佈看，FDI 明顯呈「東高西低」的基本格局。全國吸引 FDI 的重點地區基本上都集中於東部沿海地區，中西部地區所占比重持續偏低。1985—1989 年中西部地區 18 個省市自治區吸引外資額占全國總額合計為 11.1%；20 世紀 90 年代后期，在華 FDI 在空間上已呈現出由東向西逐級推進的態勢，但 1997—2002 年東部沿海地區年均實際利用外資額均占到 85% 以上。可以說，東部地區迄今為止始終是外商投資最集中的地區。② 這種區域範圍內的外資過度集中，雖然推動了中國東部地區經濟的快速發展，但也擴大了東部地區與中西部地區的差距，進一步加劇了中國產業結構在區域佈局上的非均衡性。

從省際差異來看，FDI 主要集中在少數幾個沿海發達省份，發達省份之間亦呈現出波動變化，西部地區劣勢明顯。據國家統計局相關統計數據顯示，僅廣東、上海、江蘇、福建四省市便集中了全國外商總投資的近 60%；隨著中國國民經濟的迅猛發展和 FDI 流入的增多，投資的地區結構開始發生變化，投資環境改善進展快的省市吸引外商的比重開始增加，中西部地區的一些重點區域（如成都、重慶、西安等市）的引資吸引力也在增強，但從總體角度來看，西部各地仍處於明顯的劣勢。

從 FDI 變動速度看，各地區 FDI 的增長率差異較為明顯，且波動幅度差別較大。1990—1996 年，中部地區 FDI 增長率高於東部，而西部 FDI 增長率卻表現出很強的波動性。1997 年以

---

① 傅元海，彭民安，羅志輝．FDI 區位研究綜述［J］．湖南行政學院學報，2005（1）．

② 陳繼勇．國際直接投資的新發展與外商對華直接投資研究［M］．北京：人民出版社，2004：430．

后，東部和中部 FDI 均出現下滑，而西部地區繼續保持增長勢頭。但由於西部地區投資環境基礎較差，FDI 對優惠政策和經濟形勢的變動表現得較為敏感，其升降幅度超過了東部和中部地區。

從相對規模看，各地區差異更為明顯。2000 年外商直接投資規模占當年 GDP 的全國平均水平為 4.05%，在 31 個省、市、自治區中超過平均水平的只有 7 個；儘管一些沿海省份，如山東、浙江、河北等省份經濟發展水平較高、經濟開放度較大，但與當地 GDP 相比，FDI 仍顯規模不足，2000 年這些省份的相對規模均低於 3%。[1]

從中國目前外商直接投資的實際情況來看，來自港澳臺地區和東南亞的資本，主要以勞動密集型產業為主，比較重視政策優惠條件和勞動要素成本，這些因素的變化與外商投資具有顯著的正相關關係，因此在投資區位選擇上近年來紛紛呈現「北上西進」的格局。而來自歐美日等發達國家的跨國資本，則以資金、技術密集為主的產業，其投資的最大動力來自於中國巨大市場需求的吸引，中國龐大的國內市場以及持續經濟高速增長所引發的國內需求擴張潛力，可以為大型跨國公司提供難得的銷售場所，從而有利於提高其生產規模和全球資源的優化配置，實現利潤邊界的最大化。而勞動成本並不構成歐美等跨國公司對華投資的主要決定因素，因此，儘管北京、上海、深圳、蘇州、杭州等地的人工工資和房屋土地價格持續攀升，歐美跨國公司對華投資仍主要集中在中國經濟發展較好、人才供給更充分、投資環境更寬鬆的東部發達地區。

3. 招商引資的區域性發展模式：廣東模式與上海模式

在吸引外商直接投資中，中國國內各地由於工業基礎條件

---

[1] 李具恒. FDI 的區位選擇與中國區域經濟發展 [J]. 中國軟科學, 2004 (6).

和自然要素稟賦的不同，在招商引資中形成了一些有特色的區域性招商引資模式，其中有代表性的是廣東模式和上海模式。

廣東省和上海市加江蘇省（分別代表珠江三角洲和長江三角洲）是中國對外開放的前沿地區，自改革開放以來一直是中國吸引外資的重點地區；從兩個區域所占的全國外商投資企業工業增加值的比重來看，1993年廣東省占34%，上海市加江蘇省（以下簡稱上海地區）24%；2002年廣東省占28%，而上海地區占29%。與此同時，外商直接投資對這兩個地區經濟發展的影響也很明顯，以外商投資企業在區內全部企業的工業增加值的比重來看，1993年廣東省為29%，上海地區為12%，全國平均為8%；2002年，以上三者分別增至54%、41%和26%。[1]

這兩個區域模式基本上代表了當前中國招商引資的兩種基本模式。這兩種模式在具體引資和引資效應方面有較大的差異，這可以從表5-6外商投資企業的外貿和生產特徵的數據中看出。

表5-6　　　　　　外商投資企業的外貿和生產特徵

年份	進出口差額（億美元）			勞動生產率（元）				
	全國	上海地區	廣東	全國a	上海地區b	廣東c	b/a	c/a
1989	-39		-13					
1990	-45		-16					
1991	-46		-18					
1992	-38	-21	-32					
1993	-166	-38	-54	33,123	43,647	31,523	1.318	0.952
1994	-182	-37	-55	33,949	45,307	32,808	1.335	0.966

---

[1] 數據來源：1994年的《中國工業經濟統計年鑒》，以及全國和有關省市的2003年統計公報。轉引自：盧荻．外商投資與中國經濟發展：產業和區域分析證據[J]．經濟研究，2003（9）．

表 5-6（續）

年份	進出口差額（億美元）			勞動生產率（元）				
	全國	上海地區	廣東	全國 a	上海地區 b	廣東 c	b/a	c/a
1995	-161	-51	-17					
1996	-141	-60	4					
1997	-28	-34	41	49,581	63,554	51,679	1.282	1.042
1998	42	-24	75					
1999	27	-19	55	61,260	82,729	51,930	1.350	0.848
2000	22	-62	70	71,403	94,391	59,588	1.322	0.835
2001	74	-58	101	75,913	10,4631	64,161	1.378	0.845

資料來源：《中國統計年鑒》和《中國工業經濟統計年鑒》各年鑒。轉引自：盧荻．外商投資與中國經濟發展：產業和區域分析證據 [J]．經濟研究，2003（9）．

從表 5-6 中我們可以看到，在進出口方面，廣東省是帶動全國外商投資企業從外貿逆差轉為順差的主力，而且廣東省的順差持續超過全國的順差總額，這意味著廣東省以外的外商投資企業大多處於逆差，其中尤以上海地區的外商投資企業最為顯著，其外貿逆差近些年持續數額巨大而且趨於增加。而在生產方面，廣東省外商投資企業的勞動生產率遠遠低於上海地區的外商投資企業；就兩地區的外商投資企業的勞動生產率與全國平均水平相比，廣東省外商投資企業的勞動生產率大都低於 0.9，而同期上海地區則基本上高於 1.3，且二者的差距趨於擴大，這意味著廣東省的外商投資企業是以勞動密集型為主的企業，而上海地區的外商投資企業則多屬於資本和技術密集型企業。

綜合起來可以判斷，從整體區域發展模式來看，廣東模式是以出口導向、勞動密集型為主的招商引資模式，而上海模式則更接近進口替代、資本深化模式。相對於進口替代加資本深化模式，出口導向加勞動密集型模式的效率特徵是源自比較優

勢原則的資源配置效率改進，它充分利用了中國當前豐富而廉價的勞動力資源和基礎原材料，是中國當前出口創匯的主要方式，在一定程度上有助於改善中國資源配置效率，優化產業結構；但其代價表現為勞動非技能化和壓抑關聯產業的生產效率改進，整體相對勞動生產率趨於不斷下降。而上海地區的實際發展情況則驗證了進口替代加資本深化模式有助於迅速提高生產效率，而不利於改進資源配置效率（盧荻，2003）。

可以說，廣東模式是中國在對外開放早期的主要引資模式，其外資資金來源以港澳臺地區的資金為主，主要集中在紡織、玩具、五金、家電、電子、機械、家具、皮革製品等勞動密集型產業或勞動密集型生產環節。1981—1996年期間是廣東省的工業化準備與起飛階段，其吸引外資力度和規模在全國都是首屈一指的，經濟發展勢頭迅猛。但相關研究已表明，廣東省工業化快速發展的一個根本原因是它利用政策和地理條件所賦予的「先走一步」優勢，搶先建立起全國市場熱點的新型耐用消費品工業，尤其是高度進口依賴的消費類電子和電氣機械產品系列；其工業化的主導特徵是生產新產品，甚至是不斷利用搶先優勢在全國市場上創造和保持某些壟斷地位，但勞動生產率的提高卻始終有限。1992年中國迎來改革開放的「第二春」之後，中國改革開放的力度和範圍不斷加大，歐美日跨國巨頭開始紛紛進入中國市場，在華外商直接投資主體逐步從港澳臺企業轉移到歐美日跨國公司，廣東省開始經歷貿易條件的持續惡化，反應了它無法繼續保持原有的市場競爭地位，其主要原因是：市場熱點轉移到了諸如汽車、移動電話、高品質鋼材和化工產品等資金密集或是技術密集的產業，市場競爭更加趨於國際化；以勞動密集型產業為基礎的廣東工業缺乏保持市場競爭力的優勢，尤其受1997年亞洲金融危機的衝擊，表現持續低迷，逐漸為上海模式后來居上（見圖5-3）。

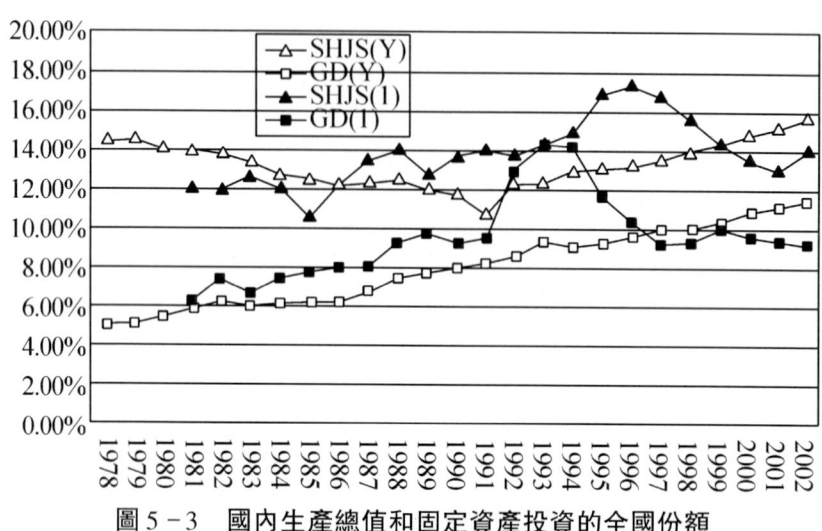

圖 5-3　國內生產總值和固定資產投資的全國份額
——廣東省和上海地區數據（1978—2002 年）

註：SHJS = 上海地區；GD = 廣東省；Y = 現價國內生產總值；I = 全社會固定資產投資。

資料來源：《中國統計年鑒》和《中國固定資產投資統計年鑒》各年鑒。轉引自：盧荻. 外商投資與中國經濟發展：產業和區域分析證據[J]. 經濟研究, 2003(9).

在提升地區勞動生產率方面，上海模式明顯優於廣東模式。[①] 與港澳臺資金主要看重的是國內豐富而廉價的勞動力資源不同，以歐美日發達國家跨國公司為投資主體的 FDI 更看重的是中國潛力巨大的需求市場，強調的是對中國國內市場的長期佔有，往往都有更為長期的戰略規劃與安排。歐美日跨國巨頭資金主要集中在市場新興熱點行業，如汽車、移動通訊設備、高品質鋼材和化工產品以及 IT 技術開發與設備生產等行業，技術含量和資金密集型程度遠勝於廣東地區的港澳臺企業。

就模式的限制而言，廣東模式受制於其勞動生產率提升的緩慢和低勞動力成本競爭優勢的難以為繼，而上海模式的一個

[①] 盧荻. 外商投資與中國經濟發展——產業和區域分析證據 [J]. 經濟研究, 2003（9）.

根本問題則是有關外商投資企業持續出現相當巨額的外貿逆差，而這種持續意味著逆差有可能是結構性而非過渡性的，也就是說有可能使得模式本身不具有可持續性。從理論上來講，結構性外貿逆差的最大危險是有可能導致「外債陷阱」，令經濟發展停滯甚至倒退。在20世紀80年代中後期，中國的經濟發展就曾經出現過這種危險並為之付出了相當沉重的代價，同一危險在世界範圍也頻頻出現，對有關國家造成的經濟損失就更為巨大了。因此，上海模式雖然在促進生產率提升方面頗有表現，但能否對地區資源配置效率的提升和產業結構的優化升級產生持續的促進作用卻成疑問。

總的來說，這兩種引資模式各有利弊，各地區工業基礎條件和自然禀賦的差異較大，很難說哪一種模式就一定優於另一種模式，尤其在中國「二元經濟」現象很突出的情況下，這兩種引資側重點迥異的模式都有較大的適用空間。只是從區域發展層面來看，以進口替代加資本深化為特徵的上海模式更加迎合了當前外資在華發展的投向趨勢，在促進地區和全國整體經濟發展方面，確實優於以出口導向加勞動密集為特徵的廣東模式。

第六章
當前 FDI 促進中國產業結構優化中存在的問題

改革開放三十多年來，外商直接投資作為中國產業發展資金的一個重要來源，在彌補中國產業發展資金缺口、推動中國產業結構合理化與高度化等方面起到了積極的促進作用。但外資的流入是一把雙刃劍，其對東道國產業結構的演變既有促進其優化升級的正面效應，也有加劇其結構失衡、低層次固化發展等負面影響。

FDI促進中國產業結構優化效應經歷了一個從小到大，再由大到小的過程。20世紀90年代中期以來，隨著中國經濟從整體性短缺經濟向結構性過剩經濟的轉變，資金缺口已不再成為制約中國產業發展的因素，但外資的流入仍然以數量型為主，這與中國利用外資產業政策的戰略性轉型是相悖的，不利於中國產業結構的戰略性調整。FDI對中國產業結構的優化效應正在弱化，其負面影響正在逐漸體現。就中國當前的情況來看，FDI促進中國產業結構優化中所存在的主要問題包括：外商投資對中國產業結構優化效應的局限性、FDI數量型擴張所導致的外資流入陷阱以及全球化背景下FDI對中國產業安全和可持續發展問題的影響等。

第一節　FDI促進中國產業結構優化的局限性

從資本逐利的本性來看，外商直接投資總是追求自身利益最大化，是不以東道國利益為目的，其對東道國產業結構的優化效應是非自願的，因此FDI促進東道國產業結構的優化總是有一定局限性的。就中國當前的情況來看，外商直接投資促進

中國產業結構優化的局限性突出表現在兩個方面：外商投資方向選擇與中國引資目標的錯位和外商對技術轉移與溢出效應的限制。在一定程度上，這兩個方面既是制約 FDI 促進中國產業結構優化的主要問題，也是導致在華 FDI 產業結構效應不理想的主要原因之一。

一、外商投資方向選擇與中國引資目標的錯位

利用外商直接投資促進中國產業結構優化升級一直是中國產業發展戰略中的一項重要內容。

改革開放初期，中國處於嚴重的短缺經濟時代，資金缺口與外匯缺口是制約中國產業發展的主要問題。當時，中國的產業結構調整基本上屬於適應性調整，主要表現為：一是產業發展是以外延的數量擴張為主，主要任務是增加供給，緩和市場供求矛盾；二是產業結構調整是以數量型比例調整為主，拉長短線、壓縮長線，大力發展與人民生活密切相關的輕工業和農業，以及加強基礎產業、基礎設施建設等措施。[1] 鑒於當時全國各地、各行業普遍存在資金短缺問題，中國利用外資戰略也是數量擴張型的。外資的進入在很大程度上彌補了中國產業發展資金的短缺，促進了中國輕工業的快速發展，對矯正中國產業結構「重工業過重、輕工業過輕」的嚴重失衡狀況起到了積極的優化促進作用。

隨著中國經濟發展與開放程度的不斷提高，至 20 世紀 90 年代中期，中國經濟已從整體性短缺經濟逐步轉變為結構性過剩經濟，雙缺口問題也已得到了相當程度的解決。中國產業結構的調整已從適應性調整轉變為了戰略性調整，也相應地要求中國利用外資政策進行戰略性調整。中國政府從 1995 年開始頒布

---

[1] 陳明森. 產業升級外向推動與利用外資戰略調整 [M]. 北京：科學出版社，2004：200.

實施《指導外商投資暫行規定》和《外商投資產業指導目錄》，其后數次修訂改進，旨在引導外商投資的方向，實現從規模數量型向質量效益型轉變。中國引資的主要目的已從最初的彌補資金不足轉為在充分發掘自身資源、市場、勞動力等要素優勢的前提下，盡量換取國際上先進技術和管理經驗，以促進國內產業升級，謀求長遠發展利益。

但從現實情況來看，具體運行情況並不理想。這其中固然有中國產業發展基礎薄弱、利用外資產業政策執行偏差等原因，但一個根本的制約因素是外商投資目的與價值取向與中國引資目標與戰略的不一致。基於商業逐利的出發點，外商投資者總是著眼於自身的發展戰略和利潤獲得，往往無視中國外資產業引導政策，總是尋找一切可以降低成本、提高營運效率的生產要素和投資機會，盡可能地獲取短期最大利潤。

外商投資者與中國利用外資在目標價值上的不一致，不可避免地造成外商投資方向選擇與中國引資目標的錯位。當前，這種錯位主要表現為外商直接投資在中國產業分佈和區域分佈上的嚴重不均衡。

在前面，本書專門探討了當前在華外商直接投資的產業與區域分佈特點與演進趨勢，在這裡不再贅述。值得指出的是，與第二、第三產業的發展相比較，中國第一產業的發展長期滯後，是屬於相對勞動生產率偏低、投資收益期偏長的弱質產業，需要政府的大力扶持，中國政府也在引資政策中予以強調與傾斜。但改革開放二十多年來，流入到中國第一產業的外商直接投資卻是相當的少，截至2004年中國第一產業累計吸收外商直接投資僅占中國引資總額的1.94%，合同利用外資總額為213.07億美元，平均每年不足8億美元（見表6-1）。這與發

展中國家第一產業平均利用外資比重約20%存在著明顯差異①，也與中國發展中的農業大國地位是不相符合的。

表6-1 中國吸引外商直接投資產業項目統計（截至2004年）

產業	項目數(個)	比重(%)	合同利用外資（億美元）	比重(%)
總計	508,941	100	10,966.10	100
第一產業	14,463	2.84	213.07	1.94
第二產業	381,701	75.00	7,486.31	68.27
第三產業	112,777	22.16	3,266.71	29.79

資料來源：根據《中國商務年鑒2005》相關統計數據計算得出。

即使是在外資投向集中的第二、第三產業，外商投資也是集中在投資期短、見效快的項目上，一般性加工工業項目多，勞動密集型項目多；即使投向資金或技術密集型產業，也多集中在產業價值鏈的勞動密集型生產經營環節。而對於中國急需發展的、具有長遠利益的基礎產業、基礎設施、高新技術開發等瓶頸項目卻投資不多，這對中國產業結構的優化升級和長遠發展都是不利的。

在區域的分佈上，在華外商直接投資也表現出明顯的不均衡性，過度集中在產業基礎發展較好、投資環境更優的東部沿海地區，尤其是珠江三角洲、長江三角洲和環渤海灣地區，占了中國引資總額的八成以上；而幅員廣大的、亟待發展的中西部地區卻僅占了不到兩成。外商直接投資在投資區域上的過度傾斜進一步加劇了中國產業結構的失衡，而且造成中國地區間經濟差距不斷擴大，易於引發一系列的社會經濟問題，不得不

---

① 劉亞娟. 外國直接投資與中國產業結構演進的實證分析［J］. 財貿經濟，2006（5）.

引起我們的高度重視。

二、外商對技術轉移與溢出效應的限制

技術轉移與溢出效應是外商直接投資促進中國產業結構優化的重要途徑。但在全球競爭日益激烈的今天,技術的領先與壟斷往往是跨國公司賴以進行海外投資的基礎,是決定其競爭優勢的關鍵因素。保持與中國國內企業一定的產業技術級差,是跨國公司保持市場競爭實力、獲得超額壟斷利潤的重要措施。因此,出於維持競爭優勢的考慮,跨國公司總是會對其所掌控技術的轉移與溢出作出嚴格的限制。

在產業技術轉移方面,跨國公司採取了嚴格的技術保護措施。首先,跨國公司一般不會讓其先進技術直接流入中國,而是通過公司內部化交易轉讓給其國內的子公司,對轉讓的技術尤其是核心技術採取了非常嚴格的保密措施(如在核心技術的使用範圍、運用程序、涉密人員等方面有嚴格的行政安排和法律規定);被轉讓技術的先進性與跨國公司佔子公司股權的比例成正相關,而獨資化正是當前在華外商投資企業的主要策略之一。其次,跨國公司在與中國企業合作時,也是嚴格控製核心技術或工藝,能與中方分享的大多是一般性的操作技術和組織技術,向我方轉移的技術大部分是處於標準化階段的二三流技術,在同產業中難以具有競爭優勢。即使我們採用了「逆向工程解剖」,即通過對新產品的研究而獲取生產該產品的技術,我們所得到的技術也具有明顯的滯后性。[①] 最后,技術開發優勢是保持技術創新與領先優勢的重要力量。跨國公司歷來對新產品、新技術的開發非常重視,其技術開發基本上都控製在母公司內部。近年來,隨著中國對外開放程度的增進和高新技術人才隊

---

① 楊健全,文雯. FDI 在中國技術溢出效應的局限性及因應策略 [J]. 現代財經, 2006 (8).

伍的壯大，跨國公司出於降低成本、占領市場的考慮紛紛到中國設立專門的研究開發部門，但基本上都是採取獨資方式；而與國內科研機構、高等院校的合作研究與開發，則多集中在基礎性產業技術領域，商業化運作空間不大。

在產業技術溢出方面，跨國公司也是採取了種種措施來防止其先進技術的外溢。首先，為防止產業關聯效應所造成的技術溢出和降低營運成本，跨國公司普遍實施了「內部化」策略，實現相關產業鏈的自我繁衍。① 一方面，來華投資的跨國公司在其產業鏈的延伸中，往往帶動其國外關聯企業或合作夥伴進行「組團式」投資進入中國市場，與中國國內企業關聯較少。另一方面，跨國公司採取垂直一體化併購戰略，對其產業鏈上下游環節的企業進行併購，將與之有直接產業關聯的國內企業收購整合到自身體系中，通過公司內部行政管理和內部轉移定價②等手段控製下屬分支機構運作和實現利潤最大化，同時將因產業關聯而導致的技術溢出效應牢牢控製在自己的手中。其次，在對外直接投資方式的選擇上，外商投資在中國近七成採用了加工貿易方式。加工貿易的突出特點是原材料投入與市場銷售的「兩頭在外」，外商在華企業只負責中間環節的生產加工項目，與本土產業的關聯度低，難以產生技術溢出效應，對本土上下游企業的技術改造和產業升級帶動效應差。加之，目前在中國的外商投資加工貿易項目多為技術含量低、附加值低的勞動密集型項目，不足以給中國帶來先進的技術；而一些高技術、深加工的項目，則由於在中國生產鏈太短，技術溢出的效應也很有限。

---

① 陳明森．產業升級外向推動與利用外資戰略調整［J］．北京：科學出版社，2004：189．
② 參見：吳凡，余林．如何應對國際轉讓定價中的避稅行為［J］．中國稅務，2004（3）．

在控製因人員流動而造成的技術外溢方面，在華跨國公司也是煞費苦心。首先，對於公司內部能接觸核心技術的人員，跨國公司有嚴格的篩選流程與管理規定。一般來說，在大型外資企業中中方雇員（尤其是當地雇員）往往很難介入企業的核心管理層和決策層，其管理權限和所能接觸到技術等級有比較嚴格的限制，這就是我們常說的中方雇員在外企的「職場天花板」問題。筆者曾於 2005 年 6～8 月走訪英特爾產品（成都）有限公司（全球最大的芯片製造商英特爾公司在成都的投資企業，總投資 3.75 億美元）。據瞭解，在該公司近三十名中高層管理人員中，僅有行政部門和公共關係管理部門的負責人是中方人士，其餘全為外籍人士，而總經理、財務總監、技術總監、人力總監等高管人員均為美籍人士。其次，為防止人員流動，外資企業往往會提供較高的薪酬待遇、詳細的員工職業生涯規劃以及系統的企業文化培訓等措施來提高員工對企業的歸屬感和認同感；同時在制度上設置種種限制（如不少外企規定其離職人員在一定時間期限內不得在同行業競爭企業就職，否則予以經濟懲罰），來阻止因人員流動而造成的技術外溢。

當然，應該承認的是，造成當前外商直接投資技術轉移與溢出效應不理想的原因，除了與外商投資者的微觀動因有關，更與中國地方政府和企業在引進外商直接投資中的重數量輕質量、對引進技術的消化吸收不足有著密切關係。中國的對外開放和引進外商直接投資是在放權讓利的改革背景下展開的，資源配置的主要權力逐漸從中央政府轉移到地方政府，在地方實力膨脹的同時形成了「諸侯經濟」。出於顯示政績和維護地區局部利益的考慮，一些地方政府官員存在強烈的投資擴張衝動，並導致政府行為和企業行為嚴重短期化。政府和企業短期化在引資中主要表現為重引資規模輕技術含量，盲目和重複引進國外的技術，嚴重忽視消化吸收（陳明森，2004）。在中國以合資

方式引進的技術中，屬於硬技術的成套設備占80%以上，屬於軟技術的技術許可和技術諮詢服務等占不到20%，這一現實反應出中國企業普遍存在的技術依賴心理。

有關資料表明，日本和韓國經濟發展中最重要的經驗是重視技術的引進和消化創新，一般來說，用於消化創新的資金三倍於技術引進的資金。而中國的情況則相反，用於消化創新的資金投入僅占技術引進資金的三分之一。[1] 就總體而言，中國的不少企業未能通過設立合資企業消化、吸收引進的先進技術，逐步形成自主的研究與開發能力，如果這一狀況不改變，極有可能重蹈拉美國家在引進歐美技術中曾出現的「等距離追趕」的覆轍。[2]

第二節 FDI數量型擴張與外資流入陷阱

改革開放以來，中國利用外資基本屬於數量擴張型，主要表現為利用外資總體規模較大，但技術含量不高，產業層次較低，以傳統的輕紡工業為主。在短缺經濟時代，這種利用外資的方式有一定的合理性。但是隨著過剩經濟的到來以及產業結構的戰略轉型，這種以數量擴張為主要特點的利用外資方式必然造成較大的問題，以致造成產業結構轉換缺口、產業結構低層次固化等問題。

這種因過度引入低質低效FDI，外資進入只能彌補國內資金短缺與物資缺口，無法發揮改善資源配置、促進技術進步與產

---

[1] 陳漫．中國引進外商直接投資的實效分析［J］．戰略與管理，2001（3）．
[2] 李東陽．國際直接投資與經濟發展［M］．北京：經濟科學出版社，2002：267-268．

業升級的作用，而且與國內原有傳統產業形成低層次水平競爭，以致產生產業發展的結構性問題被稱之為「外資流入陷阱」（陳明森，2004）。

一、外資流入陷阱與中國產業結構轉換缺口

產業結構合理化是一個動態的發展過程，它要求產業發展速度具有均衡性。當然這種均衡性並不是指平均化，而是指各產業之間的發展速度大致有一個合理比例，超出這一界限會導致產業結構失衡。即使在高速增長部門、減速增長部門和潛在增長部門之間增長速率差距也要合理，否則將會造成再生產過程中的結構性滯差。比如新興產業與傳統產業之間的興衰消長，就有一個動態協調問題，新興產業的成長速度要與傳統產業增長速度的減緩乃至衰退速度相協調，使得傳統產業在衰退過程中所釋放出來的市場空間逐漸為新興產業所填補，從而形成新興產業與衰退產業此起彼伏、交替更換，推動產業結構不斷向著高級化方向演進。如果新興產業發展滯后或發展不夠充分，無法及時彌補傳統產業衰退后所帶來的產業發展空白，將造成整個經濟陷入下降與不斷萎縮的局面。這一現象被稱為「產業結構轉換缺口」，往往出現在一種經濟結構向另一種經濟結構轉化過程中，它是經濟結構優化升級的障礙。[1]

產業結構轉換缺口的特徵主要表現在以下幾個方面：①產業現代化水平偏低，新興產業發展滯后；產品加工程度不高，以初級產品生產為中心轉向以產品深加工生產為中心的過程緩慢；高附加值產品比重較低，技術進步對經濟增長的貢獻不高。②雖然引進外國資本和先進技術，但難以形成技術溢出效應，國外先進技術的吸收擴散效果不理想，難以在外商直接投資與

---

[1] 陳明森．產業升級外向推動與利用外資戰略調整［M］．北京：科學出版社，2004：202．

本國企業之間建立起有效的產業關聯；儘管東道國企業與跨國公司進行長期的合資合作，但由於產業發展的差異導致先進知識、技術、管理經驗等難以順利從跨國公司轉移到東道國企業，易於陷入所謂的「引進—落后—再引進—再落后」的怪圈。

從理論上講，產業結構轉換實質是產業結構彈性的問題，即產品供給結構變化對需求結構變化反應的遲鈍、滯后。在需求結構發生變化時，產品供給結構若不能及時作出反應並隨之變動，就會出現產業「空洞化」問題。產業結構轉換缺口是產業結構失衡的重要表現，它會給經濟發展帶來諸多的消極影響，這包括：

（1）結構性衝擊。由於新興產業發展滯后，使得衰退產業所釋放出的生產要素缺乏吸收載體，無法順利實現跨行業轉移；而衰退產業本身缺乏轉換能力，存量資產質量低下，資源長期閒置，特別是一些時間集中而且具有較強區域性的產業結構轉換缺口，還會造成嚴重的下崗失業問題，影響社會安定團結。

（2）市場有效供給不足與市場過剩並存的結構性問題。產業結構轉換往往是由需求結構轉換所引起的，在社會由低收入向高收入發展過程中因產品需求收入彈性不同而造成產業之間的興衰交替。但生產供給系統卻往往受制於生產要素的供給、生產技術的提高等因素而導致對需求結構變化反應遲鈍、滯后，進而導致新產品有效供給不足，無法滿足變化了的需求，只好引進國外產品予以滿足；而傳統產業生產能力的過剩又導致傳統產品的過量供給，從而形成市場有效供給與市場過剩並存的局面。

從20世紀90年代中期以來，中國經濟開始出現一些與產業結構轉換缺口特徵相類似的現象。主要表現為產業結構升級延緩，不少傳統產業出現衰退現象，生產能力嚴重過剩。目前中國工業企業生產能力的平均利用率只有60%左右，像彩電、電冰箱、VCD等行業的利用率甚至降到了50%左右。但新興產業，特別是高新技術產業的成長卻相當緩慢，造成產業結構缺口不

斷擴大，以致中國每年都要花費上千億美元的外匯從國外進口先進設備和國內尚無法替代的原材料以供國內需求。

　　當然，這種產業結構轉換缺口的內在原因是由於中國當前的經濟體制、市場結構和資源稟賦結構所造成的，但是外商對工業投資的結構性傾斜也起著推波助瀾的作用。① 根據外商投資行業偏向指數表（見表6-2），我們可以知道，在華外商投資所偏向的是：電子及通信設備製造業、文教體育用品製造業、服裝及其纖維品製造業、金屬製造業、食品製造業等行業，主要以低技術含量的勞動密集型產業為主，基本上都屬於進入門檻較低、增長緩慢的傳統產業；反之，外商投資進入較少的行業中，除了部分屬於國家壟斷行業（如菸草、石油開採等）之外，多數屬於技術密集、資金密集或技術資金密集產業。這些大多屬於中國急需發展的瓶頸產業，進而加劇了中國產業結構轉換缺口。

表6-2　　　　　外商投資行業偏向指數分類表

行業偏向指數分組	行業數	行業名稱
3以上	2	電子及通信設備製造業、文教體育用品製造業
2～3	9	皮革、毛皮、羽絨及其製品業，塑料製品業，其他製品業，服裝及其纖維製品製造業，金屬製造業，家具製造業，食品製造業，橡膠製品業，造紙及紙製品業
1～2	12	木材加工及竹、藤、棕、草製品業，儀器儀表及文化辦公用機械製造，飲料製造業，電氣機械及器材製造業，印刷業，記錄媒介複製，化學纖維製造業，交通運輸設備製造業，醫藥製造業，食品加工業，非金屬礦物製品業，紡織業，普通機械製造業

---

　　① 陳明森. 產業升級外向推動與利用外資戰略調整 [M]. 北京：科學出版社，2004：203-204.

表 6-2（續）

行業偏向指數分組	行業數	行業名稱
1 以下	15	化學原料及化學製品製造業，電力、蒸汽、熱水生產與供應業，有色金屬冶煉及延壓加工業，專業設備製造業，煤氣生產與供應業，黑色金屬冶煉及延壓加工業，石油加工及煉焦業，非金屬礦採選業，菸草加工業，自來水生產與供應業，有色金屬礦採選業，黑色金屬礦採選業，木材及竹材採運業，煤炭採選業，石油及天然氣開採業

資料來源：趙晉平．吸引外資的產業結構升級效應及其影響機制分析［R］．國務院發展研究中心報告，2002．

二、外資流入陷阱與中國地區產業結構同構化

中國地區產業結構的同構化主要表現為各地在產業發展與招商引資方面的一窩蜂，在地區產業發展中盲目引進外資、過分強調投資數量，追求地區產業結構的「小而全」或「大而全」，從而導致各地產業結構普遍趨同，且多為低水平的重複建設，進而導致各地區之間的惡性競爭，生產效率不高而產能卻持續過剩的現象。這一點在中國各地的工業發展，尤其是製造業中表現比較明顯。

地區之間產業結構的相似程度通常用地區產業結構相似系數來表示。假定兩地之間產業結構向量分別記為 X、Y，即：$X = (x_1 + x_2 + \cdots + x_i + \cdots + x_n)$，$Y = (y_1 + y_2 + \cdots + y_i + \cdots + y_n)$，其中，$x_i$、$y_i$ 分別代表兩地區中第 i 產業在該地區總產值中所占的比重；則兩地區產業結構相似系數 ρ_i 為：

$$\rho_i = \sum_{i=1}^{n} x_i y_i \Big/ \sqrt{\sum_{i=1}^{n} x_i^2 y_i^2}$$

地區產業結構相似系數 ρ_i 在 0~1 之間，相似系數越趨於 1，

意味著地區之間產業結構的相似程度越高，當相似係數等於1時，意味著地區產業結構完全一樣；反之，當相似係數趨於0時，意味著地區產業結構差異程度趨大，當相似係數為0時，則意味著地區產業結構完全不同。①

聯合國工業發展組織認為地區產業結構相似係數以0.85為界，超過0.85則意味著兩地區之間具有高度的同構化。表6-3為中國各省市自治區工業結構相似係數表。

表6-3　　中國各省市自治區工業結構相似係數

地區	1989年	1995年	1989—1995年相似係數變化值	地區	1989年	1995年	1989—1995年相似係數變化值
北京	0.91	0.7757	-0.1340	河南	0.96	0.9463	-0.0137
天津	0.96	0.8643	-0.0960	湖北	0.94	0.9230	-0.0170
河北	0.96	0.9391	-0.0210	湖南	0.94	0.9378	-0.0022
山西	0.72	0.8602	0.1400	廣東	0.91	0.7745	-0.1355
內蒙古	0.90	0.9039	0.0040	廣西	0.90	0.8788	-0.0212
遼寧	0.80	0.9437	0.1440	海南	—	0.7280	—
吉林	0.86	0.7069	-0.1530	四川	0.97	0.9543	-0.0157
黑龍江	0.64	0.8778	0.2378	貴州	0.73	0.8422	0.1122
上海	0.94	0.9450	0.0050	雲南	0.56	0.8197	0.2597
江蘇	0.94	0.9308	-0.0090	陝西	0.94	0.8875	-0.0525
浙江	0.91	0.8741	-0.0359	甘肅	0.77	0.8062	0.0362
安徽	0.96	0.9434	-0.0166	青海	0.77	0.8755	0.0455
福建	0.87	0.9085	0.0385	寧夏	0.83	0.6258	-0.2042
江西	0.94	0.9500	0.0100	新疆	0.70	0.6868	-0.0132
山東	0.95	0.9534	0.0034	全國	0.87	0.8643	-0.0057

資料來源：國家計委產業經濟與技術經濟研究所．中國產業發展報告（1997）［M］//陳明森．產業升級外向推動與利用外資戰略調整．北京：科學出版社，2004：208．

① 陳明森．產業升級外向推動與利用外資戰略調整［M］．北京：科學出版社，2004：207-208．

從表6-3中可以看出，就發展趨勢而言，1989—1995年中國產業結構趨同狀況有所好轉，工業結構相似系數在逐步減弱。但從總體而言，中國各地區產業結構趨同問題仍然比較嚴重，在1995年全國30個省市自治區（西藏除外）中，產業結構相似系數在0.9以上的省市自治區達到13個，占全國比例為45%；而產業結構差異較大的主要是西南、西北的欠發達地區，全國平均的產業結構相似系數仍然高達0.8643。

從產業結構演變的外部因素分析，中國產業結構同構化現象是與FDI流入陷阱密切相關的。它是地方政府受利益驅動與外商投資質量低下交互作用的結果。一方面各地政府為了追求地方利益，進行引進外資競賽，往往只注重引資數量而忽視引資質量，導致利用外資的產業政策嚴重失效，重複引進、重複建設比較普遍，進而導致低水平生產能力的大量過剩；另一方面，由於外商投資的質量不高，不少三資企業（特別是以港澳臺資金為主的三資企業）缺乏核心能力，無法進入技術和資金密集的高新技術產業和重化工業，各個地區的外資企業只能擠在傳統產業和加工裝配行業裡，實行低層次產業外延擴張，這不僅未能充分引導新興行業和基礎產業的發展，反而在一定程度上加劇了中國產業結構的同構化，在總體上導致中國外資企業與內資企業產業結構的相似性，形成了利用外資和技術引進在低技術水平下的同質性過度投資。

這些低層次、同構化的外商資金的大量進入，與中國現有企業形成了低層次的惡性競爭，從而加劇了生產過剩和市場疲軟，並產生外商投資排擠國內投資的「擠出效應」。這種擠出效應一方面是外商投資主要集中在競爭性的行業，外資的大量流入必然減少或取代國內企業的投資，造成國內投資流量的減少；另一方面，外商投資企業擠占了國內原有企業的市場份額，造成國內企業的市場萎縮，甚至倒閉破產，導致國內資本存量的

萎縮。①

當然，外商資本的進入對國內資本形成與發展也存在著正外部效應，即通過產業關聯效應帶動其上游產業或下游產業的國內資本進入。但由於目前外資企業大多採取「兩頭在外，大進大出」的經營策略，產業關聯效應比較微弱，加上不少國內企業與外資企業還存在著較大的技術落差，技術溢出效應也非常有限。根據楊柳勇等（2003）的總投資模型測算，中國外商直接投資對國內投資的效應小於1（為0.71），即長期的FDI對國內投資產生了負的外部性，外商直接投資的流入並沒有增加中國的總投資形成，反而擠掉了部分國內投資。②

三、過度競爭與寡頭壟斷並存的二元市場結構

外商直接投資的進入往往在進入初期會因為廠商數量的增加、產量的擴充而降低東道國相關產業的市場集中度，但經過一段時間的競爭循環后，市場集中度普遍提高，並且該行業的規模經濟效益越顯著，集中效應越明顯；產業的國際化程度越高，外商資本規模越大，市場的集中度也越高。同時，跨國公司對發展中國家競相交叉滲透直接投資可明顯促進東道國的產業市場競爭。關於這種競爭，有的學者認為是一種競爭性的市場結構（江小涓，2002），也有的學者認為是一種建立在高度市場集中基礎上的寡頭競爭，是過度競爭與寡頭壟斷並存的二元市場結構（張紀康，2000；陳明森，2004）。筆者的觀點傾向后者。

有效市場競爭的概念最早是由 J. M. 克拉克於 1940 年提出

---

① 陳明森. 產業升級外向推動與利用外資戰略調整 [M]. 北京：科學出版社，2004：210-211.

② 楊柳勇，等. 中國市場化進程中的利用外資研究 [M]. 北京：中國社會科學出版社，2003：19.

的，其后 E. S. 梅森（E. S. Mason）系統地提出了有效競爭的市場結構和市場績效的標準。有效競爭市場結構是建立在一定數量和一定規模的企業之間競爭的基礎上，它可以享受競爭活力效率和規模經濟效率的雙重利益。一個有效競爭的市場應具備：市場上存在著相當多的買者和賣者、市場信息是充分而自由流動且不存在進出入壁壘、企業之間不存在共謀或串謀行為、市場上存在著不斷改進產品和工藝過程的壓力、生產主要在大小適當且有效率的規模單位進行、生產能力和實際產量與市場需求較為協調等。

有效競爭的市場結構是一個比較理想的市場結構，能有效地發揮競爭與規模的雙重效應。理想的有效競爭市場結構在現實中不為多見，但一個基本的共識是：一國或一地區的市場結構越趨向於有效競爭市場結構，對該國或該地區的經濟發展、經濟結構升級越有利。但是，從中國目前的情況來看，外資的進入加劇了中國市場結構的偏離，出現了過度競爭與寡頭壟斷並存的極端市場結構的「二元現象」。

一方面，入世后歐美日等跨國巨頭大規模進入中國市場，憑藉其在技術、資金、品牌、管理經驗等方面的壟斷優勢，對中國某些行業進行了不同程度的市場控製行為和品牌傾銷行為。這些大型跨國公司進入中國以後，不僅通過品牌與技術優勢、規模經濟、產品差異化、必要資本手段構築結構性的市場壁壘，而且還採取系統化與標準化、產業鏈上下游企業的垂直一體化、增加用戶的品牌忠誠度與轉換成本等手段來實施戰略性的市場壁壘，把大部分的內資企業以及其他進入者排擠在外，使其在這些行業保持著寡頭壟斷地位。跨國公司正是憑藉其強大的壟斷優勢不斷擠壓中國本土企業而擠占當地市場，使中國產業發展缺乏動態比較優勢而成長乏力，即所謂的產業壓制。

國務院研究發展中心 2006 年 8 月發表的一份研究報告指出，

在中國已開放的產業中，每個產業中排名前5位的企業幾乎都由外資控製，中國28個主要產業中，外資在21個產業中擁有多數資產控製權。比如：在玻璃行業，該行業中最大的5家企業已全部合資；占全國產量80%以上的最大的5家電梯生產廠家，已經由外商控股；18家國家級定點家電企業中，11家與外商合資；化妝品行業被150家外資企業控製著；20%的醫藥行業在外資手中；汽車行業銷售額的90%來自國外品牌；電腦操作系統、軟包裝產品、感光材料、子午線輪胎、手機等行業，外資均佔有絕對壟斷地位。而在輕工、化工、醫藥、機械、電子等行業，外資公司的產品已占據1/3以上的市場份額。① 這種壟斷在一些行業已超過了國際壟斷法規的不允許超過同行業市場20%的警戒線，在很大程度上已嚴重威脅到了中國民族產業的發展。

另一方面，在這些產業中內資企業又往往處於低水平的過度競爭狀態，表現為企業數量多但規模小，產業集中度低，市場往往呈現出無序競爭，使得不少行業、企業處於低利潤甚至虧損狀態。然而由於存在FDI流入陷阱，外資源源不斷地流入小規模、低效率的企業，又進一步加劇了市場過度競爭，企業之間的競爭往往呈現出低水平的無序狀態。②

本土企業在激烈的競爭中為保持或提高自身的實力和市場地位，往往在內外壓力的迫使下以極低的籌碼與外商合資或合作，甚至不惜國有資產的流失，低價讓渡企業股權，使一些戰略性產業的主導權被外商所控製，進一步加劇了對中國國民經濟安全的威脅。據統計，僅2005年一年國內併購案就創紀錄地達到1,251宗，其中外資收購占到10%以上，而且外資的收購

---

① 時衛干. 外資角色再審視：28個主要產業中21個外資控製 [J]. 南風窗, 2006 (9).

② 陳明森. 產業升級外向推動與利用外資戰略調整 [M]. 北京：科學出版社，2004：214.

標的額，平均高出內資收購的50%。一般而言，外資收購中國本土企業，堅持著「必須絕對控股」、「必須是行業龍頭企業」、「預期收益率必須超過15%」的「三必須」原則。

從行業上看，銀行、保險、電信、汽車、物流、零售、機械製造、能源、鋼鐵、IT、網絡、房地產等，凡此種種，這些熱門行業都已經有外資進入。併購方陣營中，來自美國的跨國公司最多，占比超過30%；歐盟企業次之，約占27%；其餘來自東盟和日本等。從資金來源看，國外收購資金主要包括兩種：跨國企業與各種投資基金。

網絡及IT行業是外商資本傳統上的偏愛行業，不過，種種跡象表明，近兩年來其興趣已經逐漸轉向金融業及其他產業。在金融業方面，2004年新橋資本最終控股深發展銀行，高盛領導的投資基金安聯公司購買中國工商銀行9.9%的股份，淡馬錫（亞洲金融控股私人有限公司）購買中國建設銀行5.1%的股份，凱雷收購中國太平洋壽險公司24.975%的股份等。在產業方面，華平基金入主哈藥股份，凱雷收購徐工機械（尚待中國有關部門審批），高盛下屬基金入股海王生物及控股雙匯，摩根斯坦利下屬基金收購山水集團（中國最大的水泥企業），美國Best Buy控股五星集團（中國第四大消費電器連鎖商），美國卡特彼勒計劃收購廈門工程機械、廣西柳工機械、河北宣化工程機械以及山東濰柴動力等，瑞士豪西盟（Holchin B. V.）擬通過定向增資發行A股方式最終控股G華新（中國水泥龍頭企業），法國米塔爾鋼鐵公司入股湖南華菱管線，英博啤酒收購雪津啤酒，美國AB公司收購哈爾濱啤酒，佳通收購樺林，DSM戰略投資華北制藥……[1]

---

[1] 時衛干. 外資角色再審視：28個主要產業中21個外資控製［J］. 南風窗，2006（9）.

第三節　FDI與中國產業安全、可持續發展問題

一、外資依賴、產業壓制與中國的產業安全問題

20世紀90年代末期以來，隨著外商直接投資的大量湧入，中國產業安全問題逐漸成為了國內理論界研究的重點問題。關於產業安全的具體內涵，目前國內理論界尚未形成比較一致的認識，有代表性的觀點有：產業控製論、產業競爭力論、產業發展論、產業權益論以及產業可持續發展論等。

產業控製論是當前比較主流的觀點，儘管學者們表述各異，但核心都是強調本國資本對本國產業的控製能力。這種觀點認為，產業安全問題主要是由外商直接投資所引起的，外商在中國通過合資、併購等方式控製國內企業和國內市場，實現對某些重要產業和市場的壟斷與控製，由此產生對中國產業發展自主權的削弱和危害問題。

產業競爭力論則是從產業競爭力的角度來理解產業安全，這種觀點認為產業安全是指一國產業在開放競爭中具有競爭力，能抵禦和抗衡來自國內外不利因素的威脅，保持產業部門的均衡協調發展（楊公樸，2000；王瑛，2001；景玉琴，2004）。

產業發展論則從動態、靜態兩個角度進行研究，認為產業安全的內涵一般是指一國擁有對涉及國家安全的產業和戰略性產業的控製力及這些產業在國際比較意義上的發展力。控製力是對產業安全的靜態描述，發展力是對產業安全的動態描述，是產業安全的本質特徵（李連成、張波，2001）。

產業可持續發展論是近幾年來隨著可持續發展理論的興起而逐漸為學者們所認同的一種觀點。這種觀點在產業控製論的

基礎上，強調一國在對外開放的條件下，在國際競爭發展的進程中，具有保持民族產業持續生存和發展的能力，從而始終保持著本國資本對本國產業主體的控製，是產業安全的核心（張立，2002）。

也有部分學者（趙世洪，1998）提出了產業權益論。該觀點認為，國民作為產業安全中的權益主體，在國界之內有明確的排他性經濟主權。外國國民在東道國國內所取得的任何產業權益，都是對東道國國民權益在機會成本意義上的侵占，應得到東道國國民根據其自身利益的需要而作出權益讓渡的許可。研究產業安全，歸根到底是要使國民為主體的產業權益在國際競爭中得到保證並不受侵害。①

以上幾種不同的觀點從不同的研究角度對產業安全的內涵作了界定，各有各的道理，但也存在著一定的局限性。比如，筆者認為產業權益論是一種比較狹隘的觀點，經濟全球化已使傳統的「絕對的經濟主權觀」② 發生了根本的轉變，中國在參與國際分工和全球產業大循環時不可避免地會造成國家經濟主權的部分讓渡和產業權益的部分損失，但這並不意味中國經濟自主權的喪失和產業發展威脅的出現。

結合以上觀點，筆者認為，衡量一國產業安全的狀況，具體可以從以下幾個方面來把握：①國家的經濟命脈是否被外資控製，即在關係到一國國計民生的關鍵產業（包括支柱產業、戰略產業和基礎產業）中，外資企業進入的深度和廣度是否保持在一個合理的範圍內，這是最為關鍵的。②國內市場結構狀況，即在特定市場上的市場競爭格局和外資企業所佔有的市場份額大小。通過對國內市場狀況的分析，可以度量一國本土企業在該行業的發展前景，並進一步度量出該國政府對國民經濟

---

① 何維達，李冬梅．中國產業安全理論研究綜述［J］．經濟縱橫，2006（8）．
② 趙樹森．經濟全球化與國家主權［J］．國際關係學院學報，2003（3）．

命脈的控制能力。① ③產業結構安全狀況，即一國在全球化中是否建立起基於國際分工體系中有利地位的產業結構，是否具有產業的可持續發展后勁。一個安全的產業結構體應是與外國產業進行合作但不依賴、主要依靠自身產業經濟體系的不斷優化升級來促使國民經濟持續的增長，並能有效地抵禦外部經濟衝擊的有效運轉的產業結構體。

依照以上對產業安全內涵的理解，從中國當前的基本情況來判斷，中國尚不存在較大的產業安全問題，但外資的持續、大量的進入確實給中國產業安全造成了一定的負面影響，值得我們重視。

1. 對外資過度依賴對中國產業安全的影響

目前，中國產業在一定程度上出現了對外資的過度依賴現象，這主要表現在產業資本的形成、出口產業的發展、生產技術的研發等方面。

在產業資本形成方面，外商直接投資一直是中國產業資本的重要來源，其在中國社會總投資中的比例不斷上升。中國外資依存度（即累計吸收的 FDI 規模占 GDP 的比重）已從 1992 年的 7.47% 提高到 2003 年的 35.6%。② 外商投資已在中國產業資本形成中佔有了比較重要的地位，而在華外資又集中投向第二、第三產業，尤其是投資週期短、見效快的加工製造業和消費熱點行業，對這些特定產業的快速發展起了積極的推動作用。但從另一個角度來看，外資在這些特定行業內的大量積聚，在這些行業中所占的投資比重過高，也蘊涵著潛在的風險。這一方面極有可能形成外資對這些行業的壟斷，損害中國國民社會福利；另一方面，也極易受到國際政治經濟形勢變化的波動與

---

① 趙嫻. 開放經濟下的產業安全問題探析 [J]. 中國流通經濟，2005 (5).
② 劉旭寧. 利用外資與優化中國產業結構的辯證分析 [J]. 經濟與管理，2006 (4).

干擾，直接危害到中國產業安全問題。

出口產業對外資的依賴現象比較突出。出口產業的快速發展是拉動中國經濟持續增長的重要力量。據商務部統計，2006年1~9月中國共實現出口6,912.3億美元，比上年同期增長26.5%；而中國對外貿易依存度也屢創新高，2003年為60.2%，而2005年則上升至77%，且有進一步上升的趨勢。

中國已是全球出口大國，但在中國出口產業中，外資企業是主力軍。2005年在華外資企業的出口商品總量占了全國出口總量的60%，2005年度「中國外貿200強」排行榜顯示，在2005年中國出口額最大的200家企業中，外商投資企業達148家，外資企業數量占了七成多。[①] 在中國出口大項的產業中，無論是傳統優勢的紡織、服裝、機電產品等產業，還是近幾年迅速崛起的計算機、移動通信設備、電腦顯示器等高新技術產業，外資企業都是出口的主力軍；其中高新技術產業尤為突出，外資企業處於絕對優勢地位，其高新技術產品出口占全國高新技術出口的比重持續上升，已從1996年的58.6%上升到2004年的87.3%。這些表明，在中國經濟發展對外貿的依賴程度不斷提高的情況下，中國出口產業對外資企業的依賴程度又不斷提高，這種現象不能不引起我們的高度關注。

生產技術的研製開發對外資的依賴在一定程度上削弱了中國企業自主研發能力，威脅到了中國產業的安全。可以說，產業技術的自主研發能力是保持一國產業安全和可持續發展的基礎。而在跨國投資條件下，無論其海外投資的規模有多大，所轉移的技術有多少，「無國籍化」經營程度有多高，流入東道國的技術總是服從於跨國公司自身的全球經營戰略的。特別是在跨國併購投資情況下，如果東道國當地被收購企業的研發活動

---

① 數據來源：國家商務部網站相關統計數據。

與跨國公司的全球經營戰略有衝突，跨國公司的技術流入必然會削減被收購企業的研發活動，從而削弱被收購企業的原來的研發能力。[1]

20世紀90年代末以來，跨國公司紛紛投巨資合資或併購中國企業，且多選擇行業的骨幹企業。這些企業往往具有較強的技術開發能力，有的甚至是國內同行業中的佼佼者，但與外商合資或被併購后，原企業的技術研發機構往往被撤銷，不再進行自主研發，而改為由外方母公司提供生產技術。即使有的企業仍然保持技術研發機構，但也僅能按照外方的意願進行特定技術的研發或只是對外方現有技術的適應性改造。外商的這一做法，在一定程度上削弱了中國國內企業自主研發創新的能力，造成中國在核心技術和關鍵性中間產品的投入上對外資形成了嚴重依賴，成為制約中國產業發展的「技術瓶頸」，對中國產業的安全和可持續發展極為不利。以中國目前快速發展的汽車產業來看，國內骨幹企業大多與歐美日韓等跨國汽車巨頭合資、合作或被收購，表面上是產銷兩旺、一片繁榮，但實質上核心技術為外方所掌握，國內企業僅僅是外方的生產加工車間而已，從而逐漸步入技術依附型的產業發展道路，其發展前景不容樂觀。

最近，美國麻省理工學院的一份研究報告指出：由於中國的高科技和工業產品的出口是由外資企業而不是中國企業在主導，中國企業嚴重依賴從美國和其他工業發達國家進口設計、關鍵性元件以及生產設備等，而且中國企業幾乎沒有採取有效措施去吸收消化和推廣進口的技術，因此這使得中國在日益激烈的全球競爭中很難成為有力的競爭者。這一現實不能不令我們深思。

---

[1] 陳明森．產業升級外向推動與利用外資戰略調整［M］．北京：科學出版社，2004：190-191．

2. 市場壟斷與產業壓制對中國產業安全的影響

與國內產業發展對外資依賴程度不斷加劇相伴隨,在華外資企業對中國市場的壟斷和對國內企業的產業壓制也逐步顯現,成為影響中國產業安全的重要因素。關於市場壟斷行為,我們在上一節中已專門論述,在本節我們將更多地論述外商直接投資對中國內資企業的產業壓制問題。

外商在華投資中,為保持其市場競爭優勢,往往一方面通過對國內同類企業的併購,不斷擴大自己的市場份額,消滅競爭對手;另一方面,則憑藉其雄厚的資金、先進的技術和世界知名品牌等優勢來排擠同行企業,對國內企業的成長實施產業壓制。這種產業壓制集中體現在股權控製、技術控製和品牌控製。

20世紀90年代中期以後,尤其是入世以來,隨著中國對外開放程度的不斷加深,外商在華投資企業的獨資化傾向日益明顯,除新建項目多以獨資為主,對原有的合資項目也不斷提高股份,爭奪控製權的意圖表現比較明顯。以電子行業為例,外商控股比例最高的是集成電路生產和通訊設備行業,目前外資平均控股比例在60%以上,形成了全行業控製態勢[①],進而通過產業競爭不斷壓縮中國內資企業的生存空間和利潤空間。在技術控製方面,跨國公司嚴格控製核心產業技術的轉移與溢出,通過對合資或併購國內企業的研發工作實施不同程度的限制,不斷增強中國企業對其技術的依賴度;或者通過高薪待遇吸引國內技術研發人員紛紛加盟,在產業技術開發與運用上不斷打壓中國內資企業技術研發力量的成長,削弱中國內資企業的自主研發與創新能力。

對於中國民族品牌的壓制是外商直接投資對中國內資企業

[①] 李洪江. 跨國公司新發展及其經濟效應分析[M]. 哈爾濱:黑龍江人民出版社,2002:166.

進行產業壓制的一個突出表現。比如在日用產品市場上，中國本土的民族工業品牌，如活力28、熊貓、白貓、天津加酶等都曾經家喻戶曉；但當這些國內企業與外資合作或合資之后，卻在外資的控製下逐漸淡出人們的視線，取而代之的是飄柔、海飛絲、潘婷等大量洋品牌，以至於在部分市場上外資品牌占據了壟斷地位，形成對中國傳統品牌的強大衝擊，長此以往將對中國民族產業的發展帶來嚴重的發展障礙。

二、FDI 與中國產業結構的可持續發展

在前面章節的分析中，我們知道，在全球化背景下產業結構的可持續發展問題主要包括兩個方面：一是比較優勢陷阱的問題，二是污染與環境保護的問題。從中國當前的情況來看，中國利用外資促進產業結構優化在這兩個方面都存在著一定的問題。

1. 國際產業轉移中的比較優勢陷阱問題

由於外商直接投資的具體行為受制於跨國公司自身利益最大化的考慮，因此外商直接投資對一國產業結構的優化總是事后的被動結果，而非主動的意願選擇。在全球化產業結構調整浪潮中，國際產業轉移是發達國家和發展中國家之間進行相關產業轉接、分別實現自身產業結構優化升級的重要途徑。但由於發達國家處於國際分工體系中的高層，在按照小島清的邊際產業轉移理論和赤松要的雁行發展模式的指導下，發達國家向國外轉移的產業都是那些在其本國已經失去或即將失去競爭力的勞動密集型產業或技術落后型產業。而發展中國家所承接的也正是這些被淘汰的勞動密集型、技術落后型的產業。

這就意味著處於國際分工低層的發展中國家將與發達國家始終保持一定的產業發展級差，始終處於對發達國家的產業發展與技術進步的追趕狀態之中。如果發展中國家完全依賴國際

產業轉移來實現自身產業結構的調整與升級，將不可能縮小自身與發達國家之間的產業技術級差和結構級差，始終落後並受制於發達國家，從而喪失經濟發展主權，陷入比較優勢陷阱之中。因此，發展中國家要想突破比較優勢陷阱，就應該超越傳統的比較優勢觀，在國際產業轉移浪潮中主動出擊，積極選擇，大力發展高新技術產業，培育和提升自我研發能力，在比較優勢的基礎上實現向競爭優勢的轉變。

但中國目前的情況卻不理想。從中國外商直接投資的來源結構來看，港澳臺地區和新加坡、韓國等亞洲新興工業國家以及東南亞一直是對華投資位居前列的國家與地區，其累計投資金額占到中國實際利用外商直接投資總額的近三分之二。來自這些國家與地區的外商直接投資項目主要是利用中國廉價的勞動力和廣闊的消費市場，多集中在傳統的勞動密集型產業中，普遍缺乏產品設計和技術開發能力。它們向中國內地轉移的產業往往是經過二次甚至三次轉移的落後產業（即先由歐美發達國家轉移至這些新興工業國家與地區，再由這些新興工業國家與地區轉移至中國內地）。從中國當前所承接的國際產業轉移來看，中國在國際分工體系中處於比較低的層面，在全球產業轉移鏈中的地位也處於比較末端的位置，易於陷入比較優勢陷阱中。

在前面的分析中，我們知道外商投資在中國經濟發展中處於比較重要的地位，中國產業發展已在一定程度上對外資產生了依賴性。而中國目前外資產業政策實施中的偏差、地方政府局部利益的膨脹等因素又導致中國在引進外資中普遍重數量規模輕質量效益、重設備引進輕消化吸收，這進一步加劇了中國對外資的依賴和低質低效外資的大量進入，導致中國產業重複建設和結構性過剩的問題日益突出。這在很大程度上將進一步加劇中國產業發展與發達國家的產業技術差距和結構差距，對

中國產業結構的優化升級是極為不利的。

2. 環境污染與保護問題

發達國家在向中國進行國際產業轉移時，除了勞動密集型、技術落后型產業外，還有不少是高污染、高能耗的產業，從而帶來環境污染的國際轉移。

生態環境的保護是關係到人類生存和發展的大事，各國都非常重視。從1972年的《斯德哥爾摩人類環境宣言》到1992年的《里約熱內盧環境和發展宣言》再到現在，產生了大量保護環境的國際性協定和條約，如：《國際海洋公約》、《國際熱帶森林公約》、《聯合國氣候變化框架公約》、《控製危險廢物越境轉移及其處置的巴塞爾公約》等。這些國際性環保公約往往以法定條文的方式對各國政府、企業處理環境問題的行為進行強有力的規範與限制。其中，《控製危險廢物越境轉移及其處置的巴塞爾公約》是一項旨在控製危險廢物越境轉移的全球性公約，公約中明確規定：「任何國家都享有禁止來自外國的危險廢物和其他廢物進入其領土或在其領土內處置的主權權利」。[1] 但令人遺憾的是，此公約主要針對的是以國際貿易方式（即發達國家向發展中國家出口垃圾廢物轉移污染）進行的污染轉移，而以國際直接投資方式進行污染產業的轉移並未做出過多的限制，從而為發達國家跨國公司利用跨國直接投資將高污染、高能耗產業轉移到發展中國家打開了方便之門。

從中國利用外商直接投資的情況來看，外商投資大多集中在勞動密集型產業，這固然與中國豐富廉價勞動力的比較優勢密切相關，但不排除部分跨國公司進行的惡意投資，即跨國公司將其在本國或本地區被禁止或限制的、對環境有重大危害的產業轉移到中國。這種情況在外商在中國投資產業的選擇與偏

---

[1] 譚晶榮，張德強. 對中國利用FDI項目中環境保護問題的思考 [J]. 國際貿易問題，2005（5）.

向性上表現較為突出。趙晉平（2002）的外商投資行業偏向指數分類表（見表6-2）顯示，電子及通信設備製造業和文教體育用品製造業的外商投資行業偏向指數[①]最高，達到3以上；皮革、毛皮、羽絨及其製品業、塑料製品業、橡膠製品業、造紙及紙製品業9個行業，外資投資行業偏向指數均在2~3之間。我們可以看出，在這些外商投資偏向性較大的行業中，多半都是高污染、高能耗的產業。而近幾年來，中國頻頻發生的重大環境污染事件中，如松花江水污染事件、廣東北江鎘污染事件等，也不乏外資企業的身影。

　　造成國外污染產業大肆向中國轉移的原因，一方面是跨國公司出於自身發展的需要和商業逐利的本能，另一方面則與中國當前利用外資戰略的偏差有關。在利用外資的戰略上，各地普遍存在重經濟發展，輕環境保護的意識，往往只注重引資的規模與速度，而對控製污染轉移的重要性、迫切性，對污染密集產業轉移對中國生態環境危害的嚴重性缺乏足夠認識，忽視甚至無視中國的長遠發展利益，導致在實際利用外資的工作中對損害環境的問題視而不見或有意迴避。

　　之所以造成這種狀況，筆者認為，這與中國現行的地方政府官員政績考核制度的不足有關。由於中國地方政府及其主要官員的政績考核主要採用的是任期內顯性政績考核制，因而各地普遍把吸引外資的數量作為衡量當地政府及其主要領導政績乃至開放程度的一項主要考核指標，吸收外資的數量甚至被作

---

　　① 所謂外商投資行業偏向指數，是指將某一行業外商投資企業固定資產占全部外資工業的比重與同一行業全部企業在全部工業中的比重相比，反應外資向該行業的相對集中程度。外商投資行業偏向指數＝某行業外資企業占全部外資企業比重/同行業全部企業占全部工業企業比重。指數值大於1，說明外資向該行業集中程度相對較高；小於1，則表明集中程度比較低。指數值越大，說明外商投資越偏向該行業投資；反之，則不然。參見：趙晉平．吸引外資的產業結構升級效應及其影響機制分析［R］．國務院發展研究中心報告，2002．

為考核地方官員的指令性硬指標層層分解、層層分包，完不成引資任務者將面臨處分、撤職等嚴厲的懲罰，由此不得不造成官員們指導思想的偏差、招商引資行為的扭曲。如 2007 年 1 月 12 日新華社所報導的安徽省阜南縣「逼官招商、逼官造假」事件就是一個典型的案例。

與引資數量指標的硬約束相比，環境保護問題則是一個軟約束指標，也是一個難以直接量化的指標（重大環境污染事件除外）。因而，為追求地方利益和政府政績的短期顯現，各地政府對外資的引進普遍採取「熱烈歡迎之姿態」，即使知道外資是高污染高能耗的環境危害型投資項目也大開綠燈，積極引進；而對環境保護監督要麼是不作為，要麼是不正常的行政干預，導致外商投資項目環保審核與監督工作形同虛設，甚至不惜損害當地社會福利而盲目聽從外商意願。如全球最大的水泥生產商法國拉法基集團（LAFARGE Group）1999 年在成都建設的中國西部最大的水泥生產基地（總投資 1.5 億美元，年生產能力 140 萬噸水泥），竟然選址在成都市上千萬居民飲用水的水源地、緊鄰國家自然風景區的都江堰市，當地民眾曾對此提出極大的質疑和反對，但最終的結果仍是外商投資項目順利建成並投入生產。

可以說，在這種「功利性」引資思想的指導下，其結果不僅導致中國各地在國際產業轉移的承接中處於被動接受的地位，而且整個引資工作重引進輕管理、重短期輕長期，重表面文章輕實質發展，其所日益累積起來的環境問題必將成為制約中國經濟可持續發展的一個重大問題。

第七章
引資博弈與 FDI 的數量型擴張
——基於制度層面的原因剖析

外資的流入可以直接彌補東道國的資金缺口與物質缺口，間接彌補東道國的技術缺口，FDI產業結構優化效應的有效發揮將對東道國經濟發展、產業結構調整起到極大的促進作用。因而吸引外資成為眾多國家或地區政府謀求本國或本地區發展的一項重大的經濟政策。但是，FDI產業結構優化效應的發揮並不是自動的或自願產生的，其效應發揮的高低將受到多種因素的制約。總的來說，FDI產業結構優化效應主要受到兩方面因素的制約：一是跨國公司因素，這包括跨國公司的投資動機、投資方式、對海外子公司及其產業技術的產業控製程度、與東道國企業的產業關聯關係以及對東道國市場佔有情況等；二是東道國因素，這包括東道國自身產業基礎、產業技術水平及學習提高的能力、經濟管理制度、相關產業政策以及政府宏觀管理的能力與水平等。

就中國的具體情況來看，自20世紀90年代中期以來，隨著中國經濟從整體性短缺經濟過渡到結構性過剩經濟，FDI促進中國產業結構優化效應開始逐步弱化，其負面效應正逐步顯現。究其原因，除了跨國公司對其在華投資企業的嚴格產業控製、對國內企業的排擠和產業壓制，以及中國自身產業基礎薄弱、學習吸收能力有限、相關產業政策滯后等原因外，一個直接的原因是中國現行的政府經濟管理體制的制度偏差所導致的在華FDI的數量型擴張，進而導致低質低效外資的過度進入。

在本章中，我們將運用博弈論的分析工具，從制度層面來具體剖析當前在各地方政府之間正在激烈開展的引資博弈，以及由此所產生的在華外資數量上的急遽擴張及所造成的後果，最后則對中國當前FDI的合理規模做一嘗試性的判斷。

第一節　基於多重目標選擇的引資博弈

　　一定時期內的外資總量總是有限的，外資屬於稀缺性生產要素且可以在不同國家與地區之間流動，這決定了外資在不同國家和地區之間的分佈是不均衡和不穩定的，進而導致各國、各地區之間的利益不均衡。於是，眾多的發展中國家與地區出於自身利益的考慮，競相出抬各種優惠政策來吸引更多的外資，從而開始了引資博弈。引資博弈既表現在引資國之間的競爭，也表現在東道國內部各地區之間的競爭。在中國，這種博弈主要體現在兩個方面：一是政府之間的博弈，其又分為中央政府與地方政府之間、地方政府與地方政府之間兩個層面的博弈；二是政府（主要是地方政府）與外商之間的博弈。現實博弈的結果往往是政府引資行為的扭曲導致了 FDI 流入陷阱的形成，最終導致 FDI 產業結構優化效應的弱化。

一、政府引資目標的多元化與短期化

　　引資主體是指在利用外資中具有特殊經濟目標與決策權力的組織或個人。在發達市場經濟條件下，引資主體主要是政府（包括中央政府和地方政府）和企業，前者主要承擔基礎設施、公共產品和戰略性產業資金的引進，而后者主要承擔一般競爭性產業資金的引進。

　　在傳統計劃經濟條件下，中國實行的是高度集權經濟管理體制，政府是中國一切經濟活動的主體。改革開放以來，隨著中國經濟體制從傳統的計劃經濟體制向市場經濟體制的轉軌，經濟利益主體和經濟決策主體逐漸發生變化，從政府獨家壟斷

資源配置逐步轉向在政府和市場之間進行雙軌資源配置。但是由於引進外資不同於企業的其他經濟活動，它涉及宏觀經濟穩定、國家產業安全、區域資源配置等宏觀問題，因此在引資過程中，大到利用外資的政策制定、外商投資審批、投資環境建設，小至招商項目設計、招商引資推介，乃至商務談判等，往往都要政府的介入，政府（特別是地方政府）實際上成為了中國當前招商引資工作的重要主體。

從理論上講，政府利用外資的總體目標應是利用外資促進本地經濟的發展，謀求社會福利的最大化。其具體目標包括：利用外資彌補本地資金缺口和物質缺口；引進國外先進技術和管理經驗，提升本地企業的技術水平和管理水平；促進本地產業結構的優化升級；通過利用外資加強國際經濟聯繫，提高和擴大出口能力，提高本地國民社會福利水平等。然而現實情況並不如此，由於中國政府架構設計上是典型的中央、地方分層管理模式，存在著中央與地方目標利益的差異，導致政府的實際引資目標與理想引資目標存在著較大的差距。

究其原因，政府不是一個空洞的機構，它是由具有獨立物質利益的組織與個人組成的，在政府的招商引資目標中，除了追求本地經濟發展的目標之外，難免要混雜著政府官員的個人行政動機，如上級部門的評價、地方政府政績、個人升遷等。[①] 同時，客觀地存在著政府部門及其官員追求自身的組織目標或自身利益而非公共利益或社會福利的政府利益內在性傾向，組織或個人的利益很可能支配公共政策的制定並決定政府機構和官員的行為，最終使其偏離甚至背離社會的公共利益。

中國現行的政府經濟管理體制中，對地方政府官員的任命與考核是一種自上而下的政績考核制與任期制的政體制度安排。

---

① 陳明森. 產業升級外向推動與利用外資戰略調整 [M]. 北京：科學出版社，2004：215-216.

這種制度安排存在著一定的制度偏差，往往促使了地方政府在招商引資過程中引資目標的多元化與短期化。

當前，中國政府的組織管理體系具有比較典型的 M 型組織層級特點①（見圖 7-1）。

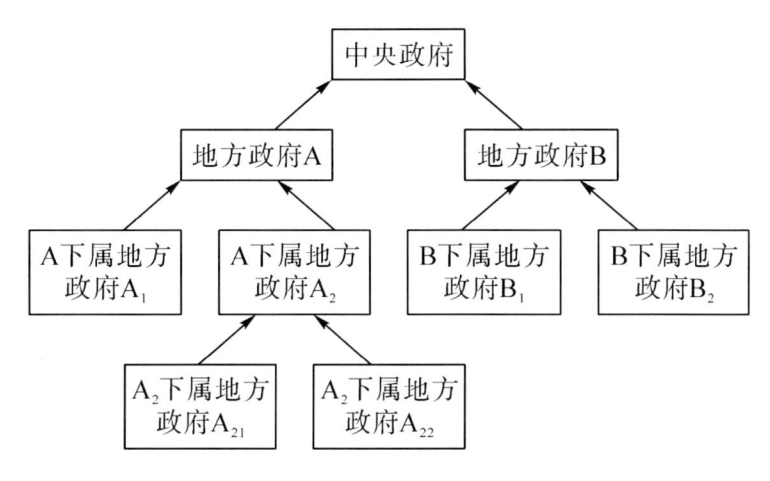

```
                    中央政府
                   ↗        ↖
            地方政府A          地方政府B
           ↗      ↖          ↗      ↖
    A下屬地方   A下屬地方   B下屬地方   B下屬地方
     政府A₁     政府A₂     政府B₁     政府B₂
               ↗    ↖
         A₂下屬地方  A₂下屬地方
          政府A₂₁    政府A₂₂
```

圖 7-1　中國政府的 M 型組織管理體系

M 型組織結構的一個突出特徵是，信息的流動是分層次的，各級地方政府在其上級政府的統一規劃中對其所轄區域內的經濟活動有較大的自主決策權。中國的對外開放和引進外商直接投資是在放權讓利的改革背景下展開的，資源配置的主要權力逐漸從中央政府轉移到地方政府，在地方實力膨脹的同時形成了「諸侯經濟」；在一定程度上，中國的地方政府②屬於強勢政府，它不但掌握著當地主要大量的經濟資源（如地方國企的國有資產和極為稀缺的土地資源供應），而且也壟斷著行政資源（如投資許可的審批以及投資優惠政策的掌握），甚至能幫助投

---

① 具體特徵參見：熱若爾·羅蘭. 轉型與經濟學 [M]. 張帆，潘佐紅，譯. 北京：北京大學出版社，2002：67-73.

② 本書所分析的地方政府主要針對擁有較大地方經濟自主決策權的省市自治區政府和地市州政府。

資者得到金融支持。

地方政府與其上級政府部門之間（包括中央政府與地方政府之間，以及地方政府與其下屬地方政府之間）都是典型的委託代理關係。在中國，從中央政府到省市自治區政府，到地市州政府，再到縣級政府，最后到基層的鄉鎮政府甚至村級政府機構，是一環扣一環的多層委託代理關係。

在這種多層委託代理關係中，上級政府部門對下級地方政府的監督管理主要通過政績指標考核制度來維持。指標考核機制是一種對相對績效的評價，地方政府往往被按所轄區域GDP增長速度、外商投資規模及增長速度、財政收入、就業、居民人均收入、改革推進速度以及社會協調發展等多種評判指標來進行評估排序。排序領先的地方政府官員將會受到上級政府部門的嘉獎，包括職務的升遷、薪酬獎勵的增加、個人形象的提升以及上級領導好感的增加等；反之，排序靠后的地方政府官員則可能會被上級部門斥之為「無作為」、「不在狀態」，將面臨被處分、撤換或升遷受阻的不利狀況。

應該說，指標考核制度作為一種顯性激勵機制，公開的數據和透明的排序相對以前地方政府官員選拔任命中的「黑箱」操作機制（主要由上級主管領導的偏好決定），較好地解決了各級政府以及地方政府和地方政府官員之間的委託代理問題，具有較大的公信力。[①] 但這種過於強調量化指標的指標考核制度對地方政府官員（尤其是決策層和負責人）的個人升遷發展具有至關重要的作用，不可避免地會對地方經濟發展起著導向功能，

[①] 邱曉明（2005）認為，指標排序這種相對業績比較方式類似於信息經濟學中的「錦標制度」。在錦標制度下，每個代理人的所得只依賴於他在所有人中的排名，而與他的絕對表現無關。萊瑟爾和羅森證明，如果代理人的業績是相關的，錦標制度是有價值的，那麼它可以剔除更多的不確定因素從而使委託人對代理人的努力水平的判斷更為準確，既能降低風險成本，又強化激勵機制。參見：邱曉明．地方政府利用外商投資中的博弈分析［D］．中國學術期刊網，2005：31－32．

引導著地方政府的一舉一動、一政一策；加之，中國實行的政府官員任期制，能否在任期內體現出政績直接決定了該官員下一步的發展問題，其決策行為就會不可避免地陷入短期化、功利化。從一定程度上講，這種政績指標考核制度也是中國各級各地政府熱衷於上「面子項目」、「政績工程」的外在壓力與內在驅動力。

地方政府引資目標的多元化與短期化在實質上反應的是地方政府與其上級政府部門之間的博弈，是政府官員個人利益追求目標與地方經濟發展目標之間的博弈。我們可以將地方政府的引資總目標用下列簡化的數學公式表示：

$$R = R_1 + R_2 = \alpha K + \beta \cdot f(K)$$ ①

其中，R 為地方政府招商引資的總目標，R_1 為地方政府官員個人行政目標，R_2 為地方經濟發展目標，K 為引資規模，$f(K)$ 為引資的效益函數，α 為行政目標對總目標的貢獻係數，β 為引資效益目標對總目標的貢獻係數，且 $\alpha + \beta = 1$。

利用外資包括數量和質量兩個方面。但在實際工作中，利用外資的質量往往難以直接量化，而且其效果是長期逐步顯現的，可能要跨越多個政府任期才能顯現出來。而引資規模是顯性的，在短期內能夠清楚地表示出來，往往成為評價地方政府及其官員的重要指標。因此，行政目標與招商引資規模呈正相關關係。

在改革開放初期，向中央政府爭取項目、爭取資金，一直是地方政府發展經濟首要的議事日程。但近幾年來中央財權的收緊，迫使各地方政府把投資資金的來源放在招商引資上，其中爭取 FDI 是擴大投資規模的一條重要途徑。於是，招商引資往往成為了各地政府的頭號工程和一把手工程，引資規模成為

---

① 參見：陳明森. 產業升級外向推動與利用外資戰略調整 [M]. 北京：科學出版社, 2004：216.

了各級政府必須完成的指令性剛性指標，層層分解，層層分包；雖然 2006 年 8 月中央明令禁止政府層層分解並考核招商引資指標，但在現行的制度安排下收效甚微，如安徽阜南縣「逼官招商、逼官造假」事件①層出不窮。

逼官招商的結果是導致各地外資規模的數量型膨脹。但我們知道，按照邊際成本遞增和邊際收益遞減的規律，地方政府引資效益曲線是一條向上凸起的曲線，達到最優規模之後，其收益必然下降，即地方經濟發展目標與引資規模呈前升後降的函數關係。

在地方政府引資目標多元化與短期化的情況下，地方政府官員往往存在比地方經濟效益最大化（往往是長期而難以直接量化的）更強烈的招商引資數量型擴張衝動，過於追求引資數量，其引資規模必然大於經濟效益最大化的最優規模；而且行政目標的權重越大，α 值越大，與最優規模的偏離就越大，地方政府引資成本就越大，而這實際上是以犧牲引資收益為代價的。

二、地方政府之間的引資博弈：引資優惠政策之爭

在流動性生產要素中，外商資本對於一個地方的 GDP、財政收入和勞動就業具有直接的帶動效應，因而招商引資成為地方政府間經濟競爭的核心內容，屬於典型的非合作博弈。在政績指標考核制度下的各地政府都把大力引進外資作為發展地方經濟、提升地方政府及其官員形象的一條重要途徑，但一定時期內外資的流入量總是有限的，為使有限的外資「花落自家」，各地政府不可避免地陷入爭奪外資的競爭博弈之中。

在競爭的環境中，如果某個地方政府的外資政策發生變化導致外商投資規模的增加，促進當地 GDP 和財政收入的增加，

---

① 參見王聖志，新華社 2007 年 1 月 12 日新聞報導：「安徽阜南縣逼官招商、縣委書記被處分」。四川日報，2007－01－12（A01）.

必然會使該地方政府在政績指標考核制度下的排序發生變化並對其他地方政府產生影響。其他地方政府為了避免不利局面出現或使排序提前的內在需要出發，就會隨之對外資政策作出調整。這樣，為了吸引外商投資，地方政府之間的博弈就產生了，它的結果表現為地方政府競相為外商投資者提供投資激勵政策。

下面，我們運用投標博弈模型（Bidding Game Model）[①] 來具體分析在有限理性、不完全信息條件下的地方政府之間的引資博弈。

現假定外資公司 K_{FDI} 的投資區域在地方政府 A、B 之間進行選擇。在不存在著地方政府投標博弈的情況下，該外資公司通過考察兩個區域的原材料供應、勞動力成本、產業發展基礎、區位位置、市場需求與引資政策等后預測出：在同等投資規模與條件下，在 A 地的投資收益為 R_A，在 B 地的投資收益為 R_B，且 $R_A > R_B$，即 A、B 兩地不同質，A 地區位優勢強於 B 地。那麼，外資公司 K_{FDI} 的選擇必定是 A 地。

但在引資博弈中的 B 地政府不會甘心於此，總會想方設法增強 B 地的區位優勢以與 A 地進行抗衡。B 地政府的選擇是投資激勵策略，這主要包括兩種策略：一是通過優惠政策，減低外商投資的成本或增加外商投資的收益，如稅收優惠政策、土地優惠政策或產業資助政策等；二是通過提高本地區公共產品的供給數量和質量，如改善本地區交通、通訊、能源等基礎設施建設、提升政府服務職能與辦事效率等，通過提高本地區的生產效率來吸引投資者。前者我們稱之為引資優惠策略，后者稱之為公共產品策略。由於存在著地方政府官員任期限制和政績的即期考核等因素的影響，地方政府總是願意選擇風險小、見效快的策略；而引資優惠策略與公共產品策略相比，具有見

[①] 參見：張維迎. 博弈論與信息經濟學 [M]. 上海：上海三聯書店，1996：262-267.

效快、操作難度較小、風險小等特點,因此,地方政府在投標博弈中往往更願意選擇引資優惠策略。

B地政府的引資優惠策略將直接影響外資公司K_{FDI}的區域投向決策,當B地的引資優惠政策足夠大時,將吸引K_{FDI}選擇B地,而非原定的A地。而這必然招致A地政府的強力反擊,反擊的策略也是引資優惠策略,由此展開了A、B兩地政府之間引資博弈。

我們進一步假定:在不存在投標優惠博弈條件下,外資K_{FDI}的進入將給A、B兩地所帶來的區域引資收益分別為V_A、V_B;在投標優惠競爭中,A、B兩地政府所付出的引資優惠成本分別為C_A、C_B。下面我們做出A、B兩地政府引資中的投標優惠博弈模型,見圖7-2。

地方政府A

	不優惠	優惠
地方政府B 不優惠	$(V_A, 0)$	$(V_A - C_A, 0)$
地方政府B 優惠	$(0, V_B - C_B)$	$\max(V_A - C_A - V_B, 0),$ $\max(V_B - C_B - V_A, 0)$

圖7-2 地方政府招商引資中投標優惠博弈模型①

第一種情況,A、B兩地都投標但兩地都不提供引資優惠條件,因$R_A > R_B$,外資K_{FDI}選擇A地,A地獲得的引資收益為V_A,而B地的收益為零。

---

① 筆者在參考原有的地方政府招商引資中投標博弈模型的基礎上提出更完善的地方政府招商引資中投標優惠博弈模型。原有的地方政府招商引資中投標博弈模型中將每種政策組合下的地方政府收益均設為最大值,事實上收益值是由地方政府與投資方之間的博弈結果決定的,一般很難達到最大值,因此這裡將原模型做出修正。原模型參見:王麗姬. 地方政府招商引資競爭的經濟學分析及對策建議 [J]. 遼寧大學學報(哲學社會科學版),2005(6).

第二種情況，A、B兩地投標但只有A地提供引資優惠條件C_A，此時A地將獲得比第一種情況更大的區位優勢；外資K_{FDI}所獲得的收益為$R_A+C_A>R_B$，選擇A地；A地獲得的引資收益為$V_A-C_A<V_A+R_A-R_B$，而B地的收益為零。

第三種情況，A、B兩地投標但只有B地提供引資優惠條件C_B。若外資K_{FDI}選擇B地，所獲得的收益為R_B+C_B，若選擇A地，所獲得的收益只有R_A。B地政府要確保引入外資K_{FDI}就要保證外資K_{FDI}選擇B地的收益大於選擇A地的收益，即：$R_B+C_B>R_A$，所以B地所提供的外資優惠條件$C_B>R_A-R_B$，即B地政府所提供的引資優惠條件應能夠補償外資K_{FDI}因選址本地區而增加的成本或減少的收益。則B地獲得的引資收益為$V_B-C_B<V_B+R_B-R_A$，而A地因不提供優惠條件而失去外資K_{FDI}，其引資收益為零。

第四種情況，A、B兩地都投標且都提供優惠條件，其所提供的引資優惠條件分別是C_A、C_B。A、B兩地政府要打敗對方、確保外資K_{FDI}進入本區域的條件是保證外資在本地的總收益大於在對方區域內的總收益。由此，

A地勝出的條件是：$R_A+C_A>R_B+C_B$

B地勝出的條件是：$R_B+C_B>R_A+C_A$

由於R_A、R_B是既定的，且$R_A>R_B$，A、B兩地政府之間的競爭實質上是雙方引資優惠條件的競爭。在此激烈的引資競爭中，誰能給出的優惠條件越大，誰勝出的可能性就越大。出於地方經濟利益和政府政績考核的需要，A、B兩個地方政府都不輕言放棄，雙方在優惠條件的提供上不斷加碼。按理說，A、B政府所能給外資的最大優惠條件分別是V_A、V_B，但現實中自我利益驅動的政府官員往往出現政府行為的扭曲，為了獲得外資不惜突破極值條件，出現了「打破底線的競次戰略」（Race to the bottom）。據江蘇省政府的一份刊物披露，2004年蘇州的土

地開發成本為每畝（1畝＝666.7平方米）20萬元，但為了引進外資，卻將土地價格壓至每畝15萬元。惡性競爭的驅使下，周邊的吳江、寧波、杭州地區只好將土地價格壓到每畝5萬元的超低水平。由於地處相鄰，號稱寸土寸金的上海也加入了這種殺價競爭。在上海市郊區，每畝土地的價格竟壓至5萬~6萬元。如此，就出現了GDP不斷增長，但招商用地價格不斷下滑的怪現象。在蘇州昆山，每畝工業用地的價格從2001年的9.5萬元降到2002年的8萬元，再降到2003年的6萬元。對這種惡性降價，昆山經濟技術開發區的一位負責人說：「如不降價就會失去引資競爭力」。①

從以上分析我們可以看出，引資優惠策略博弈是一種囚徒困境博弈，其均衡解是所有地區都選擇引資優惠策略。在引資優惠策略的引導下，外資的進入雖然導致了地區就業機會和收入水平的提高，但一個地區從就業和工資收入增加所獲得的福利來看，其不足以抵消優惠政策所導致的稅收、土地等收益損失所帶來的負效用。總體來看，引資優惠博弈導致了地區福利的下降，而且參與競爭的地方政府越多，就業、收入增加與社會福利之間的背離將越大，優惠政策所導致的社會福利損失將會越大。

引資優惠政策的競爭不僅在國內各地區之間普遍存在，而且在國際領域中也依然存在。適當的外資優惠政策可以彌補本國的區位劣勢，糾正市場失靈；但外資總量的有限以及在不同東道國之間的流動，決定了外資在不同東道國的分佈是不均衡和不穩定的，進而導致不同東道國之間利益的不均衡。各東道國從自身利益出發，競相出抬優惠政策來吸引更多的外資流入，於是就出現了所謂的「外資優惠政策的國際競爭」現象，而且

---

① 資料來源：佚名．發展戰略由「競次」轉向「競優」任重道遠．中國管理聯盟網，2006.12.

不斷加劇。據聯合國貿易和發展會議統計，在 1991—2004 年期間，各國對外商直接投資管理的制度發生了總共 2,156 項變化，其中有 2,006 項是為了創造對外商直接投資更有利的環境，占總數的 93%。僅在 2004 年就有 102 個國家進行了 271 項規制變化，其中有 235 項對外商直接投資是更有利的。而中國的情況也不例外，自 2001 年入世以來，中國外資政策鼓勵類由 186 條增加到 262 條，限制類由 112 條減少到 75 條[1]；這其中固然有入世后進一步開放的承諾，但更多更好地吸引外資卻是一個不容否認的動機。

聯合國貿易和發展會議《1998 年世界投資報告》指出：近年來，越來越多的國家通過優惠稅收制度來吸引外資，一旦有一個國家引入這種制度，其他國家就發現也必須採取類似的措施，於是就引發了一場「奔向最低點的國際競賽」。外資優惠政策競爭不僅損害東道國的利益，而且因為存在外資企業的政策尋租，對整個世界的福利也是有害的；由於外資優惠政策削弱了市場競爭效應，外資企業憑藉優惠政策的優勢就可以輕而易舉地在市場競爭中取勝，其內在的創新動力必然弱化，導致所謂的「動態無效率」。目前發達國家是資本淨流出國，發展中國家是資本淨流入國，這勢必減少廣大發展中國家從外資流入中取得的收益；對於單個發展中國家來說，由於其他發展中國家普遍對外資採取優惠政策，該國為了吸引外資，不得不實行更優惠的外資政策，結果勢必導致嚴重的惡性循環，即一旦走上「外資優惠政策之路」，就不得不繼續不斷地走下去，本國應得利益也就將持續不斷地流失。長此下去，這不僅會降低東道國和整個世界的經濟福利，而且會產生諸如發達國家與發展中國家差距拉大、世界性勞資矛盾加劇和主權國家意志受損等結構

---

[1] 王志樂. 跨國公司在中國投資報告（2002—2003 年）[M]. 北京：中國經濟出版社，2003：13.

性問題。①

三、東道國政府與外商投資者之間的博弈

　　跨國公司與東道國政府之間的關係問題一直是跨國公司發展進程中的一個重要內容。東道國政府對跨國公司及其對外直接投資的政策變化實質上是主權國家對跨國公司權力擴張的一種反應，從中可以折射出東道國政府與跨國公司在談判和博弈中的力量變化（謝康，1999）。在經濟全球化趨勢中的跨國公司憑藉其強大的壟斷競爭優勢，進行全球範圍內的經濟擴張，由此也衍生出巨大的超經濟權力，它不僅將觸角延伸到母國經濟活動以外的諸如政治、文化和社會等領域，而且還通過在東道國建立子公司以及國家之間的經濟政治外交等關係對東道國外資政策施加影響。

　　以全球利益最大化為導向的跨國公司在逐利本性的驅動下，其發展目標值往往與東道國發展目標值不一致甚至是衝突，這必然在跨國公司與東道國政府之間展開博弈，並最終形成一種不完全信息條件下的動態合作博弈均衡②。從某種程度上來講，東道國外資政策正是這種動態合作博弈均衡的反應。

　　合作博弈的結果是雙方在互惠互利條件下達成約束性利益分配協議，而這一協議的均衡點取決於二者的討價還價能力（或稱談判實力）。我們可用圖7-3表示跨國公司與東道國政府

---

　　① 陳繼勇，等. 國際直接投資的新發展與外商對華直接投資研究 [M]. 北京：人民出版社，2004：356-357.
　　② 博弈可以劃分為合作博弈（Cooperative Game）與非合作博弈（Non-Cooperative Game）。合作博弈與非合作博弈之間的區別主要在於人們的行為相互作用時，博弈主體之間能否達成一個具有約束力的協議，如果有，就是合作博弈；反之，則是非合作博弈。合作博弈強調的是團體理性（Collective Rationality）、效率（Efficiency）、公正（Fairness）和公平（Equality），而非合作博弈強調的是個人理性、個人最優決策，其結果可能是有效率的，也可能是無效率的。參見：張維迎. 博弈論與信息經濟學 [M]. 上海：上海三聯書店，1996：5.

之間的合作均衡博弈。

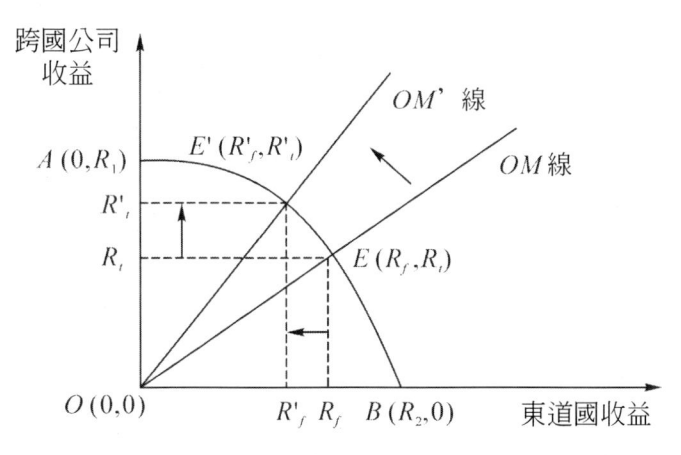

图 7-3 跨國公司與東道國政府的合作均衡博弈

此處，我們假設跨國公司與東道國政府都是理性的經濟人，在該模型中均為局中人，並設 $\xi = \{1, 2, \cdots, n\}$ 為局中人集合。合作博弈的利益分配和約束協議的達成必須滿足兩個條件：① $\sum x_i = V(\xi), (i = 1, 2, \cdots, n)$；② $x_i \geq V(i)$。其中，x_i 表示第 i 個局中人的收益 $(i = 1, 2, \cdots, n)$，$V(\xi)$ 表示 n 個局中人的總最大收益，$V(i)$ 表示局中人 i 不參與合作時的收益。第一條件表示跨國公司與東道國政府的收益之和等於合作產生的收益；第二條件表示無論跨國公司還是東道國政府參與合作獲得的收益都大於或等於不參加合作所獲得的收益。

圖 7-3 中，橫軸代表東道國所獲得的收益，縱軸代表跨國公司所獲得的收益，在原點 O 上為跨國公司與東道國不能取得合作，即外資不進入，雙方的收益均為零。當二者取得合作可以使雙方獲得合作收益時，假設 OM 線為雙方的收益分割曲線，這一曲線的斜率取決於雙方的討價還價能力。在 A 點，跨國公司獲得最大收益 R_1，東道國收益為零；反之在 B 點，東道國獲得最大收益 R_2，跨國公司收益為零。實際上，A、B 兩點為極端

現象，一般無法達成合作協議。跨國公司與東道國政府達成合作協議的均衡點 E 必定在 A、B 兩點之間的弓形曲線上；此時，跨國公司獲得的合作收益為 R_t，東道國獲得的合作收益為 R_f。[①]

在引資優惠政策的博弈競爭中，東道國政府必然處於不利地位，其討價還價能力大幅削減，導致 OM 線向左側偏轉至 OM' 線，東道國政府與跨國公司之間的合作博弈均衡點將從 E 點沿 AB 曲線移動到 E' 點。此時，跨國公司的收益將從原均衡位置 E 點所獲得的 R_t 增加至新均衡點 E' 處所獲得的收益 R'_t，而東道國所獲得的收益則相應地從 R_f 減至 R'_f。東道國自身區位優勢越不足，所需提供的優惠政策越多，OM 線向左側偏轉的幅度就越大，所獲得的收益則越小。

雙方的博弈能力都會隨時間推移而發生變化。在投資決策階段，跨國公司的討價還價能力是最強的，在投資環境基本相同的兩個地方，它可以根據投資優惠政策的不同而作出抉擇。隨著外商投資者大量固定資產的投入，「沉沒成本」的產生使東道國政府的討價還價能力有所增強。

但在政績指標考核體系最大化原則指導下的地方政府，是在不完全信息條件下有限理性的經濟人。對引資地區與其上級考核部門來說，易於掌握的信息是外商投資的數量，而對外商投資的質量，包括投資項目的技術含量、產業關聯程度、產業結構優化效應等，難以直接瞭解和準確量化。因此，在具體的招商引資工作中便不可避免地以引資規模為工作的重點，從而對外資質量要求的約束力降低，雙方的博弈也可能從強調團體理性的合作博弈演變為強調個體理性或個體最優決策的非合作博弈，其結果往往導致引資中的良莠不齊，大量低質低效率外資的流入，出現「劣質資本驅逐優質資本」的逆向選擇現象。

---

① 楚永生．中國政府利用外資政策的變革及趨勢探析：基於跨國公司與東道國政府之間的博弈分析 [J]．太原理工大學學報（社會科學版），2005（3）．

一方面，各地方政府之間總是選擇風險小、操作難度小、見效快的引資優惠政策來吸引外資，不惜在優惠條件上實施「競次戰略」或進行被陳明森（2004）稱之為的「奔向貧困的競賽」；甚至在其他地區都採用優惠政策而此時並不能夠給本地區經濟發展帶來優勢時，地方政府仍然會採取優惠策略。究其原因在於，如果該地區從優惠政策競爭中退出，將導致該地區社會福利在博弈的均衡水平之下，因為優惠策略博弈的解是一個貝葉斯均衡解，而其他地區也不會有從競爭中退出的激勵。因此，所有的地區都繼續將優惠政策作為一種防禦性政策，以保證它們的利益不會被其他地區所吸引。其結果將會出現如圖7-4所示的引資優惠政策與外資的過度進入。

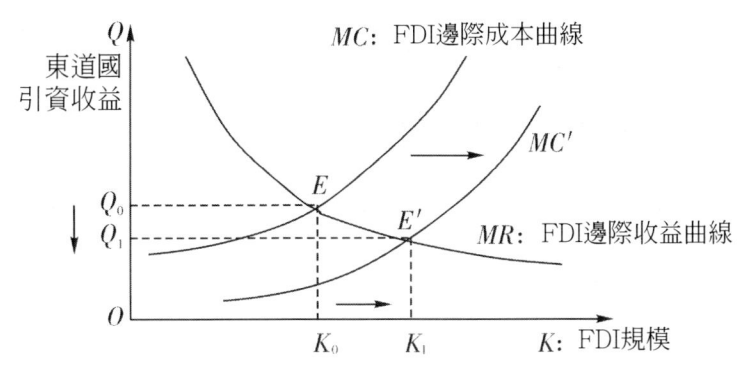

圖7-4 引資優惠政策與FDI的過度進入

圖中，橫軸表示FDI流入東道國的具體規模K，縱軸表示東道國的引資收益Q，MR、MC分別為FDI在當地的邊際收益曲線和邊際成本曲線。在東道國的正常引資政策下，按照邊際成本等於邊際收益（$MR = MC$）的最優規模判斷標準，進入該地的FDI規模將是在均衡點E處的K_0，此時東道國的引資收益為Q_0。

東道國政府實行引資優惠政策，主要體現在稅收減免、低成本甚至零成本土地的供給以及其他產業發展優惠政策。這些

優惠實際上是直接或間接減少了外資企業的生產營運成本、導致其邊際成本曲線移動,即從原來的 MC 曲線右移至 MC' 曲線。此時,外資規模在優惠政策的刺激下增加到了 K_1,在新的均衡點 E' 處達到均衡,即 MR = MC';而此時東道國的引資收益則從 Q_0 下降到 Q_1。

我們可以從外商投資的質量角度,將外商投資分為成本導向性投資和戰略性投資。前者追求低成本,往往是資本質量較低的「政策偏好型」資本;后者往往擁有較先進的技術水平和管理水平,是資本質量較高的「環境偏好型」資本。與前者相比,后者具有較強的產業結構帶動效應,對東道國的經濟發展有較強的促進作用,也是東道國政府所普遍歡迎的資本。

許多優惠政策,尤其是一些地方政府頒布的優惠政策,往往缺乏透明度,帶有很大的隨意性和不穩定性,具體操作不規範,不僅給外資企業留下了偷稅逃稅的空子,形成地方政府腐敗的溫床,而且不利於國際戰略性資本的引入。實際上,大型跨國公司往往更願意把資金投向雖然沒有明顯的政策優惠,但政策法律穩定、具有很高透明度並獲得公平待遇的國家或地區。對它們而言,外資優惠政策並不是首選的,只有那些資本質量較差、競爭力較差的「政策偏好型」外資才會比較感興趣。各地政府濫用引資優惠政策,實際上是人為地降低了外資企業的生產成本,使原來效率低下的外資企業也可以輕松進入中國市場,從而在整體上降低了利用外資的質量與效率。

另一方面,對外資企業的政策過於優惠,與內資企業形成鮮明的反差,人為地破壞了市場經濟的公平競爭原則,造成兩者之間競爭的外部條件極不平等,使得內資企業在與外資企業的競爭中處於不利的地位。這種外資企業不是依靠自身質量、成本、技術等內在因素,而是依靠優惠政策優勢排擠內資企業

的不平等競爭現象，稱為「政策擠出效應」。① 目前中國不少行業出現外資大量進入、內資企業逐步退出，整個行業增長緩慢甚至出現負增長的現象，其原因可能是多方面的，但「政策擠出效應」不能不是一個重要原因。這在中國當前的塑料製品業、皮革製造業、橡膠製品業、文教體育用品製造業、食品加工業、家具製造業、纖維製品製造業等行業都有較明顯的表現。

在市場激烈競爭的壓力和引資優惠政策的刺激下，部分內資企業的行為不免出現扭曲，甚至有以假外資企業的名義來獲取優惠政策的現象。自2001年入世以來對華投資位居前列的國家與地區是中國香港、臺灣、美國、日本、韓國、新加坡、中國澳門、英屬維爾京群島、德國、法國等。以2005年對華投資前十位國家或地區為例，以實際投入外資金額計，依次為：中國香港（179.49億美元）、英屬維爾京群島（90.22億美元）、日本（65.30億美元）、韓國（51.68億美元）、美國（30.61億美元）、新加坡（22.04億美元）、臺灣（21.52億美元）、開曼群島（19.48億美元）、德國（15.30億美元）、薩摩亞（13.52億美元），前十位國家與地區實際投入外資金額占當年全國實際使用外資金額的84.4%。②

其中，英屬維爾京群島、開曼群島以及薩摩亞都是眾所周知的世界級的「投資避稅天堂」。這些地區資金的大量湧入在一定程度上說明：除了真正的國際性資金外，部分內資企業借其道、假借外資名義，獲取外資優惠政策的現象也屢屢出現，這進一步降低了外資的結構優化效應，降低了該地區的社會總福利。

---

① 陳明森. 中國利用外資優惠政策偏差及其政策轉型［J］. 福建論壇·人文社會科學版，2006（9）.

② 數據來源：國家商務部網站相關統計數據。

第二節　FDI 的數量型擴張與適度規模研究

一、FDI 的數量型擴張與 FDI 績效拐點區的出現

改革開放以來，中國利用外資基本屬於數量擴張型，主要表現為利用外資總體規模較大，但技術含量不高，產業層次較低，以傳統的輕紡工業為主。在短缺經濟時代，這種利用外資的方式有一定的合理性。但是隨著過剩經濟的到來以及產業結構的戰略轉型，這種以數量擴張為主要特點的利用外資方式必然造成較大的問題，以致造成產業結構轉換缺口、產業結構低層次固化等 FDI 流入陷阱。

表 7-1 為改革開放以來中國實際吸收 FDI 的統計數據。

表 7-1　改革開放以來中國實際吸收的境外直接投資

年份	實際吸收 FDI 金額（億美元）	增長率%	GDP（年末匯率）（億美元）	FDI/GDP（%）
1979—1982	11.7	—	11,190.7	0.1
1983	6.4	—	2,995.9	0.2
1984	12.6	97.8	2,565.0	0.5
1985	16.6	32.0	2,800.1	0.6
1986	18.7	12.8	2,741.0	0.7
1987	23.1	3.1	3,213.9	0.7
1988	31.9	38.0	4,010.7	0.8
1989	33.9	6.2	3,580.9	1.0
1990	34.9	2.8	3,551.8	1.0

表 7-1（續）

年 份	實際吸收 FDI 金額(億美元)	增長率%	GDP(年末匯率)(億美元)	FDI/GDP(%)
1991	43.7	25.2	4,901.9	0.9
1992	110.1	152.1	4,631.3	2.4
1993	275.2	150.0	5,971.5	4.6
1994	337.7	22.7	5,536.2	6.1
1995	375.2	11.1	7,030.8	5.3
1996	417.3	11.2	8,180.6	5.1
1997	452.6	8.5	8,993.3	5.0
1998	454.6	0.5	9,590.4	4.7
1999	403.2	-11.1	9,910.5	4.1
2000	407.2	0.9	10,800.1	3.8
2001	468.8	15.1	97,314.8*	
2002	527.4	12.5	104,790.6*	
2003	535.1	1.5	117,251.9*	
2004	606.3	13.3	136,515.6*	
2005	724.1	19.4	185,496.0*	

數據來源：根據《中國統計年鑒（2005）》、《中國對外經濟統計年鑒（2005）》、國家統計局網站、商務部網站等相關數據計算得出。

＊單位為億元人民幣，數據來源於國家統計局 2006 年 5 月 16 日發布的《關於 2005 年重要數據和部分歷史數據修訂的公告》。

從表 7-1 中，我們可以看出，1997 年以前中國利用外商直接投資一直處於快速增長時期，年均增長率高達 40% 左右。1998—2000 年受 1997 年東南亞金融危機影響，出現了低速增長甚至負增長，但 2001 年迅速恢復強勁吸引力，增幅高達

15.1%。1993—2001年，年均流入中國內地的FDI為403.1億美元。2001年，受美國「9·11」恐怖襲擊事件的影響，全球經濟出現衰退，當年全球FDI流量下降了51%，但是流入中國內地的FDI仍然十分強勁，高達468.8億美元，占全球FDI流入量的6.4%。2002年則增長至527.4億美元，占全球FDI總流入量的10%左右。2003年更是達到535.1億美元，位居全球第一，占亞非拉所有發展中國家吸引FDI總量的三分之一。2004和2005年依然保持十分強勁的增長勢頭，增幅分別高達13.3%和19.4%，位居全球引資前列[①]（見表7-1、圖7-5）。

FDI的大規模流入在很大程度上彌補了中國長期以來的資金缺口和先進生產要素缺口，促進了中國經濟體制的改革與創新，對產業結構的優化升級起到了明顯的促進作用。但FDI的負面影響效應正逐步顯現，地方政府引資博弈中優惠政策的隱形成本（損害當地的社會福利、對內資企業的政策性排擠效應等）也逐漸突顯，尤其是近幾年來，引入的FDI出現了明顯的階段性邊際收益遞減趨勢，FDI的績效曲線正進入拐點區。

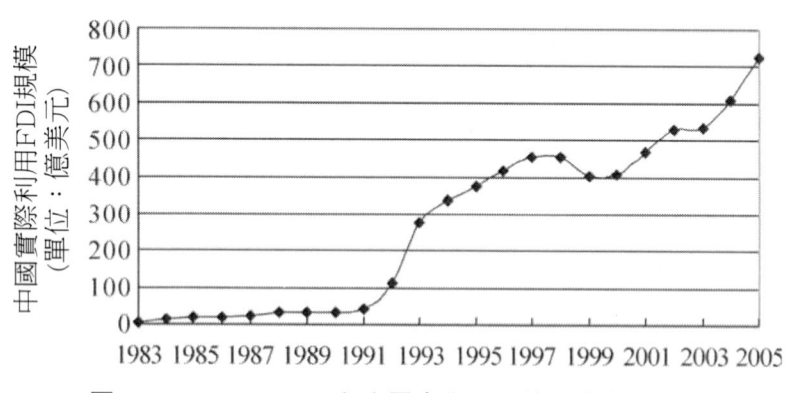

圖7-5　1983—2005年中國實際利用的外商直接投資

---

① 陳達. 2005年中國FDI流入量全球第三 [N]. 第一財經日報，2006-10-17（A01）.

鑒於很難直接量化 FDI 的作用績效，聯合國貿易和發展會議（UNCTAD）往往採用 FDI 流入業績指數來評價 FDI 的流入表現。所謂 FDI 流入業績指數，即指一國 FDI 流入量占全球 FDI 流入量的比例與該國 GDP 占全球 GDP 比例的比值，這一指數的變動在一定程度上反應了一國利用 FDI 的效益波動。我們借用這個業績指數對中國 FDI 的績效表現做一個粗略的判斷。圖 7-6 是中國 FDI 流入業績指數值與國際排名。

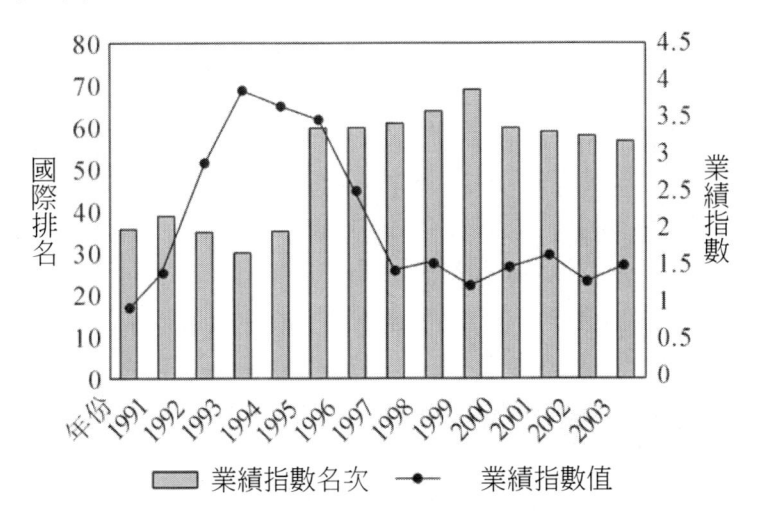

圖 7-6　中國 FDI 流入業績指數值與國際排名

數據來源：聯合國貿易和發展會議（UNCTAD），《世界投資報告》（2002、2003、2004）。轉引自：金潤圭，王浩．關於 FDI 績效拐點的戰略思考 [J]．華東師範大學學報（哲學社會科學版），2006（1）．

圖 7-6 表示，中國 FDI 流入業績指數在 1991—1994 年間呈現上升趨勢，1994 年在 140 個國家與地區參與的排位中，中國 FDI 流入指數值為 3.86，名列 28 位；1994 年以后開始出現下降趨勢，1995—2000 年期間大幅下降，2000 年該指數值為 1.1，排名下滑至 70 名左右；2001 年中國入世雖促進了 FDI 流入業績指數值的回升，但回升幅度很小，其后在 1~2 之間波動，2004 年該業績指數值又降為 1.2，名列全球第 57 名。

从中国FDI流入业绩指数值的变动曲线，我们大致可以得出，2000年以后中国进入了一个比较明显的FDI「吸引力再造」的盘整期，可以大致判断中国利用FDI的绩效开始进入了拐点区，FDI产业结构效应的负面影响正逐渐增强，将在很大程度上抵消甚至超过其正外部性效应（金润圭、王浩，2006）。[1] 在现实经济中，这个拐点不会是一个单独的时点，而往往表现为绩效异常值波动的一个区间，这种特征是经济系统的复杂性和混沌性决定的。

二、对FDI适度规模的思考

FDI的适度规模是近年来理论界与实务界所关注的热点问题，也是争议较多的问题。随着中国入世后对外开放力度的加大，FDI大规模进入中国内地，截至2006年6月底，中国累计实际使用外资6,508亿美元，外商直接投资存量达2,721亿美元，位居世界前列，连续14年名列发展中国家首位。关于中国利用FDI是否过度，近几年来在国内引发了较多的争议。

一种观点认为，中国利用FDI的总量还是不够的。这种观点认为，衡量一个国家吸收FDI的数量不能仅仅看绝对量，而应该按国际标准综合量化。衡量的指标主要是两个：外资依存度和当年吸收外商投资占当年固定资产投资的比重。2005年世界投资报告显示外资依存度世界平均水平是22.9%，发达国家平均水平为20.7%，而中国是27.4%；表面看似乎中国外资依存度过高，但世界投资报告使用的数据采用的是中国的「累计实际使用外资量」，而不是真正的「外国直接投资存量」，即累计实际使用外资的存量资产。实际上，按国际货币基金组织界定的方式测算，2005年中国实际外资依存度不超过12%，远低

---

[1] 金润圭，王浩. 关于FDI绩效拐点的战略思考 [J]. 华东师范大学学报（哲学社会科学版），2006（1）.

於世界平均水平。從人均擁有 FDI 存量數量來看，目前中國人均值僅有 218 美元，遠低於 2002 年世界人均 1,178 美元的水平，既低於發達國家 5,330 美元的水平，又低於發展中國家 480 美元的水平。從中國吸收 FDI 占當年全國固定資產投資的比重來看，1994 年中國曾一度達到 17.08%，但此后中國國內經濟的迅速發展，該指標卻呈一路下滑趨勢，2003 年為 7.95%，2005 年為 5.5%，而世界平均水平為 7.5%。[①]

因此，儘管近年來，中國每年吸收 FDI 的絕對量很大，但按相對指標比較，中國吸收 FDI 還有相當大的空間；尤其中國是個人口大國，勞動力資源豐富、二元經濟特徵突出，又處於經濟起飛階段，吸引更多的外商資金是當務之急，不存在中國利用 FDI 過度的問題。

另一種觀點認為，當前中國吸收 FDI 已經過度。這種觀點認為，利用 FDI 規模的大小，關鍵看是否有效益，如果有效益，規模稍大也不怕；如果無效益或者效益很差，小規模也有危險。而事實也證明，中國目前無論是行業還是企業狀況都不理想，當然這不能完全怪罪於所引入的 FDI，而是自身存在著吸收能力限制的原因。從中國的市場發育程度和中國吸收利用外資的能力來看，遠遠不能與美國、日本、韓國等國家相比，中國的經濟基礎、市場條件、技術水平從根本上決定了中國不可能向發達國家那樣大規模地引進 FDI，引進外資必須要考慮本國的實際情況。一方面，從經濟增長目標來看，中國政府把經濟增長速度定在 7%～8%，以控制過高的增長速度所帶來的通貨膨脹、產業結構畸形發展等問題。引進 FDI 與經濟增長的邏輯關係應當是 FDI 服從於經濟增長，而不是經濟增長被動地表現為 FDI 推進的結果。根據英國經濟學家貝里爾的測算，外國資本通常

---

① 王健君. 中國利用外資過度了嗎? [J]. 瞭望·新聞周刊, 2006 (38).

占到經濟起飛所需資金的30%是最好的，過分依賴FDI推動經濟增長會有巨大風險；FDI雖好，但不能過量引入。另一方面，當前中國國內資金已處於充裕乃至盈余狀況，特別是國內超過17萬億元的居民儲蓄和上萬億美元的龐大的外匯儲備顯示，原有的外匯缺口和儲蓄缺口都不存在了，而過量的低質低效率FDI[①]的流入在很大程度上擠占了中國內資企業的市場，出現了較嚴重的外資替代內資的負面效應狀況，從而導致整個資金使用效率過低，浪費嚴重。

因此，中國的當務之急不是大量地利用FDI，而是通過經濟體制改革，建立現代企業制度，通過多樣化的投資渠道促使國內儲蓄轉化為投資，吸引FDI從數量型向質量型的轉變，從而確保資金這一稀缺資源得到優化配置，提高FDI的利用效益。

筆者支持後者的觀點。所謂FDI的適度規模，是指一國在其經濟發展的一定時期，FDI對內資只起追加而不起替代作用的情況下，國內經濟發展客觀需要的、能被經濟發展所實際吸收，並且能夠確保民族工業的獨立性和經濟自主性的FDI規模。它包括三個方面：①外資的必要規模，這是保證一國一定時期內經濟增長客觀需要的外資規模；②外資的吸收規模，這是指一國一定時期內由人才、技術、資源配套設施等因素決定的所能消化吸收的外資規模；③外資的安全規模，這是指一國一定時期內具有償還能力且不影響國際收支平衡、能夠確保民族工業的獨立性與經濟自主性的外資規模。

---

① 目前國內已有部分學者運用計量分析工具和中國利用外資的相關統計數據來定量分析在華FDI的產出績效。如：王蘭（2004）運用索羅—斯旺（Solow - Swan）生產函數模型，採用1991—2002年全國統計數據進行計量分析，得出：1991—2002年期間，在整體上外商投資企業邊際產出效率要明顯高於國內企業，但1995年以後，外商投資企業的邊際產出效率逐漸下降，甚至出現了1999年其邊際產出率為0.42。FDI資本存量的邊際產出與國內資本邊際產出之間的差距逐漸縮小，顯示外資規模的盲目擴大導致了外資對中國經濟增長貢獻率的下降。參見：王蘭. 外國直接投資在中國的經濟效應實證分析［J］. 甘肅社會科學，2004（3）.

FDI的適度規模主要是由東道國的資本缺口和東道國的吸納能力所決定的。當然，吸引FDI不能脫離東道國利用FDI的必要規模和安全規模。一般而言，滿足了吸納能力的FDI是安全的，也是必要的。嚴格地說，FDI安全規模應該是適度規模的上限，其最優原則應是：首先符合安全規模要求，其次符合吸收規模要求，最后才是必要規模要求。但是，在實際操作中，很難有一個統一而明確的標準去判斷FDI的安全規模、吸收規模和必要規模，這也是導致爭議過多的主要原因之一。

在中國當前不存在資本缺口的情況下，決定中國FDI適度規模的因素主要是中國對FDI的吸納能力，這包括中國的經濟總量、人力資本、政府R&D支出、基礎設施等經濟因素和政府的引資政策、經濟開放程度等制度性因素，其中，經濟總量與人力資本是兩個關鍵因素。

任何一個國家或地區對外資的吸收能力總是有限的，其根本原因在於，FDI作為東道國經濟發展的要素之一，必須與國內的生產要素相結合才能發揮作用。國內要素的配合能力決定了FDI對東道國可能的貢獻程度，反過來，在國內配合能力（實際上可以說吸收能力）一定的情況下，它所能有效吸收和利用的FDI規模也就一定了（適度規模）。如果背離了兩者的最優結合點，經濟的實際產出水平將由相對不足的要素來決定，這就是經濟發展中的「木桶效應」。

FDI的適度規模是由一個國家或地區的實際的、客觀情況所決定的，在短時期內，這種客觀情況是很難大幅改變的，因此FDI適度規模在短時期內具有剛性，它只隨著東道國的投資環境等吸收能力的改變而改變。在正常情況來說，FDI的實際規模在一定時期內並不一定就等於適度規模，但也不會過分偏離適度規模，就像價格圍繞價值上下波動一樣，利用FDI實際規模會圍繞適度規模上下波動，它們之間有一種內在的穩定機制，使

得實際規模不會過分波動而穩定在適度規模左右。因為，如果過度超越了 FDI 適度規模，會帶來嚴重的危害，政府將採取各種政策進行宏觀調控，抑制 FDI 的實際規模；即使政府不進行宏觀政策調控，產業結構、地區結構的扭曲也會導致投資環境的不斷惡化，從而使理性的 FDI 退出，減少 FDI 的實際規模；反之，當實際規模嚴重低於適度規模時，政府往往會採用引資激勵政策去吸引更多的 FDI，如改善投資環境、減免稅收等。但在非理性的情況下，政府招商引資行為的扭曲將可能導致 FDI 實際規模嚴重偏離適度規模，尤其是在引資博弈過程中，過量 FDI 的進入將扭曲這種內在穩定機制。[①]

在這裡，我們可以根據利用 FDI 的收益與成本因素，運用微觀經濟學的成本—收益分析方法來推斷中國利用 FDI 的適度規模。

東道國要想使其利用 FDI 的總收益最大，即：

$$\max R(R_d, C) = R_d(Q_d, Q_w) - C(Q_w, B) \qquad (1)$$

式中，Q_w 為外商實際投資規模，Q_d 是東道國資本缺口和吸收能力所決定的外資吸收規模，C 為東道國的引資成本，其中主要表現為引資優惠政策 B。

使東道國利用 FDI 總收益最大的條件是：利用外商投資的邊際成本等於邊際收益，即：$\dfrac{\partial R_d}{\partial Q_w} = 0$

我們可用一個二次函數來描述外商實際投資規模 Q_w 與東道國收益水平 R_d 之間的函數關係，如下式：

$$R_d = R_d^* - k \times (Q_d^* - Q_w)^2 \qquad (2)$$

其中，R_d^* 是東道國利用外商投資潛在的最大收益水平；k 是東道國的收益損失係數，是由其他很多被假設不變的因素共

---

① 生延超. 中國外商直接投資適度規模研究 [D]. 中國學術期刊網，2005：20 - 21.

同決定的一個綜合性參數；$k \times (Q_d^* - Q_w)$ 表示由於外商投資實際規模與東道國對外商投資需求的最優規模不相符合，而使東道國損失的潛在收益。

將 $Q_w = 0$，$R_d = 0$ 代入公式(2)，可得：$R_d^* = k \times Q_d^{*2}$，進而將公式（2）改為：

$$R_d = 2kQ_d Q_w - kQ_w^2 \qquad (3)$$

考慮到引資優惠政策的成本效應，東道國的收益函數可寫成：

$$R_d(Q_d, Q_w, B) = 2k_1 Q_d Q_w - k_1 Q_w^2 - k_2 B Q_w \qquad (4)$$

公式(4) 中，k_1 即為東道國利用外商投資的收益損失系數，k_2 為東道國利用外商投資的成本系數。

對公式(4) 的東道國收益函數求關於 Q_w 的偏導數，即求取在有引資優惠政策條件下，東道國為實現引資收益最大化而選取的最優利用外商投資規模，可得：

$$\frac{\partial R_d(Q_d, Q_w, B)}{\partial Q_w} = 2k_1(Q_d - Q_w) - k_2 B$$

令：$\dfrac{\partial R_d(Q_d, Q_w, B)}{\partial Q_w} = 0$，則得：$R_d = \dfrac{k_2 B}{2k_1} + Q_w \qquad (5)$

下面我們再來分析外商投資規模的確定。我們把東道國影響外商投資的因素歸納為兩大類：投資環境（H）和引資優惠政策（B）。則外商投資的供給函數可表示如下：

$$Q_W(B, H) = \alpha \cdot B + \beta \cdot H \qquad (6)$$

其中，α、β 分別為東道國的引資優惠政策、投資環境對外商實際投資規模的影響系數，且 $\alpha + \beta = 1$。

由此，外商和東道國之間的博弈過程，表現為兩個博弈主體之間的反應函數，公式(5)、公式(6) 構成二元方程組求解，得：

$$Q = \frac{2k_1 \cdot \alpha}{2\alpha k_1 + k_2} \cdot Q_d + \frac{k_2 \cdot \beta}{2\alpha k_1 + k_2} \cdot H \qquad (7)$$

此處的 Q 即為東道國利用外商投資的適度規模①。

通過以上分析，我們得出如下結論：

（1）FDI 的適度規模與東道國的資本缺口和資本吸納能力成正比，即東道國的資本缺口越大、資本吸納能力越強，東道國利用 FDI 的適度規模也越大。

（2）東道國利用 FDI 的適度規模與外商對引資優惠政策的偏好程度成反比，與投資環境成正比。其原因在於，當外商高度偏好東道國的引資優惠政策時，就會誘使東道國通過不斷地提高對外商投資的政策優惠程度來吸引外商投資，從而導致引資成本不斷增加，進而使其引進外商投資的適度規模降低，吸納能力下降。

（3）由於存在著引資成本的問題，東道國對 FDI 的適度規模往往是小於其 FDI 的吸收能力。如同企業的產量決策，並不是取決於企業的生產能力，而取決於企業的邊際生產成本和邊際收益所決定的使企業利潤最大化的均衡產出水平。

我們可以利用以上模型結論來具體分析中國 FDI 的規模。生延超（2005）運用該相關模型，通過對 1985—2002 年的相關統計數據（含 GDP、FDI、人力資本、技術含量、政府研發投入、基礎設施建設等多種因素）的迴歸分析后，得出了以 1985 年為基期的中國利用 FDI 的適度規模函數。②

$$FDI_{t+1}^* = K_{f,t+1}^* - K_{f,t}$$
$$= 0.934(1+\alpha)Y_t - 0.929K_{d,t} - 0.146L_{1,t}$$
$$- 9.536L_{2,t} + 2,283$$

運用該函數對中國利用 FDI 的適度規模與實際利用規模進

---

① 詳細推算過程參見：張笑芳，李燕燕．海外資本利用與反利用的博弈分析 [J]．北方經貿，2006（7）．

② 參見：生延超．中國外商直接投資適度規模研究 [D]．中國學術期刊網，2005：41-45．

行驗證，得出 2003—2008 年間中國利用 FDI 的適度規模，見表 7-2。

表 7-2　2003—2008 年中國利用 FDI 適度規模的測算值

單位：億美元

年 份＼GDP 增長率	7%	8%	9%	10%
2003	460.9	470.1	496.7	510.3
2004	486.4	503.6	532.2	569.8
2005	533.6	559.1	564.3	588.0
2006	576.8	592.8	601.1	629.7
2007	601.9	623.3	623.8	662.3
2008	622.6	659.7	687.2	712.0

將表 7-2 中的測算值與中國實際吸收 FDI 的規模（見表 7-1）進行比較，可以清楚地看到，2003 年中國 GDP 增長率是 9.1%，FDI 適度規模是 496.7 億美元，而實際吸收外資 535.1 億美元，超量 38.5 億美元，超過當年 FDI 適度規模 7.8%；2004 年中國 GDP 增長率是 10.1%，FDI 適度規模是 569.8 億美元，而實際吸收外資 606.3 億美元，超量 36.5 億美元，超過當年 FDI 適度規模 6.4%；2005 年中國 GDP 增長率是 10.2%，FDI 適度規模是 588 億美元，而實際吸收外資 724.1 億美元，超量 136.1 億美元，超過當年 FDI 適度規模 23.2%。

實事求是地講，對 FDI 適度規模的確定，目前尚未有明確而統一的方法，在具體的分析過程中仍存在著較大分歧。不同的學者從不同的角度來確定其模型的變量與參數，所得出的具體數值也有較大的差異。在這裡，我們運用以上函數模型來對中國利用 FDI 適度規模進行的推算，雖然具體數值仍顯粗略，但結論可以給我們有所借鑑：中國當前吸收的外商投資確實已出現過量現象，並且這種趨勢仍在不斷加強；在中國已擁有

17.25萬億人民幣的城鄉居民儲蓄和1.53萬億美元外匯儲備（截至2007年12月底）的情況下，已不存在資金和外匯缺口，我們不能再像以前那樣片面地追求外商投資的規模，畢竟外商投資具有雙重效應，我們應對FDI的規模和投資結構進行適當的控製，以達到我們所希望的FDI適度規模；而且應對目前因外資過度增長所帶來的威脅國民經濟安全、產業結構扭曲、資源浪費、技術溢出效應差等負面影響引起高度重視，並採取相應的應對措施。

第八章
全球化背景下中國利用外資促進產業結構優化的政策

世界各國經濟發展的實踐證明，一國產業結構的變動受到多種因素的影響與制約，其中，政府的產業結構優化政策是促進產業結構優化升級的重要因素。只要順應了產業結構演變的規律，制定和推行符合國情的產業結構政策，就可以較好地減少產業結構優化調整的制約因素，促進資源的合理配置，推動產業結構的優化升級。

　　在經濟全球化背景下，外商直接投資是影響中國產業結構演變的重要因素。外商直接投資是一把「雙刃劍」，其對中國產業結構的優化效應也帶有明顯的雙重性。一方面，外資的流入可以有效地彌補中國資金與物質缺口，通過技術轉移與溢出效應、產業關聯效應、競爭與示範效應等途徑促進中國產業結構的優化升級；另一方面，也會因為投資方向的偏向性、產業技術控制、市場壟斷和對中國國內企業的產業壓制、排擠等造成中國產業結構偏差加劇、政府宏觀調控失靈、國內企業自主創新能力削弱以及威脅中國產業安全和可持續發展等嚴重問題。

　　21世紀初的全球產業結構調整是在經濟全球化背景下由發達國家主導的、以外商直接投資為主要手段的全球範圍內的國際產業轉移浪潮。如何在此浪潮中抓住機遇、趨利避害，是中國政府當前所面臨的一個重大課題。本章擬從制度建設的角度，在探討提高中國利用外資產業政策有效性的基礎上，研究在全球化背景下中國利用外資促進產業結構優化政策的戰略性轉型與創新。

第一節 中國利用外資產業政策及其有效性

一、中國的利用外資產業政策[①]

產業政策（Industrial Policy）是經濟政策的重要組成部分，它是政府為優化配置資源、實現產業發展目標，以產業和企業為對象實施的、以產業結構轉換和生產集中為核心內容的一系列政策的總和[②]。它主要包括產業結構政策、產業組織政策、產業技術政策、產業佈局政策等。

產業政策的本質是國家對產業經濟活動的主動干預，是政府管理與調控產業經濟發展的基本工具。由於市場機制的缺陷和國際分工體系的不均衡，在全球化競爭日趨激烈，國際經濟關係和國際分工體系正經歷前所未有的變化時，世界各國政府，尤其是發展中國家政府紛紛把產業政策作為基本政策工具，審時度勢，引導資源的優化配置，充分發揮政府的宏觀調控職能，增強本國產業的國際競爭力，從而實現趕超戰略，爭取本國產業在經濟全球化過程中的有利競爭地位。

利用外資促進本國產業結構優化升級是全球化背景下一國產業結構政策的重要內容。所謂產業結構政策，是指政府制定

---

① 陳明森（2004）認為，利用外資政策是產業政策中不可或缺的部分，利用外資政策經常成為實現產業政策目標的基本工具，它們之間相互交叉、不可截然分離，從而形成所謂的利用外資產業政策。利用外資產業政策是經濟全球化背景下一國產業政策中重要組成部分，它包括利用外資產業結構政策、利用外資產業組織政策、利用外資產業技術政策和利用外資產業佈局政策等多個方面。鑒於本書研究的目的和視角，在本章僅從產業結構優化的角度來探討中國的利用外資產業政策。

② 龍茂發，馬明宗．產業經濟學［M］．成都：西南財經大學出版社，2001：377．

的通過影響與推動產業結構的調整和優化來促進經濟增長的產業政策，其中戰略產業扶持政策和衰退產業調整政策是最基本的產業結構政策內容。而以利用外資為手段推動產業結構優化調整的政策總和便是利用外資產業結構政策。在中國當前主要表現為對外商投資的產業導向政策，其目的是為了指導與規範外商投資方向和投資行為，使外商投資方向與行為與中國國民經濟和社會發展的規劃相適應。①

1986年以前，中國利用外商直接投資尚處於探索階段。這一時期，吸引外商直接投資的目的主要是為了彌補中國建設資金不足，在引資政策上只注重引進外商直接投資的規模，而對外商直接投資的質量和結構基本上沒有引導與調控。1986年以後，中國逐漸認識到外商直接投資在中國經濟發展中的重要作用，出抬了《關於鼓勵外商投資的規定》、《中華人民共和國外資企業法》等法令法規，開始有意識地加強對外資的引導與調控；但在20世紀90年代中期以前，中國對外商直接投資的引導一直以地區導向為主，在引資政策導向上仍以引資規模為主。

從20世紀90年代中期以來，隨著中國經濟從整體性短缺經濟向結構性過剩經濟的逐步轉變，中國開始注重對外商直接投資的產業導向和調控，政策導向開始從注重引資規模向注重引資質量轉變，中國的利用外資產業結構政策開始逐步出抬。1995年中國發布了《指導外商投資方向暫行規定》和《外商投資產業指導目錄》，將外商在中國的投資項目分為鼓勵類、允許類、限制類和禁止類。其中，國家鼓勵外商投資的產業主要是國家政策鼓勵發展的瓶頸產業、基礎產業、高新技術產業和出口創匯產業；限制類產業主要是出於市場狀況和保護民族經濟的考慮，即對於市場供過於求的產業和民族競爭力較弱的產業

---

① 陳明森. 產業升級外向推動與利用外資戰略調整 [M]. 北京：科學出版社，2004：251.

限制外資進入；列入禁止類的產業主要是出於對國家安全和社會發展的考慮。

這兩個法規的出抬對於指導外商產業投資方向、優化中國產業結構發揮了積極的政策引導作用。其后，中國又根據國內外經濟形勢的發展對這兩個法規多次進行了修訂與完善，並配套了一系列的法令法規。如：1997年12月中國修訂了《外商投資產業指導目錄》，擴大了鼓勵外商投資的範圍，突出重點發展產業和鼓勵外商向中西部地區投資，提出適應中國產業結構調整的要求和有利於引進先進技術的原則；1999年8月對外經濟貿易合作部等部門為鼓勵外商投資企業的技術開發和創新，制定了加大對外商投資企業的金融支持力度的規定。

這一階段的外資政策重在加強對外商投資的規範和管理，逐步取消對外商投資的限制，積極鼓勵外商對中國鼓勵發展產業的投資；在政策導向上，單純依靠優惠政策來吸引外資的傾向有所緩和，但尚沒有發生根本性變化，外資超國民待遇的現象仍然很突出。

2001年，入世給中國原來的利用外資產業政策造成極大的衝擊。為適應世界貿易組織（WTO）的相關規定與國際慣例，中國政府對原來的利用外資產業政策做了重大修改，於2002年4月1日起施行新的《指導外商投資方向規定》和《外商投資產業指導目錄》。

堅持擴大對外開放，進一步鼓勵外商投資，提高利用外資質量，是此次修訂的重要原則。新《外商投資產業指導目錄》在內容上，一是增加鼓勵類目錄，由186條增加到262條；減少限制類目錄，由112條減少到75條；放寬外商投資的股比限制，並將原禁止外商投資的電信和燃氣、熱力、供排水等城市管網首次列為對外開放領域。二是進一步開放銀行、保險、商業、外貿、旅遊、電信、運輸、會計、審計、法律等服務貿易領域，

按照承諾的地域、數量、經營範圍、股比要求和時間表，履行中國加入世貿組織的承諾。三是積極發揮市場競爭機制作用，將一般性工業產品劃入允許類，通過競爭促進產業、產品結構升級。四是鼓勵外商投資西部地區的優勢產業，放寬外商投資西部地區的股比和行業限制。

新《外商投資產業指導目錄》特別指出在今后一個時期內中國將鼓勵外商投資以下領域：①鼓勵外商投資改造傳統農業，發展現代農業，促進農業產業化；②鼓勵外商投資交通、能源、原材料等基礎設施和基礎產業；③鼓勵外商投資電子信息、生物工程、新材料和航空航天等高新技術產業，鼓勵外商在華設立研發中心；④鼓勵外商運用先進適用技術改造機械、輕工、紡織等傳統工業，實現裝備工業的升級換代；⑤鼓勵外商投資綜合利用資源和再生資源、環境保護工程和市政工程；⑥配合西部大開發戰略，鼓勵外商投資西部地區的優勢產業；⑦鼓勵外商投資產品全部出口的允許類項目。①

新的產業政策和新《外商投資產業指導目錄》的出抬是順應中國入世后新形勢的要求、與國際慣例逐步接軌的重大舉措。在政策導向上，新法規繼續貫徹了積極、合理、有效利用外資的方針，更加注重對外商投資的產業導向和地區導向，強調建立健全統一公平的市場競爭機制和良好的法律環境，努力實現外資企業的國民待遇。在這一階段，促進產業結構優化調整是產業導向的重要目的，也是利用外資產業政策的主要著力點。

總的來看，中國利用外資產業結構政策對指導中國引進與利用外資、規範與管理外商投資的產業方向起到了一定的積極作用，但在具體實施過程中也出現了一些偏差，導致實施效果並不理想。目前，外商投資在中國仍享有「超國民待遇」，而中

---

① 資料來源：佚名. 中國對外商投資實行新的導向政策［J］. 中國投資，2002（4）.

國利用外資的產業政策工具主要是稅收優惠，採取稅收減免的方法，鼓勵外資進入政策鼓勵發展的行業，主要是基礎產業和高新技術產業。但是這一政策工具的利益指向，對於不同的投資者所作出的反應是不一樣的。就中國利用外資情況來看，以港澳臺地區資金為主的中小型外商企業往往比較注重優惠政策，政策的優惠程度是決定其投資與否的重要因素；但是它們往往規模較小、技術含量較低，主要集中在投資少、見效快的勞動密集型產業。而基礎產業和高新技術產業的投資往往投資規模大、週期長、風險高，以歐美日大型跨國公司為投資主力的外商投資者更看重投資環境和法律政策的穩定性、連續性和透明性，僅僅是稅收上的優惠是不會產生多大的吸引力的。這種政策設計上的偏差是造成中國利用外資產業政策效果不佳的一個主要原因。[1] 與此相類似的還有中國長期執行的「以市場換技術」戰略，也是因為中國政府在政策設計上不遵從市場經濟規律的「一廂情願」而導致實施效果不佳，對此問題我們將在后面部分專門論述。

在產業政策的具體實施過程中，中國利用外資產業政策主要是由國家有關部委統一規劃與制定的，而具體的政策執行主體則是擁有較大經濟自主權的各級地方政府。正如我們在前面所分析的，在現行的地方政府及其主要官員的政績指標考核制度下，各級地方政府更傾向於短期的顯性政績指標，更關注的是引進外資的具體數量而非引資質量，更關注的是「短平快」項目而非長期投資、多年運作才能見效益的長線項目。而基礎產業和高新技術產業往往是屬於后一種情況，於是在各級地方政府招商引資工作中常常被冷落，中國利用外資促進產業結構優化的政策目的便被淡化了。雖然中央針對這種政策執行中的

---

[1] 陳明森. 產業升級外向推動與利用外資戰略調整 [M]. 北京：科學出版社，2004：264-265.

偏差問題曾多次下文要求整改，但在現行的制度安排下，地方政府往往「上有政策、下有對策」，中國利用外資產業政策的有效性就相當有限了。如：2006年8月中央明令禁止各級政府層層分解並考核招商引資指標，但實施效果收效甚微。

二、中國利用外資產業政策的有效性分析

各國產業發展的經驗表明，技術創新是產業結構優化的根本動力。無論是產業結構的合理化，還是產業結構的高度化，都離不開技術創新的支持。沒有持續的技術創新，產業結構的合理化和高度化就會失去動力和物質基礎。因此，一國產業結構優化政策的核心和焦點無疑應當是推動技術創新。①

改革開放三十多年來，中國一直努力通過引進外商來華產業投資以引進國外先進的設備與技術，進而促進中國企業自身技術水平的提高和自主研發創新能力的飛躍。為此，中國政府先後制定了許多促進利用外資的產業政策，但具體實施的效果卻不理想，其中，「以市場換技術」戰略就是一個典型的案例。下面我們就以「以市場換技術」戰略及其實施效果為例，來具體探討中國利用外資產業政策的有效性問題。

「以市場換技術」戰略是中國政府在20世紀90年代初開始實施的一項重要的利用外資促進產業技術發展的政策。實施該戰略的初衷是希望通過開放國內市場，出讓部分市場份額以吸引外商直接投資，通過外商直接投資的技術轉移與溢出效應，獲取外商的先進技術，在消化吸收的基礎上最終形成中國獨立自主的研發能力，從而在整體上提高中國產業的技術水平和國際競爭力。該戰略實施十多年來，對中國產業結構的升級、生產技術水平的提高起了一定的推動作用，但是具體實施的效果

---

① 蘇東水. 產業經濟學 [M]. 北京：高等教育出版社，2000：352.

與當初的預期目標有較大差距。

1.「以市場換技術」戰略的實施效果

自改革開放以來,中國吸引的境外直接投資呈現持續增長態勢,尤其是20世紀90年代初實施「以市場換技術」戰略以來,FDI出現了大幅增長。外商投資的大幅增長極大地改善了中國產業發展資金短缺的狀況,提高了投資質量,加快了中國產業結構的升級,對中國GDP增長起到了相當的作用。

但令人遺憾的是,我們所希望的通過出讓部分市場份額換來國內產業技術的大提升、大發展,卻未能實現。到目前,中國還沒有形成具有自主知識產權的產業技術體系,大多數產業的關鍵部件、核心技術還源自國外,國有企業的產業技術自主研發和創新能力依然薄弱。許多在中國國民經濟中發揮重要作用的產業,其主導產品的生產不是建立在自有知識產權或自主創新技術的基礎上,而是依靠外國技術和裝備進行生產。例如,作為裝備製造業核心的數控機床就一直是中國製造業界的心病,目前國產數控機床的國內市場佔有率僅為30%,且主要集中在經濟型和普及型上,高級數控機床基本為發達國家跨國公司所壟斷。

從技術引進與創新的角度來看,國內企業技術創新能力嚴重不足,難於對引進技術進行再創新。在技術引進過程中,國內企業往往更傾向於引進短期見效的硬件設備,而很少願意引進技術專利和專有技術①,更缺乏對引進技術的深度消化與創

---

① 對1990—1996年中國重大引進項目的抽樣調查,軟件與硬件的比例不足0.2∶1;1997年技術轉讓、技術許可、技術服務和技術諮詢四類軟件技術、引進合同共705項,合同金額為21.79億美元,分別占合同總數和總金額的11.7%和13.68%,軟硬件引進技術比例僅0.158∶1。從這組數據可見中國在招商引資活動中,重視硬件設備引進的程度遠遠大於重視技術引進的程度。參見:余際從,李鳳. 國外礦產資源型城市轉型過程中可供借鑑的做法、經驗和教訓 [J]. 中國礦業,2004 (2).

新。以中國國內的專利申請來看，2000年全國企業專利申請總量為45,862件，若按全國有1.5萬家國有大中型企業計算，平均每個企業年申請量僅為3件，而日本日立公司一家企業僅1996年就申請專利1,800余件，平均每天5.1件，差距之大可見一斑。①

產業技術進步的滯后、自主研發能力提升的緩慢已成為了制約中國產業結構優化和產業持續發展的一個重要因素。

2. 從「以市場換技術」戰略實施效果看利用外資產業政策的有效性

「以市場換技術」戰略實施效果不佳的原因是多方面的。這既有外資逐利本性和國內產業基礎薄弱的限制，更有中國在利用外資產業政策的制定與實施上的偏差。筆者認為，后者是最根本的原因。資本的本性是追逐利潤最大化，不論是國內公司還是跨國公司，盡量占領市場以獲得壟斷地位是獲取高額利潤的一條重要途徑。如果政府政策導向不明或市場監管力量薄弱，無論跨國公司還是國內企業，都有可能產生壟斷行為，特別是技術壟斷行為。

「以市場換技術」的一個政策取向是：在一個行業中只引進一家或少數幾家跨國公司，給予各種投資優惠政策，希望通過對這些企業出讓部分市場以換得先進技術。但事與願違的是，「以市場換技術」本身就是一個內資與外資相互博弈的過程，內外資企業雙方實力的不對稱從根本上決定了該策略不會取得明顯效果。國內企業無論是在生產規模、技術水平上，還是價格和服務上，都遠遠落后於跨國公司，往往在激烈的市場競爭中

---

① 董書禮. 以市場換技術戰略成效不佳的原因辨析及中國的對策 [J]. 科技與管理，2004 (4).

落於下風，成為這些跨國公司兼併的對象。① 當一個或幾個跨國公司在某一個產品市場上佔有較高市場份額時，獨占或寡占的壟斷市場結構就逐步形成了。在獨占或寡占的市場中，跨國公司往往只需要維持現有的生產就可以獲得高額利潤，自然沒有動力採取更先進的技術；出於維持壟斷優勢的考慮，跨國公司也不會主動向中方轉讓先進技術，而是根據自身利益需要逐步轉讓有關技術，甚至會採取種種手段限制先進技術擴散。

因此，這種片面的、帶有一相情願意味的「以市場換技術」戰略，其結果是導致了國內不少行業中跨國公司取得了市場壟斷的地位。而中國政府對國內產業實施的高保護措施和對外商投資者數量的限制，本意是想保護國內弱小企業，實際上卻是保護了現有市場中居於優勢地位的外商投資者的利益，加劇了市場壟斷格局，反而妨礙了中國產業技術的升級換代。

「以市場換技術」戰略實施效果的不佳，實際上證實了產業經濟學的一個基本原理，即在壟斷市場中，壟斷企業普遍存在著創新動力不足、技術更新惰性、對先進技術使用與擴散的限制等問題，這對整體產業技術水平的提高是不利的。② 西方國家產業發展的經驗也證明，在缺少競爭的市場環境中，發達國家向發展中國家進行產業國際轉移時，總是先轉移已經失去或即將失去競爭優勢的產業，其轉移的技術水平肯定是不高的。這是不以東道國政府的意志為轉移的，是市場機制運作的必然結果，要打破這種不利格局，只有引入競爭性市場結構，通過競

---

① 事實上，20世紀90年代后期以來，中國的轎車製造業、無線通訊業、程控交換機、精密機床等行業中排名前十位的大企業，跨國公司投資企業都占據著三分之二以上的席位。由此可見，在「一個行業只引進少數幾家跨國公司」的政策取向條件下，內外資博弈的結果往往是國內企業被跨國集團公司所兼併。參見：江小涓. 中國的外資經濟對增長、結構升級和競爭力的貢獻 [J]. 中國社會科學，2002 (6).

② 江小涓. 跨國投資、市場結構與外商投資企業的競爭行為 [J]. 經濟研究，2002 (9).

爭促進技術創新。

事實上,「以市場換技術」戰略的效果是與東道國技術水平和市場競爭狀況密切相關的,東道國國內市場競爭越激烈,外資越有可能轉移先進技術(王洛林,等;2000)。因此,20世紀90年代中期以後,我們逐步認識到了原來「以市場換技術」戰略的不足①,開始放棄以往所堅持的「一個行業只引進少數幾家跨國公司」的政策取向,開始允許更多的跨國公司進入中國市場。從跨國公司的角度來看,當一兩家跨國公司進入中國市場並獲得較高收益時,其他跨國公司不會長期對這個潛力極大的市場視而不見,而是跟隨先行的投資者,也競相進入中國市場,在中國市場上相互競爭,從而逐步打破以往由幾家跨國巨頭壟斷的市場格局,形成競爭性的市場結構,進而加快新技術的擴散、新產品的更新換代。

「以市場換技術」案例清楚地告訴我們,利用外資產業政策的制定與實施必定是在一定國際經濟條件下的,我們在制定相關政策時不能孤立地、主觀地分析該政策的效果,要遵從市場規律,綜合考慮可能影響甚至削弱政策效果的各方面因素,才能提高政策的有效性。畢竟,政府的主觀意願是難以敵過市場競爭規律的,尤其在當前全球經濟一體化發展的大趨勢中,各國經濟聯繫日益緊密,市場經濟作用將愈發突出。

三、提高中國利用外資產業政策有效性的制度創新

隨著中國經濟體制改革的逐步深入,中國政府陸續頒布實施了《國家產業政策綱要》、《指導外商投資方向暫行規定》、《外商投資產業指導目錄》等政策,並根據國內外形勢的變化不斷修訂和完善,在指導中國利用外資促進產業結構優化升級中

---

① 筆者認為,從一定程度上來說,這也是得益於中國20世紀90年代末的入世壓力:市場開放與實行「普惠制」。

發揮了較大的作用，初步塑造了外資產業結構調整的制度環境。

但正如我們在前面所分析的，由於中國現行的政府經濟管理體制中，對地方政府官員的任命與考核是一種自上而下的政績考核制與任期制的政體制度安排。這種制度安排存在著一定的制度偏差，直接促使了各級地方政府在招商引資過程中引資目標的多元化與短期化。以「競次戰略」為主要競爭手段的引資博弈不可避免地導致各地政府「對自然資源、環境、市場，甚至是政府稅收的甩賣」，其結果是大量低質量低效率外資的湧入。而低質低效外資的湧入，在給我們帶來引資規模屢創新高、GDP數值不斷攀升的表面繁榮的同時，對中國國民社會福利的損害也不斷增強。如在中國所有城市中，FDI 雄居首位、GDP 排名全國第四的蘇州市，在多項衡量居民富裕水平的指標上竟遠遠落后於地處中國內陸的成都市。在華 FDI 在增進投資地人民社會福利水平上的作用局限性可見一斑。

應該說，當前中國利用外資促進產業結構優化的效應不理想，一個根本原因正是這種制度安排上的偏差，成為了制約中國利用外資產業政策有效性的制度性障礙。片面強調各地經濟發展，以損害人民社會福利、產業安全和生態環境為代價換取當地經濟數值的增長，正是這種制度安排偏差所導致的惡果。

雖然中國中央政府有全面的戰略規劃、良好的引資意願和完善的利用外資產業政策，但由於制度基礎建設上的缺失與不完善，各地地方政府及其官員在短期顯性政績考核的壓力下所導致的引資行為扭曲，不可避免地導致在招商引資中重數量輕質量、重引進輕消化、重產值輕環境等問題的出現。可以說，不在制度基礎上作出重大的改進與完善，即使有完善的利用外資產業政策，其有效性也是難以保證的。

以科學的發展觀來統領中國經濟社會發展全局是改變傳統的政府官員政績考核制、扭轉制度安排偏差的重要措施。黨的

十七大報告明確提出，我們要高舉中國特色社會主義偉大旗幟，以鄧小平理論和「三個代表」的重要思想為指導，深入貫徹落實科學發展觀，堅持以人為本，樹立全面、協調、可持續的發展觀，促進經濟社會的和諧發展，用科學的發展觀統領經濟社會發展全局。

首先，這要求改變中國現行的政府官員政績考核體系。現行政府官員政績考核指標中，過多強調GDP增長率、招商引資規模等短期而顯性的經濟效益指標，它們是決定官員政績好壞、職位升遷的硬約束指標；而把社會福利保障、人民生活水平、產業結構狀況與發展潛力、生態環境保護等長期而隱性的社會效益指標放在比較次要甚至是不重要的地位，屬於彈性極大的軟約束指標。在這種政績考核制度的主導下，不可避免會出現「奔向貧困的引資競賽」（陳明森，2004）。因此，我們必須盡快以科學發展觀為指導，樹立正確的政績觀，改進現行的政府官員政績考核制度，盡快建立基於科學發展觀的政府績效評估體系，促進引資行為走向注重質量和效益的高效化道路。

其次，各級政府應以科學發展觀為指導，從中國基本國情出發，樹立科學的引資觀和開放觀，建立以科學發展觀貫穿始終的利用外資產業政策體系，在引進外資時進行科學決策。科學引資觀就是把科學發展觀貫穿於招商引資的各個環節，全面提高引資水平，科學評估引資效益，加快樹立新的開放理念，深入探索新的引資政策與戰略。科學引資觀是科學發展觀在經濟全球化和國際產業大轉移的新背景下的一種理論和實踐創新，它以統籌國內發展與對外開放，構建和諧社會、和諧產業發展為目標；具體工作中要求我們必須轉變引資觀念，引資工作不能只注重引進外資的數量，要更多地著眼於提高利用外資的質量和水平，提高引進外資對中國產業結構優化的促進作用，使對外開放和招商引資為國民經濟建設作出更大的貢獻。

總之，只有在科學發展觀的指導下，對中國利用外資產業政策貫徹實施的制度基礎進行重大的制度改進與創新，才能突破制約產業政策有效性發揮的制度性障礙，促使各地在招商引資工作中實現從「競次戰略」向「競優戰略」的轉變，推動中國利用外資促進產業結構優化政策效應的有效發揮。

第二節　全球化背景下中國利用外資促進產業結構優化的政策建議

一、實施自主型引資戰略，引導規範外商投資方向

總體上看，中國當前所實施的引資戰略仍然是一種注重外資數量型擴張的引資戰略，其主要特點和不足是：重數量輕質量、重引資輕引智、重引入輕管理、重政策優惠輕基礎建設等。這種引資戰略與中國當前經濟發展對外資的要求是不相適應的，尤其在中國目前已經解決了資金短缺、國內居民儲蓄和外匯儲備居高不下、產業結構偏差較突出的情況下，低質量低效率外資的大量流入將進一步加劇中國經濟發展所面臨的結構性矛盾，成為中國經濟長遠發展的制約因素。

在新形勢下，對引資戰略進行戰略性的轉變與創新已成為人們的共識。但如何轉變與創新，理論界觀點紛爭，對此尚未達成一致的意見。比較一致的觀點是：中國引資戰略首先應實現從以政策為主導向以市場為主導的轉變、從注重數量粗放型向注重質量效益型的轉變，在引資導向上應積極引導外資從勞動密集型產業項目向技術密集型產業項目轉變，由地區傾斜向產業傾斜轉變。

可以說，實施自主型引資戰略是中國引資戰略實行戰略性

轉變與創新的重要內容，也是保證中國在日益激烈的國際市場競爭中實現產業發展目標的重要舉措。

一方面，自主型引資戰略強調中國經濟發展應採取自主發展模式。我們在積極引進外資的同時，應立足於發展自主型民族產業體系，以培育中國產業自我發展能力和國際競爭力為核心目的。自主發展模式並不是排外，它始終以培養、促進中國產業成長、壯大為核心，強調對外資的引進與利用要服從中國的發展目標和要求，這是基於中國這個發展中大國現實國情的必然選擇。①

同時，也只有提高了中國國內企業的自身實力后，才能實現國內企業真正消化吸收外資企業的先進技術和管理經驗，進而把先進技術和管理經驗擴散到全國其他地區，使外資的技術轉移與溢出效應得到充分發揮，進而實現中國產業結構的高度化。

另一方面，自主型引資戰略強調在引資工作中應「以我為主」，根據中國經濟發展的需要和產業結構優化的要求，主動對外商直接投資進行甄別選擇，在引資的入口關加強管理，同時注重引導和規範外商投資的產業方向和地區方向。畢竟，外商投資的目的與中國產業發展目標是不可能完全一致的。因此，要使外資促進中國產業結構優化效應合理有效發揮，就必須積極引導和規範外資的投資方向、改善外資結構，使外資結構與中國產業結構優化調整方向相一致。

外資投向的結構性政策要兼顧國內產業區域政策的目標，與國家總體發展戰略協調一致。從中國目前的情況來看，外資投向的選擇依據和原則主要有三點：①外資投向應符合國家的產業政策；②外資投向應從經濟效益和社會效益相結合的角度

---

① 吳文武. 跨國公司與經濟發展 [J]. 經濟研究, 2003 (6).

出發，應有助於提高相關產業的競爭力；③外資投向應有助於提高中國國民經濟各產業的協調發展，有助於促進產業結構層次的遞進調整和技術水平的提升。①

具體來說，我們應首先引導外商加大對第一產業的投資力度，相對降低對工業的投資比重，提高農業的發展水平特別是科技水平，以適應和有利於中國產業結構優化的推進。農業是中國國民經濟的基礎，長期發展滯后，但由於投資週期長、投資收益率低，外商投資數量一直都很少。為了解決這個矛盾，我們應在相關產業政策上予以傾斜，主動出抬一些既不違背WTO規則又能吸引外資的優惠政策，給予外商的優惠幅度應足以消除其風險、方便其經營，使其得到較大的實惠。這樣，在雙贏格局中實現農業結構的優化調整，提高農業現代化水平。

在第二產業中，特別是工業領域，引進外資要以提高質量效益和技術水平為中心，以利於提高中國的經濟實力和技術水平，實現中國經濟的可持續發展戰略。正如國務院發展研究中心的一份報告所指出的，十一五期間，中國應著手培育國家比較優勢的升級，提高中國製造業在全球價值鏈分工的地位，增強產業創新能力，轉變在國際分工體系中處在較低端的狀態，由加工組裝型向精密製造型升級，由粗加工向高加工度升級，提高產品的附加價值，鼓勵發展國產品牌，實現中國由製造業大國向製造業強國的轉變。為此，要求我們引導外資更多地流入技術密集型產業，著力將外資引向高新技術項目，相應減少對一般加工工業的投資。

根據加入WTO的有關協議，中國第三產業的開放領域最大，因此其受到的衝擊也是最大的。為此，我們應引導外商投資更多地流向一些薄弱的第三產業部門，有步驟地推進服務領

---

① 陳榮輝. 經濟開放與產業發展研究 [M]. 上海：立信會計出版社，1999：118-126.

域的對外開放，這既是 WTO 協議的要求，也是中國經濟發展結構性調整的要求。

同時，應加強對第三產業的外資的引導與調控。目前，外商對中國第三產業的直接投資主要集中在房地產業和一般社會服務業，而對社會福利業、科研和綜合技術服務業、教育文化藝術以及衛生體育等部門的投資很少，所占比重也微不足道，但這些產業的發展對中國國民經濟持續健康的發展意義重大。為此，我們在引資過程中要以產業結構優化調整為導向，把握住服務業國際轉移的新機遇，將中國入世承諾開放服務貿易作為發展現代服務業的加速器，在承接服務業國際轉移過程中主動出擊，通過產業政策的傾斜鼓勵外商對中國教育及科學研究投資，培育技術型人力資源等高級生產要素，提升生產要素的品質，使中國逐步形成發展高新技術的動態比較優勢。

在區域調整方面，十一五期間，中國產業發展規劃應從過去的總量規劃（事實上總量規劃在具體實施過程中往往出現較大偏差）轉向產業地區結構規劃，以地區的環境容量、基礎設施條件等為約束變量，以形成地區間的合理分工、優化佈局結構為目標，制定產業發展地區規劃，並建立相應的管理手段。[①] 由於中國目前東中西部經濟發展差距較大、地區產業結構偏差較突出，為此，我們應加大中西部引資力度，完善外商投資的地區佈局，引導外商投資按照國家宏觀經濟發展戰略和各地區產業佈局政策的要求進行，從而逐漸縮小地區差異，促進區域間經濟協調發展。

近年來，為推動外商對中西部地區投資，中國政府外資優惠政策越來越傾向於中西部地區。但是，這些外資優惠政策的實施效果並不明顯，八成以上外資仍集中在東部地區，並且還

---

① 課題組，產業結構演進趨勢與「十一五」時期產業結構調整的基本方向．國務院發展研究中心，2005（4）．

有進一步向東部地區集中的趨勢。這說明優惠政策、廉價勞動力及資源已不再是外商（尤其是發達國家跨國公司）投資區位選擇的首要因素。相反，環境優越、政策透明、服務優良、配套體系健全和社會環境穩定等因素已成為了外商投資區位選擇的重要因素。因此，要推動外商到中西部地區投資，外資產業政策的重點應該放在增強中西部地區基礎設施建設、改善投資環境以及鼓勵中西部地區企業與跨國公司形成配套產業群等方面。[①]

二、規範外資優惠政策，建立健全市場競爭機制

改革開放初期，中國投資環境尚不完善，為加強對外商直接投資的吸引力，中國政府（包括中央政府和各級地方政府）實行了一系列的外資優惠政策，如減免所得稅、免徵投資品進口關稅和增值稅、在普遍實行貿易壟斷和嚴格外匯管制的條件下給予外貿經營權和允許設立外匯帳戶等。這些優惠政策在吸引外商來華投資中發揮了積極的作用，被作為了中國利用外資產業政策的重要政策工具。

但這種給外商投資企業過於傾斜的優惠政策也帶來了嚴重的問題。首先，外商投資企業獲得了「超國民待遇」，導致內外資企業之間的不公平競爭，進而導致市場價格和企業行為的扭曲，加劇了資本外逃和「假外資」現象。[②] 其次，外資企業利用其強大的實力和「超國民待遇」，較容易地獲得了市場壟斷地位；並利用其壟斷優勢對中國部分產業實行產業控製、對內資企業進行壓制與排擠，在一定程度上已經威脅到了中國的產業

---

① 楚永生．中國政府利用外資政策的變革及趨勢探析：基於跨國公司與東道國政府之間的博弈分析 [J]．太原理工大學學報（社會科學版），2005（3）．
② 李詹，葉松．中國利用外商直接投資的結構研究 [J]．中南財經政法大學研究生學報，2006（5）．

安全和可持續發展。探究在華外資企業形成壟斷勢力的原因，除了外資企業自身的所有權優勢與內部化優勢外，更主要的原因則是中國政府所實施的各種外資優惠政策。

當前，這些外資優惠政策不僅包括中央政府明文規定的各種顯性優惠政策（如中央政府明文規定的稅收減免政策），而且還包括各級地方政府為了爭奪外商企業在本地投資所制定的名目繁多的各種隱性優惠政策，這包括：地方政府違規減免稅收、廉價批地、以各種借口對外商進行直接或間接的財政補貼、有意放鬆對外資企業的環保監管以降低外資企業營運成本等。[①] 現在，這些隱性優惠政策的影響早已經超過了中央政府顯性優惠政策的影響，同時也帶來了相當大的社會危害，如地方政府引資行為扭曲、權錢交易滋生腐敗、單純注重引資數量導致低質低效外資的過度進入等。

因此，對外資優惠政策進行戰略性調整、削弱外資企業依靠非市場因素取得的壟斷勢力已是必然之舉。筆者認為，這一戰略性調整的核心是利用國民待遇原則，將現行的激勵性外資政策向規制性政策轉變，在對現行的各類顯性和隱性外資優惠政策進行嚴格規範管理和逐步取消的基礎上，以建立健全市場競爭機制為主導，按照WTO規則對內外資企業實行普遍的國民待遇，營造一個內外資公平競爭的市場經濟環境。

建立健全市場競爭機制，一個主要的內容是促進中國產業結構優化升級機制由政府主導向市場主導的轉變。多年來，中國的產業結構調整與升級基本依靠政府主導作用。雖然我們給予了外商投資企業大量的優惠政策，希望能利用外資促進中國產業結構優化，但實施的效果並不理想，政策的有效性不高。一個根本原因在於沒有充分發揮市場機制的作用，在政策制定

---

① 陳柳. 外資優惠政策與外資企業壟斷 [J]. 產業經濟研究，2006（2）.

上往往過多突出政府主導的作用，而忽視或輕視市場經濟規律的作用。

因此，轉變中國產業結構優化升級機制是提高產業結構調整效率的重要途徑，這既是建立健全市場競爭機制的重要組成部分，也是有效實現中國產業結構戰略性調整的重要方面。從當前跨國公司在華投資區位的選擇上來看，跨國公司更看重的是當地的投資環境、市場潛力、基礎設施建設、資源稟賦等因素，而不是政府的行政指令和單純的優惠政策。這說明以市場為主導的產業結構優化升級機制已經開始發揮作用了。①

三、有效利用國際產業轉移，培育自主技術創新能力

一國在國際分工體系中所處的位置，主要取決於該國的技術創新能力、產業升級的內在動力和實績。一個國家只有高度重視和積極培育本國自主技術創新能力，才能在長期的產業和技術發展競賽中把握主動，才能避免陷入技術依賴型經濟困境②，獲得持續健康的發展（高梁，2001）。

要實現中國產業結構的優化升級，無疑主要依靠的是中國的自主技術創新能力，但這並不排斥我們利用外資引進技術。根據日本和韓國的經驗，在開放條件下，落後國家的自主技術創新體系的建立一般要經歷對國外先進技術的引進、消化、吸收、模仿、創新的過程，要在這個過程中不斷嘗試、不斷累積，才能逐步完成自主技術創新體系的建立。③ 在經濟全球化的時

---

① 宋群．「十一五」時期統籌中國產業結構升級與國際產業轉移的建議［J］．經濟研究參考，2005（52）．

② 技術依賴型經濟困境即是指發展中國家在技術追趕的過程中需要不斷地引進發達國家的技術，而在核心技術的創新方面則長期處於落后的狀況。陳飛翔．對外開放與產業結構調整［J］．財貿經濟，2001（6）．

③ 裴長洪．吸收外商直接投資與產業結構優化升級：「十一五」時期利用外資政策目標的思考［J］．中國工業經濟，2006（1）．

代，我們要充分利用國際產業技術轉移的機會，通過引進外資帶來先進的技術和管理經驗，這是全球化背景下借力、使力、少費力的途徑，也是充分利用國內外兩種技術資源、兩個市場提高技術開發效率、降低研發成本的有效方式。

　　十一五期間，發達國家一些由於生產能力過剩和生產成本增加而失去國際競爭力的重化工業，如鋼鐵、化工、汽車、造船等，將繼續進行更大範圍和更深層次的國際轉移。與此同時，與傳統製造業不同，由於高新技術轉移的快速性、綜合性等特點，高新技術的國際轉移速度將大大加快，從而使與此相適應的各類現代服務業的國際轉移也將進入快速發展的階段。這種趨勢與中國當前通過促進重化工業內部升級與現代服務業的快速發展進而實現產業結構的全面升級趨勢是基本吻合的，這將給中國引進先進技術、促進產業結構優化升級帶來難得的發展機遇。

　　在這一輪產業技術的國際轉移中，一個重要的特點是市場的進一步細分使產業及技術的轉移出現多層次化和多形式化。而這正好符合了中國當前對產業技術的需求特點，由於中國各地區之間、城鄉之間經濟發展水平和產業結構存在較大的層次差距，因此對產業與技術的轉移需求也是多層次的。我們可以利用這種多層次、多形式的產業與技術轉移，將其配置到與之發展水平相適應的不同產業和不同地區，形成不同結構層次的動態比較優勢，力爭在一些有條件的領域提升國際分工水平，在還只能處於國際垂直分工序列的領域中繼續保持對后進入者的競爭優勢。但也要看到，由於高科技發展快速化和綜合化的特點，大大縮短了技術更新的時間，使后發優勢的空間日趨縮小，實現后發優勢的難度加大，后起國家必須更加善於抓住機遇，用好機遇，才能發揮其后發優勢，實現經濟的跨越性發展。[1]

---

　　[1]　宋群．「十一五」時期統籌中國產業結構升級與國際產業轉移的建議［J］．經濟研究參考，2005（52）．

在利用外資產業政策的制定上，我們要吸收「以市場換技術」戰略的經驗教訓，實現從「以市場換技術」向「以競爭換技術」的轉變。中國的實踐經驗表明，提高市場競爭強度是促使跨國公司轉移先進技術的有效手段，只有通過足夠強的競爭環境才能給跨國公司帶來引進先進技術的動力和壓力，也才能形成有利於中國技術發展的博弈局面。[①] 因此在引資中，一方面應在中國對外開放的每一個產業領域裡多吸收幾家跨國公司來華投資，形成跨國公司之間相互競爭的格局；另一方面則應加快國內企業改革步伐，提高國內企業產業技術水平，形成對外資企業的競爭壓力，促進外資產業技術溢出效應的有效發揮。

在引進和利用外資先進技術的基礎上，加快建設以國內企業為主體的技術創新體系，將引進國外技術與消化、吸收、創新相結合，充分利用國外先進技術資源，培育自主創新能力，開發具有自主知識產權的核心技術。

四、加強法制建設，實現產業安全和可持續發展

外商直接投資對中國經濟發展、產業結構優化升級具有典型的「雙刃劍」效應，它在促進中國經濟發展、產業結構優化升級等方面做出了積極貢獻，但同時也帶來了衝擊中國國內產業發展、威脅中國產業安全和可持續發展等問題。因此，在引進外資的同時，我們必須對外資流入所帶來的負面影響引起足夠的重視。

充分發揮外資對中國產業發展的促進作用，同時消除其不利影響，重點在於加強中國的法制建設，完善規範和管理外商投資的法律體系，培育國內優勢主導產業，從而形成利用外資與中國產業安全的良性共進的狀況（祝年貴，2003）。

---

① 李曉華. 對加入 WTO 后「以市場換技術」的思考 [J]. 中國工業經濟，2004（4）.

在積極引進外資的同時,我們要根據建立社會主義市場經濟體制的要求,參照 WTO 的規則和國際慣例,逐步修訂現行的涉及外商直接投資的法律法規,健全利用外資的法律法規體系。

目前,中國相關法律尚不完善,部分法令條規尚不符合 WTO 的相關規定,導致外商直接投資行為尚未完全處於中國法律法規體系的約束範圍內,易於造成對外商的監管真空或讓外商鑽政策空子。為此,我們要抓緊時間制定相關法律法規及政策,大力加強涉外經濟法律法規體系的建設完善,以把所有利用外商投資工作的全過程納入法制化和規範化的軌道,降低外資可能帶來的經濟風險。

尤其是要針對當前跨國公司在中國市場上出現的市場壟斷、技術控製、對國內企業實行產業壓制與排擠等行為,必須從法制建設的角度對其進行嚴格的規範與管理。為此,應積極借鑑國外的先進經驗,加緊制定並出抬《反壟斷法》,可明確規定具體行業中外商佔有市場的最高份額,同時對協議定價、割分市場、價格歧視、壟斷性併購等行為進行限制;同時,進一步完善《反不正當競爭法》,制約反傾銷行為,限制採購協議、出口協議和歧視性的技術引進協議等不公平競爭行為。[①] 總之,應盡快構建以反壟斷法、反不正當競爭法為核心的法律體系,加強對跨國企業競爭行為的監督與管理,建立起符合中國國情的產業安全法律保障體制。

同時應該強調的是,我們對外商直接投資的監督管理應是建立在動態、良性共進基礎之上的。要實現長期、動態的產業保護,在國民經濟中培育出具有國際競爭力的主導產業是關鍵性的推動力量之一。從當前的情況來看,主導產業應充分搶占高新技術的制高點,既要有高的技術含量,維持一定的技術領

---

① 參見:王樹恩,左大鵬. 在華外商直接投資對中國產業結構的雙重影響與對策研究 [J]. 科學管理研究,2005 (6).

先優勢，又要有實用性，能創造出巨大經濟價值，同時還應有前瞻性和可持續發展能力，使中國在國際產業競爭中能「搶先一步」。這一點，不僅對主導產業本身的發展和壯大極為重要，而且對提高中國產業的安全度和可持續發展能力也是至關重要的。[①]

此外，在制定利用外資產業政策時，中國還面臨著如何降低資源消耗與強化環境保護、促進國民經濟可持續發展的挑戰。積極應對挑戰，認真思考產業結構優化如何促進經濟可持續發展的問題，是當前我們面臨的重大任務。為此應盡快出抬有關環境保護和資源節約方面的法律法規，為制定利用外資產業政策、實現產業結構優化提供一個剛性約束條件。

五、加強配套制度建設，改善外商投資軟環境

投資環境的優劣是決定一國能否吸收和利用好外資的關鍵因素，改善投資環境可以增強吸引外資的能力和利用外資的效率。制度建設是改善投資環境的核心和基礎，加強以完善市場經濟體制，深化金融、財稅和投資體制改革，積極推進行政管理體制和政府機構改革等為主要內容的制度建設是改善投資環境，增強吸引外資能力和利用外資效率的必要途徑。

第一，盡快建立起以產業政策與金融、財稅、投融資、就業等緊密配合的，符合社會主義市場經濟體制要求的產業配套政策體系。產業配套政策體系是一個開放的宏觀經濟調控體系，金融、財稅、投融資、就業政策等都與之相互關聯配套，因此，加強產業政策與其他各種政策之間的協調配合至關重要。隨著中國對外開放水平進一步提高，國內改革進程加快，金融體系改革、人民幣匯率制度改革、資本項目管制的逐步放鬆等政策

---

① 祝年貴. 利用外資與中國產業安全 [J]. 財經科學，2003 (5).

都將對利用外資帶來重大影響。只有加強產業政策與貨幣、財政、投融資、就業、環保等配套政策之間的協調配合,發揮政策系統功能,對外商直接投資的宏觀調控才能真正取得實效,達到優化產業結構的目的。

2004年8月國家發改委與中國人民銀行、銀監會聯合下發的《關於進一步加強產業政策和信貸政策的協調配合,控製信貸風險有關問題的通知》,提出了產業政策和價格政策相配合的政策措施,在實際運行中取得了較好的效果,是建立產業配套政策體系方法的一個良好典範。我們應沿著這樣的思路,繼續研究探討產業政策與財稅政策、貨幣政策、投融資政策、價格政策、對外經濟合作和貿易政策等的協調配合方案,建立相互之間長期有效的協調配合機制,充分發揮產業配套政策體系的綜合效力。

這裡特別要指出的是,由於當前中國經濟發展面臨著就業壓力不斷增加、資源不足和環境污染嚴重的現實問題,因此在引進外商投資時必須考慮如何解決好產業結構升級與減輕就業壓力之間、產業結構升級與可持續發展之間的矛盾,制定與利用外資產業政策配套的就業政策和環保政策。

第二,建立新型的政府管理方式,更大程度地發揮市場機制在資源配置中的基礎性作用。目前各級政府的招商引資行為中還存在著許多的弊端:一些地方政府為擴大引資,實現其短期化、個人功利化的追求官員個人政績的目的,往往過度濫用優惠政策,造成地區間的惡性競爭和權利尋租現象;一些地方政府在招商引資過程中存在鑽政策漏洞、以地方政策代替法律法規,損害國家利益的現象;一些地方政府在招商引資中仍然存在較大盲目性,引資成本過高並造成土地等資源的巨大浪費和對資源環境的破壞等。

針對這些問題,必須進行制度創新,在以科學的發展觀指

導中國對現行的政府政績考核指標制度改革的基礎上，將政府的管制職能由經濟性管制轉變到社會性管制上來，即將政府的管制職能主要集中在解決社會領域的外部性問題和提供市場所缺乏的公共產品上來，實現政府職能的轉變以及其職能邊界的合理定位。[①] 政府應更多地運用法律、經濟、信息等手段，以間接的方式來調控經濟，不斷加強市場對資源配置的基礎性作用。比如改進對外資項目的審批方法，簡化審批程序；優化研發投資環境，增加科研投入，健全完善知識產權保護體系等。此外，還應該盡快將政府對產業發展的干預納入法制化軌道，減少政府產業干預行為的隨意性，增強政策的透明度和穩定性，這樣將更有利於企業市場預期和投資行為的合理化。

第三，當前國內落后產業還占到相當比重，在這些產業中的一些國有企業改革步伐緩慢，迫使政府從維持社會安定等角度出發實行較多的保護政策，這很不利於社會主義市場經濟體制的完善，不利於市場競爭態勢的形成，進而也妨礙了利用外資促進產業結構優化和經濟發展機制的效力。為此，我們應加快現代企業制度的建立，培育和提高國內企業引進和消化技術的能力與意識，將引進吸收外國先進技術和實現自主創新有機結合起來，以此推動中國產業結構的優化升級。此外，還應創新市場准入制度，減少對國內落后企業的不合理保護，建立落后技術產業市場退出機制，防止外商直接投資與國內投資過度重複建設。同時建立市場化的、科學的外商投資評估指標和技術指標體系，重點促進優勢產業、高新技術產業的外資引進。

---

① 課題組. 產業結構演進的趨勢與「十一五」時期產業結構調整的基本方向. 國務院發展研究中心，2005（4）.

參考文獻

[1] UNCTAD. World Investment Report. United Nations Publication, 1994—2005.

[2] DAVID STERNBERG. How to Complete and Survive A Doctoral Dissertation [M]. New York: St. Martin's Griffin Press, 1981.

[3] THOMAS L. FRIEDMAN. The Lexus and the Olive Tree: Understanding Globalization [M]. New York: Anchor Books House, 2000.

[4] CHARLES W L. HILL. International Business (Fifth Edition) [M]. New York: McGraw Hill Press, 2005.

[5] HYMER S H. The International Operations of National Firms: A Study Of Direct Foreign Investment [M]. Cambridge: MIT Press, 1976.

[6] GIDDY I H, YOUNG S. Conventional Theory and Unconventional Multinationals, in A. M. Rugman, ed [M]. Croom Helm: New Theories of Multinational Enterprise, 1983.

[7] KINDLEBERGER C P. American Business Abroad [M]. New Haven: Yale University Press, 1969.

[8] JOHN DUNNING. International Production and The Multinational Enterprise [M]. London: George Allen & Unwin, 1981.

[9] JOHN DUNNING. The Eclectic Paradigm as an Envelope for Economic and Business Theories of MNE Activity [J]. International Business Review, 2000 (9).

[10] SANJAYA LALL. Linking FDI, Technology Development for Capacity Building and Strategic Competitiveness [J]. Transnational Corporations, 2000, Vol. 11 (3).

[11] HASKEL, PEREIRA, SLAUGHTER. Does Inward FDI Boost the Productivity of Domestic Firms? [J]. NBER Working Paper Series, 2002 (8724).

[12] KELLER, YEAPLE. Multinational Enterprises, International Trade, and Productivity Growth: Firm Level Evidence from the U. S. [J]. NBER Working Paper Series, 2003 (9504).

[13] JENKINS, R OWEN. Dependent Industrialization in Latin American: The Automotive Industry in Argentina [M]. Chile and Mexico: Praeger Publishers, 1977.

[14] BLOOMSTROM, KOKKO, ZEJAN. Host Country Competition and Technology Transfer by Multinationals [M]. Weltwirtschaftliches Archiv: Band 130, 1994.

[15] FINDLAY RONALD. Relative Backwardness, Direct Foreign Investment and the Transfer of Technology: A Simple Dynamic Model [J]. Quarterly Journal of Economics, 1978, vol. 92.

[16] FREDRIK SJOHOLM. Technology Gap, Competition and Spillovers from Direct Foreign Investment: Evidence from Establishment Data [M]. London: The Journal of Development Studies,

1999.

[17] B AITKEN, A E HARRISON. Do Domestic Firms Benefit from Direct Foreign Investment? [J]. American Economic Review, vol. 89, 1999 (3).

[18] DIMELIS, LOURI. Efficiency Spillovers form Foreign Direct Investment in the EU Periphery: A Comparative Study of Greece, Ireland and Spain [J]. FEDEA, DP series 2002.

[19] HASKEL, PEREIRA, SLAUGHTER,. Does Inward FDI Boost the Productivity of Domestic Firms? [J]. NBER Working paper Series, 2002 (8724).

[20] 尼爾·胡德, 斯蒂芬·揚. 跨國企業經濟學 [M]. 葉剛, 等, 譯. 北京: 經濟科學出版社, 1990.

[21] 簡·阿特·斯圖爾特. 解析全球化 [M]. 王豔, 譯. 長春: 吉林人民出版社, 2003.

[22] 邁克爾·波特. 國家競爭優勢 [M]. 李明軒, 邱如美, 譯. 北京: 華夏出版社, 2002.

[23] 西蒙·庫茲涅茨. 各國的經濟增長 [M]. 常勛, 等, 譯. 北京: 商務印書館, 1999.

[24] 西蒙·庫茲涅茨. 現代經濟增長: 速度、結構與擴展 [M]. 戴睿, 易誠, 譯. 北京: 北京經濟學院出版社, 1989.

[25] W. 阿瑟·劉易斯. 經濟增長理論 [M]. 上海: 上海三聯書店, 1990.

[26] W. W. 羅斯托. 從起飛進入持續增長的經濟學 [M]. 賀力平, 等, 譯. 成都: 四川人民出版社, 1988.

[27] J. 卡布爾. 產業經濟學前沿問題 [M]. 於立, 等, 譯. 北京: 中國稅務出版社, 2000.

[28] 科斯, 哈特, 斯蒂格利茨, 等. 契約經濟學 [M]. 李風聖, 譯. 北京: 經濟科學出版社, 1999.

[29] 柯武剛, 史漫飛. 制度經濟學：社會秩序與公共政策[M]. 韓朝華, 譯. 北京：商務印書館, 2000.

[30] 安德魯·肖特. 社會制度的經濟理論[M]. 陸銘, 陳釗, 譯. 上海：上海財經大學出版社, 2003.

[31] 道格拉斯·C. 諾斯, 張五常, 等. 制度變革的經驗研究[M]. 羅仲偉, 譯. 北京：經濟科學出版社, 2003.

[32] 蓋瑞·J. 米勒. 管理困境：科層的政治經濟學[M]. 王勇, 等, 譯. 上海：上海三聯書店, 2002.

[33] 馬克·布勞格, 羅杰·巴克豪斯. 經濟學方法論的新趨勢[M]. 張大寶, 等, 譯. 北京：經濟科學出版社, 2003.

[34] 中共中央馬克思恩格斯列寧斯大林著作編譯局. 馬克思恩格斯選集：第一卷[M]. 北京：人民出版社, 1995.

[35] 中共中央關於制定國民經濟和社會發展第十一個五年規劃的建議編寫組. 中共中央關於制定國民經濟和社會發展第十一個五年規劃的建議[M]. 北京：人民出版社, 2005.

[36] 胡代光. 西方經濟學說的演變及其影響[M]. 北京：北京大學出版社, 1998.

[37] 張維迎. 博弈論與信息經濟學[M]. 上海：上海人民出版社, 1996.

[38] 段文斌, 陳國富, 等. 制度經濟學：制度主義與經濟分析[M]. 天津：南開大學出版社, 2003.

[39] 張俊山. 經濟學方法論[M]. 天津：南開大學出版社, 2003.

[40] 楊治. 產業經濟學導論[M]. 北京：中國人民大學出版社, 1985.

[41] 李悅. 產業經濟學[M]. 北京：中國人民大學出版社, 1998.

[42] 蘇東水. 產業經濟學[M]. 北京：高等教育出版

社,2000.

[43] 楊公樸,夏大慰. 現代產業經濟學 [M]. 2版. 上海:上海財經大學出版社,2005.

[44] 龍茂發,馬明宗. 產業經濟學 [M]. 成都:西南財經大學出版社,2001.

[45] 斯蒂芬·馬丁. 高級產業經濟學 [M]. 史東輝,等,譯. 上海:上海財經大學出版社,2003.

[46] 朱明春. 產業結構·機制·政策 [M]. 北京:中國人民大學出版社,1990.

[47] 周振華. 現代經濟增長中的結構效應 [M]. 上海:上海三聯書店,1996.

[48] 周振華. 產業結構優化論 [M]. 上海:上海人民出版社,1992.

[49] 方甲. 產業結構問題研究 [M]. 北京:中國人民大學出版社,1997.

[50] 何誠穎. 中國產業結構理論和政策研究 [M]. 北京:中國財政經濟出版社,1997.

[51] 劉偉. 工業化進程中的產業結構研究 [M]. 北京:中國人民大學出版社,1995.

[52] 龔仰軍,應勤儉. 產業結構與產業政策 [M]. 上海:立信會計出版社,1999.

[53] 龔仰軍. 產業結構研究 [M]. 上海:上海財經大學出版社,2002.

[54] 賈曉峰. 中國產業結構研究 [M]. 南京:南京師範大學出版社,2004.

[55] 中國社科院工業經濟研究所. 中國工業發展報告(2000) [R]. 北京:經濟管理出版社,2000.

[56] 蔣選. 面向新世紀的中國產業結構政策 [M]. 北京:

中國計劃出版社，2003.

[57] 鄧偉根. 產業經濟學研究 [M]. 北京：經濟管理出版社，2001.

[58] 林善煒. 中國經濟結構調整戰略 [M]. 北京：中國社會科學出版社，2003.

[59] 李京文，鄭友敬. 技術進步與產業結構選擇 [M]. 北京：經濟科學出版社，1989.

[60] 林峰. 可持續發展與產業結構調整 [M]. 北京：社會科學文獻出版社，2006.

[61] 金碚. 競爭力經濟學 [M]. 廣州：廣東經濟出版社，2003.

[62] 金碚. 中國工業競爭力——理論、方法與實證分析 [M]. 北京：經濟管理出版社，1997.

[63] 史東明. 核心能力論：構築企業與產業的國際競爭力 [M]. 北京：北京大學出版社，2002.

[64] 國家體改委經濟體制改革研究院，中國人民大學，等. 中國國際競爭力發展報告（1997）——產業結構主題研究 [M]. 北京：中國人民大學出版社，1998.

[65] 白樹強. 全球競爭論——經濟全球化下國際競爭理論與政策研究 [M]. 北京：中國社會科學出版社，2000.

[66] 史煒. 中國入世各產業開放時間表與對策 [M]. 廣州：羊城晚報出版社，2001.

[67] 余永定，鄭秉文，等. 中國入世研究報告：進入WTO 的中國產業 [M]. 北京：社會科學文獻出版社，2000.

[68] 陳繼勇，劉崇儀. 21世紀初世界經濟格局與中美經貿關係 [M]. 成都：西南財經大學出版社，2005.

[69] 袁奇. 當代國際分工格局下中國產業發展戰略研究 [M]. 成都：西南財經大學出版社，2006.

[70] 沈玉良．多邊貿易體制與中國經濟體制變遷［M］．上海：上海社會科學院出版社，2003.

[71] 連玉明，武建忠．中國國策報告——新境界：從「發展是硬道理」到「科學發展觀」［M］．北京：中國時代經濟出版社，2006.

[72] 林善浪．中國核心競爭力問題報告［M］．北京：中國發展出版社，2005.

[73] 姚戰琪．跨國併購與國際資本流動［M］．北京：經濟管理出版社，2005.

[74] 陳飛翔，胡靖．利用外資與技術轉移［M］．北京：經濟科學出版社，2006.

[75] 裴長洪．利用外資與產業競爭力［M］．北京：社會科學文獻出版社，1998.

[76] 王述祖．經濟全球化與發展中大國的經濟發展戰略［M］．北京：中國財政經濟出版社，2003.

[77] 謝康．超越國界：全球化中的跨國公司［M］．北京：高等教育出版社，1999.

[78] 李洪江．跨國公司新發展及其經濟效應分析［M］．哈爾濱：黑龍江人民出版社，2002.

[79] 彭迪雲，甘筱青．跨國公司發展論［M］．北京：經濟科學出版社，2004.

[80] 張紀康．跨國公司與直接投資［M］．上海：復旦大學出版社，2005.

[81] 毛蘊詩．跨國公司戰略競爭與國際直接投資［M］．廣州：中山大學出版社，1997.

[82] 楊先明．發展階段與國際直接投資［M］．北京：商務印書館，2000.

[83] 趙英．中國產業政策實證分析［M］．北京：社會科

學文獻出版社，2000.

[84] 李東陽. 國際直接投資與經濟發展 [M]. 北京：經濟科學出版社，2002.

[85] 楊大楷. 國際投資學 [M]. 3版. 上海：上海財經大學出版社，2003.

[86] 傅夢孜. 世界直接投資：發展、理論與現實 [M]. 北京：時事出版社，1999.

[87] 武海峰，陸曉陽. 國際直接投資發展研究 [M]. 北京：中國財政經濟出版社，2002.

[88] 陳繼勇. 國際直接投資的新發展與外商對華直接投資研究 [M]. 北京：人民出版社，2004.

[89] 陳明森. 產業升級外向推動與利用外資戰略調整 [M]. 北京：科學出版社，2004.

[90] 冼國明. 跨國公司與當代國際分工 [M]. 天津：南開大學出版社，1994.

[91] 謝光亞. 跨國公司在中國的投資分析 [M]. 北京：經濟管理出版社，2006.

[92] 宋泓. 關於跨國公司及其直接投資活動研究的最新進展 [J] //裴長洪. 中國對外經貿理論前沿（4）. 北京：社會科學文獻出版社，2006.

[93] 江小涓. 中國的外資經濟對增長、結構升級和競爭力的貢獻 [J]. 中國社會科學，2002（6）.

[94] 江小涓. 跨國投資、市場結構與外商投資企業的競爭行為 [J]. 經濟研究，2002（9）.

[95] 陳濤濤. 影響中國外商直接投資溢出效應的行業特徵 [J]. 中國社會科學，2003（4）.

[96] 江錦凡. 外國直接投資在中國經濟增長中的作用機制 [J]. 世界經濟，2004（1）.

[97] 吳彬, 黃韜. 二階段理論: 外商直接投資新的分析模型 [J]. 經濟研究, 1997 (7).

[98] 冼國明, 楊銳. 技術累積、競爭策略與發展中國家對外直接投資 [J]. 經濟研究, 1998 (11).

[99] 宋泓, 柴瑜. 三資企業對中國工業結構效益影響的實證研究 [J]. 經濟研究, 1998 (1).

[100] 張帆, 鄭京平. 跨國公司對中國經濟結構和效率的影響 [J]. 經濟研究, 1999 (1).

[101] 王洛林, 江小涓, 等. 大型跨國公司投資對中國產業結構、技術進步和經濟國際化的影響 [J]. 中國工業經濟, 2000 (4、5).

[102] 王飛. 外商直接投資促進了國內工業企業技術進步嗎? [J]. 世界經濟研究, 2003 (4).

[103] 王述英, 姜琰. 論產業全球化和中國產業走向全球化的政策選擇 [J]. 世界經濟與政治, 2001 (10).

[104] 王述英. 當前全球產業結構調整的趨勢和特點及中國產業結構調整對策 [J]. 南開經濟研究, 2001 (6).

[105] 劉亞娟. 外國直接投資與中國產業結構演進的實證分析 [J]. 財貿經濟, 2006 (5).

[106] 蘇東水, 任浩. 國內外產業結構變動研究 [J]. 中國經貿展望, 1999 (1).

[107] 王豔麗, 劉傳哲. 外商直接投資與中國經濟增長問題研究綜述 [J]. 中國礦業大學學報 (社會科學版), 2005 (12).

[108] 張斌. FDI 與東道國相關理論綜述 [J]. 黑龍江對外經貿, 2006 (2).

[109] 李善民, 鐘良, 於軍威. FDI 對東道國產業結構和產業組織的影響研究綜述 [J]. 湖南社會科學, 2005 (2).

[110] 蘇海燕, 徐策. FDI 對中國經濟發展作用理論綜述 [J]. 湖南社會科學, 2005 (2).

[111] 董有德. 跨國公司與東道國的合作內生增長 [J]. 經濟理論與經濟管理, 2003 (7).

[112] 王新. 外商直接投資對中國經濟增長的貢獻 [J]. 外國經濟與管理, 1999 (3).

[113] 任永菊. 外國直接投資與中國經濟增長之間的實證分析 [J]. 經濟科學, 2003 (5).

[114] 梁琦, 施曉蘇. 中國對外貿易和 FDI 相互關係的研究 [J]. 經濟學 (季刊), 2004 (3).

[115] 陳迅, 高遠東. FDI 與中國產業結構變動相互影響的實證研究 [J]. 開發研究, 2006 (1).

[116] 姚君. 外商直接投資對產業結構升級的作用機制研究 [J]. 經濟與管理, 2005 (11).

[117] 高峰. 利用外資促進中國產業結構優化作用機理探討 [J]. 經濟問題, 2002 (11).

[118] 徐學紅. 利用外資、引進技術與產業結構升級的良性循環模型分析 [J]. 浙江萬里學院學報, 2004 (6).

[119] 王述英, 高偉. 產業全球化及其新特點 [J]. 理論與現代化, 2002 (1).

[120] 何太平. 馬克思列寧的資本國際化理論及其現實意義 [J]. 當代經濟研究, 2000 (11).

[121] 張驍, 楊忠, 等. 國際直接投資理論的發展脈絡及最新進展 [J]. 國際貿易問題, 2006 (2).

[122] 彭繼民. 從壟斷優勢到比較優勢: 直接投資理論在中國的影響 [J]. 科學決策, 2003 (11).

[123] 胡峰. 傳統跨國公司理論及其發展路徑 [J]. 石家莊經濟學院學報, 2003 (4).

[124] 馬亞明,鄭飛虎. 動態模式的對外直接投資理論評述 [J]. 國外社會科學, 2001 (1).

[125] 余海豐,馮忠銓. 二戰后國際直接投資理論的發展演變 [J]. 國際經貿探索, 2001 (2).

[126] 楊潤生. 逆向型 FDI 動因理論與逆向 FDI 動因探討 [J]. 廣東經濟管理學院學報, 2005 (6).

[127] 張鵬. 出口平臺型直接投資研究綜述 [J]. 當代財經, 2005 (12).

[128] 楊丹輝. 國際產業轉移的動因與趨勢 [J]. 河北經貿大學學報, 2006 (3).

[129] 欒文蓮. 新一輪國際產業轉移的八大特點 [J]. 河北經貿大學學報, 2006 (2).

[130] 呂政,楊丹輝. 國際產業轉移的趨勢和對策 [J]. 經濟與管理研究, 2006 (5).

[131] 宋群.「十一五」時期統籌中國產業結構升級與國際產業轉移的建議 [J]. 經濟研究參考, 2005 (52).

[132] 胡紅梅. 國際產業轉移與中國產業結構優化 [J]. 探索, 2006 (1).

[133] 宋燕,牛衝槐. 國際產業轉移趨勢與中國的基本對策 [J]. 工業技術經濟, 2005 (8).

[134] 畢吉耀. 經濟全球化時代國際產業轉移新趨勢與中國面臨的機遇和挑戰 [J]. 中國物價, 2006 (9).

[135] 胡長順. 中國工業化經濟與新工業化戰略 [J]. 經濟工作者參考資料, 2000 (50).

[136] 張中華. 產業結構、投資結構決定的理論考察 [J]. 中南財經大學學報, 1999 (5).

[137] 鐘坤明,等. 產業結構變動的決定因素探討 [J]. 四川財政, 2003 (1).

[138] 陳飛翔. 對外開放與產業結構調整 [J]. 財貿經濟, 2001 (6).

[139] 汪斌. 經濟全球化和當代產業結構研究的新視角 [J]. 福建論壇 (經濟社會版), 2002 (9).

[140] 汪斌. 當代國際區域產業結構整體性演進的理論研究和實證分析 [J]. 浙江大學學報 (人文社科版), 2001 (5).

[141] 唐志紅. 基於全球視角下的產業結構開放與互動 [J]. 財經科學, 2004 (3).

[142] 唐志紅. 經濟全球化下一國產業結構優化: 一般理論及中國的運用 [D]. 中國學術期刊網, 2005.

[143] 宋國宇, 等. 產業結構優化的經濟學分析及測度指標體系研究 [J]. 科技和產業, 2005 (7).

[144] 倫蕊. 產業結構合理化的基本內涵與水平測評 [J]. 特區經濟, 2005 (6).

[145] 黃中偉, 陳剛. 中國產業結構合理化理論研究綜述 [J]. 經濟縱橫, 2003 (3).

[146] 方湖柳. 結構自組織能力: 產業結構合理化的本質標準 [J]. 經濟論壇, 2003 (10).

[147] 吳進紅, 王麗萍. 開放條件下產業結構升級的動力機制分析 [J]. 生產力研究, 2006 (2).

[148] 孔令丞. 全球化背景下產業開放的結構升級效應 [J]. 江漢論壇, 2005 (2).

[149] 焦繼文, 李凍菊. 再論產業結構合理化的評判標準 [J]. 經濟經緯, 2004 (4).

[150] 劉恩專. 外國直接投資產業帶動效應分析 [J]. 財貿經濟, 1998 (10).

[151] 閻敏. FDI 經營方式選擇實證分析 [J]. 經濟經緯, 2006 (1).

[152] 韓燕. FDI 對東道國外溢效應及影響因素研究綜述 [J]. 產業經濟研究, 2004 (4).

[153] 韓燕. 利用 FDI 優化中國產業結構模式研究 [J]. 北方經貿, 2002 (12).

[154] 金利娟, 劉虹, 等. 外商投資於東道國經濟效應的機理分析 [J]. 武漢工業學院學報, 2005 (6).

[155] 姚君. 外商直接投資對產業結構升級的作用機制研究 [J]. 經濟與管理, 2005 (11).

[156] 趙紅, 張茜. 外商直接投資對中國產業結構影響的實證研究 [J]. 國際貿易問題, 2006 (8).

[157] 王蘭. 外國直接投資在中國的經濟效應實證分析 [J]. 甘肅社會科學, 2004 (3).

[158] 姜睿. 產業結構、市場結構與外國直接投資 [D]. 中國學術期刊網, 2004.

[159] 陳玉學. 外商直接投資對中國產業結構的影響 [D]. 中國學術期刊網, 2004.5

[160] 許慧青. 利用外資與產業結構優化 [D]. 中國學術期刊網, 2004.

[161] 蘇屹. 引進國際直接投資與優化中國產業結構 [D]. 中國學術期刊網, 2004.

[162] 金潤圭, 王浩. 關於 FDI 績效拐點的戰略思考 [J]. 華東師範大學學報（哲學社會科學版）, 2006 (1).

[163] 盧荻. 外商投資與中國經濟發展——產業和區域分析證據 [J]. 經濟研究, 2003 (9).

[164] 李具恒. FDI 的區位選擇與中國區域經濟發展 [J]. 中國軟科學, 2004 (6).

[165] 傅元海, 彭民安, 等. FDI 區位研究綜述 [J]. 湖南行政學院學報, 2005 (1).

[166] 嚴兵. 外商在華直接投資的溢出效應: 基於地區層面的研究 [J]. 山西財經大學學報, 2006 (4).

[167] 丁明智. 中國外商直接投資產業分佈非均衡結構探析 [J]. 特區經濟, 2005 (6).

[168] 付敏, 陶長高. 中國外資問題討論綜述 [J]. 經濟理論與經濟管理, 2005 (11).

[169] 梁華. 外商在華直接投資問題研究綜述 [J]. 當代經濟科學, 2004 (5).

[170] 宋憲萍, 範曉志. 中國利用 FDI 的多維結構效應分析 [J]. 商業研究, 2006 (12).

[171] 郭克莎. 加入 WTO 后外商投資結構的變動趨勢及效應分析 [J]. 開放導報, 2000 (2、3).

[172] 陳春. 中國利用外資結構分析及政策調整 [J]. 河南商業高等專科學校學報, 2006 (5).

[173] 張德修. 入世后的中國外商直接投資結構變化趨勢探析 [J]. 經濟科學, 2001 (6).

[174] 楊健全, 文雯. FDI 在中國技術溢出效應的局限性及因應策略 [J]. 現代財經, 2006 (8).

[175] 劉旭寧. 利用外資與優化中國產業結構的辯證分析 [J]. 經濟與管理, 2006 (4).

[176] 何維達, 李冬梅. 中國產業安全理論研究綜述 [J]. 經濟縱橫, 2006 (8).

[177] 於倩, 向君. 后過渡期 FDI 與中國產業安全問題研究 [J]. 社科縱橫, 2006 (3).

[178] 張中山, 李冬梅. 開放市場下中國產業安全形成機理 [J]. 商業時代·學術評論, 2006 (17).

[179] 王莉. 外商直接投資對中國產業安全的影響及對策 [J]. 經濟縱橫, 2005 (10).

[180] 祝年貴. 利用外資與中國產業安全 [J]. 財經科學, 2003 (3).

[181] 趙嫻. 開放經濟下的產業安全問題探析 [J]. 中國流通經濟, 2005 (5).

[182] 虞學群, 楊金娥. 對中國持續大量引進外資的思考 [J]. 南京工程學院學報 (社會科學版), 2006 (12).

[183] 趙樹森. 經濟全球化與國家主權 [J]. 國際關係學院學報, 2003 (3).

[184] 譚晶榮, 張德強. 對中國利用FDI項目中環境保護問題的思考 [J]. 國際貿易問題, 2005 (5).

[185] 曹洪. 地方政府在招商引資中的競爭策略演變探析 [J]. 當代財經, 2005 (10).

[186] 邱曉明. 地方政府利用外商投資中的博弈分析 [D]. 中國學術期刊網, 2005.

[187] 生延超. 中國外商直接投資適度規模研究 [D]. 中國學術期刊網, 2005.

[188] 王麗婭. 地方政府招商引資競爭的經濟學分析及對策建議 [J]. 遼寧大學學報 (哲學社會科學版), 2005 (6).

[189] 季燕霞. 中國地方政府間競爭的博弈論分析 [J]. 江漢論壇, 2004 (11).

[190] 石一帆. 東道國吸引FDI政策的博弈理論分析 [J]. 世界經濟研究, 2006 (5).

[191] 時衛干. 外資角色再審視: 28個主要產業中21個外資控製 [J]. 南風窗, 2006 (9).

[192] 張笑芳, 李燕燕. 海外資本利用與反利用的博弈分析 [J]. 北方經貿, 2006 (7).

[193] 楚永生. 中國政府利用外資政策的變革及趨勢探析: 基於跨國公司與東道國政府之間的博弈分析 [J]. 太原理工大

學學報（社會科學版），2005（3）.

[194] 彭金榮. 論后過渡期利用外資政策的選擇 [J]. 天津師範大學學報（社會科學版），2004（4）.

[195] 唐紹祥. WTO 背景下外商在華直接投資的新動向及其對策 [J]. 世界經濟，2002（12）.

[196] 盧曉勇，李紅，等. 外商對華直接投資的雙重效應與適度規模分析 [J]. 江西社會科學，2006（7）.

[197] 伊文君. 中國利用外資適度規模分析及政策選擇 [J]. 科技情報開發與經濟，2005（5）.

[198] 劉建民. FDI 對中國產業結構影響分析與對策 [J]. 集團經濟研究，2006（4）.

[199] 楊剛. FDI 促進中國產業結構升級的傳導機制研究 [J]. 科技創業月刊，2005（7）.

[200] 喻華偉. 產業結構調整的機遇與產業導向 [J]. 理論月刊，2005（10）.

[201] 方輝振. 產業結構優化升級的動力機制研究 [J]. 珠海市行政學院學報，2006（2）.

[202] 王健君. 加快調整優化產業結構 [J]. 瞭望新聞周刊，2005（40）.

[203] 李劍. 經濟發展的產業結構優化問題研究 [J]. 特區經濟，2005（3）.

[204] 孫軍. 外商直接投資對中國產業結構的影響分析 [J]. 北京科技大學學報，2006（1）.

[205] 吳曉燕. 新時期中國利用 FDI 的形勢與對策 [J]. 四川師範學院學報（哲學社會科學版），2002（3）.

[206] 王樹恩，左大鵬. 在華外商直接投資對中國產業結構的雙重影響與對策研究 [J]. 科學管理研究，2005（6）.

[207] 趙春明，劉振林. 從「以市場換技術」戰略績效看

FDI 的技術外溢 [J]. 黑龍江社會科學, 2006 (4).

[208] 江小涓. 產業結構優化升級: 新階段和新任務 [J]. 財貿經濟, 2005 (4).

[209] 李曉華. 對加入 WTO 后「以市場換技術」的思考 [J]. 中國工業經濟, 2004 (4).

[210] 董書禮. 以市場換技術戰略成效不佳的原因辨析及中國的對策 [J]. 科技與管理, 2004 (4).

[211] 李遠. 美國、日本產業政策: 比較分析與啟示 [J]. 經濟經緯, 2006 (1).

[212] 張燕文. 利用 FDI 促進湖北省產業結構優化升級的思考 [J]. 統計與決策, 2006 (3),

[213] 陸滬根. 正確把握發展觀與政績觀的辯證關係 [N]. 人民日報, 2006 - 04 - 10 (9).

[214] 王曉麗, 姜澤華. 鄧小平的產業結構思想與中國產業結構升級 [J]. 中央社會主義學院學報, 2006 (2).

[215] 舒洪冰. 地方投資擴張與地方官員的政績考核分析 [J]. 吉林財稅高等專科學校學報, 2006 (3).

[216] 王雪峰, 徐勇. 跨國公司投資與中國工業技術進步 [J]. 科技與管理, 2002 (1).

[217] 楊曉麗. 中國外資政策的演變及效果分析 [J]. 科技創業月刊, 2005 (1).

[218] 胡育娟. 國家利益觀: 中國 FDI 政策的核心思想 [J]. 山西財經大學學報, 2004 (3).

[219] 陳柳. 外資優惠政策與外資壟斷 [J]. 產業經濟研究, 2006 (2).

[220] 裴長洪. 吸收外商直接投資與產業結構優化升級:「十一五」時期利用外資政策目標的思考 [J]. 中國工業經濟, 2006 (1).

國家圖書館出版品預行編目(CIP)資料

全球化背景下外商直接投資與中國產業結構優化研究 / 吳凡 著.
-- 第二版. -- 臺北市：崧博出版：財經錢線文化發行，2018.11

　面；　公分

ISBN 978-957-735-586-7(平裝)

1.投資管理 2.產業結構 3.中國

563.5　　　　107017187

書　名：全球化背景下外商直接投資與中國產業結構優化研究
作　者：吳凡 著
發行人：黃振庭
出版者：崧博出版事業有限公司
發行者：財經錢線文化事業有限公司
E-mail：sonbookservice@gmail.com
粉絲頁　　　　　網　址：
地　址：台北市中正區延平南路六十一號五樓一室
8F.-815, No.61, Sec. 1, Chongqing S. Rd., Zhongzheng Dist., Taipei City 100, Taiwan (R.O.C.)
電　話：(02)2370-3310　傳　真：(02) 2370-3210
總經銷：紅螞蟻圖書有限公司
地　址：台北市內湖區舊宗路二段 121 巷 19 號
電　話：02-2795-3656　傳真：02-2795-4100　網址：
印　刷：京峯彩色印刷有限公司（京峰數位）

　　本書版權為西南財經大學出版社所有授權崧博出版事業有限公司獨家發行電子書及繁體書繁體版。若有其他相關權利及授權需求請與本公司聯繫。

定價：600元
發行日期：2018 年 11 月第二版
◎ 本書以POD印製發行